KB216421

공동공간

공동공간

커먼즈로서의 도시

1판 1쇄 발행 2024년 8월 30일
지은이 스타브로스 스타브리데스 | **옮긴이** 박인권 | **펴낸이** 임중혁 | **펴낸곳** 빨간소금
등록 2016년 11월 21일(제2016-000036호)
주소 (01021) 서울시 강북구 삼각산로 47, 나동 402호 | **전화** 02-916-4038
팩스 0505-320-4038 | **전자우편** redsaltbooks@gmail.com
ISBN 979-11-91383-48-5 (93330)

이 저서는 2021년 서울대학교 기초학문 저술지원사업으로 지원되는 연구비에 의하여 수행되었음.

커먼즈로서의 도시

스타브로스 스타브리데스 지음 | 박인권 옮김

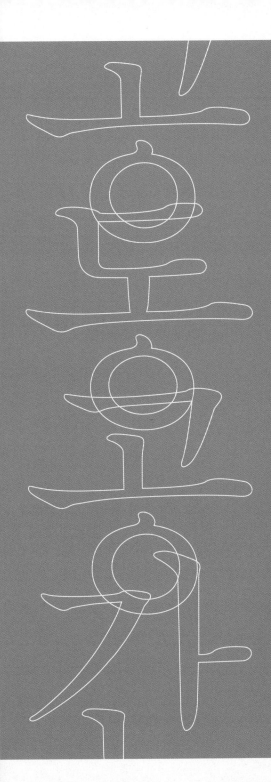

Common Space
The City as Commons

크작소사방
컨

커먼즈(commons)와 커머닝(commoning)에 대한 논쟁은 21세기에
들어와서 급격히 증가했다. 급진 학자와 활동가에게는 거의 알려지
지 않았던 엘리너 오스트롬(Elinor Ostrom)과 동료들의 신제도주의
적 기여를 제외하면, 1990년대에는 사실상 논쟁이 존재하지 않았
다. 현대의 급진적 문헌은 이제 막 본원적 축적과 인클로저, 그리고
강탈에 의한 축적(이는 다양한 해석을 불러일으키는 이름이다) 등에 대
한 새로운 해석, 즉 커먼즈를 파괴하기 위해 자본과 국가가 사용하
는 전략들을 다루기 시작했다. 이와 동시에 신자유주의 확립의 계
기가 된 대패배[1] 이후 북반구 선진국에서 사회운동이 일어나기 시
작했다. 그리고 신세대 운동가들은 신자유주의적 '대안 없음(there
is no alternative: TINA)'의 시대가 사실은 '대안 많음(there are many

[1] 1960-70년대에 전개된 노동과 자본의 대타협과 복지국가 체제의 실패를 말한다(옮긴이).

alternatives: TAMA)'의 시대라는 것을 깨닫기 시작했다. 이 많은 대안은 남반구 저개발국가의 농민 및 토착 운동과 북반구 선진국의 많은 개인과 집단이 각성해 실천하는 것들이다.

세계사회포럼(World Social Forums)과 결합한 대안 세계화 운동은 사파티스타해방군(Zapatista Liberation Army)의 이름 없는 토착 단체들이 처음으로 만든 희망의 균열을 더욱 열어젖혔다. 그들은 1995년 1월 1일에 멕시코 남동부 치아파스의 산크리스토발 데 라스 카사스를 접수하면서 세계 무대에 등장했다. 공교롭게도 멕시코 토착민이 공유하던 땅인 에히도(ejido)의 사유화를 제안한 북미자유무역협정이 발효된 날이었다. 그 놀라운 사건 이후 20년간 몇 차례의 전쟁을 거치면서 커먼즈와 커머닝, 공동의 부와 공동의 것(the common)에 관한 문헌이 급증하고 있다. 오늘날 우리는 이러한 것들에 대한 언급만으로도 전쟁과 긴축의 시대가 가져온 두려움과 불안의 손아귀에서 잠시 벗어날 수 있다.

2015년 11월 13일 금요일, 내가 이 '추천사'를 쓰고 있을 때 파리 테러 소식이 전해졌다. 테러는 소외된 교외 지역에서 온 청년들이 저질렀다. 매달 450유로[2]와 일거리가 없었던 그들은 글로벌 중산

---

2 450유로는 프랑스 청년보장제도에서 제공하는 청년수당의 2015년 기준액이다. 프랑스는 청년보장제도에 따라 25세 미만의 청년들이 학업을 마친 뒤 일자리를 구하거나 직업 훈련을 받는 것을 지원한다. 이 프로그램에 따라 2015년에는 5만 명의 청년이 개인 맞춤형 교육을 받고 매월 450유로의 수당을 받았다. 테러에 가담한 청년들은 이 지원을 받지 못한 사람들이었다(옮긴이).

층 시민의 일상을 살아가는 무고한 청년들을 살해했다. 이 테러에 대한 프랑스 사회주의자 대통령의 대응은 사실상, 9·11 이후 아프가니스탄과 이라크에서 벌인 신보수주의적 미국 대통령의 대응과 같았다. 당시 미국의 대응은 북반구와 전 세계에서 테러 공격에 따른 사망자를 4,500% 증가시켰고, 미국이 주도한 개입 과정에서 수십만 명의 민간인이 사망했다. 그 결과 미국에서는 일상을 되찾았지만, 시리아에서는 추가 폭격으로 더 많은 민간인이 사망했다. 지금 당국은 파리에서 비상사태를 강화했고, 기후변화 회담을 앞두고 시위대를 막기 위해 도로를 폐쇄하려 하고 있다. 일상의 공간이 전쟁과 치안의 공간이 되고 있다.

신자유주의 국가는 전쟁 예산을 확보하기 위해 사회적 재생산 예산을 삭감한다. 신자유주의 자본은 항상 위기에 도달하는 것처럼 보이지만, 새로운 비상조치법과 함께 부활한다. 2008년, 주택 담보 대출에 투기했다가 금융 거품의 붕괴로 타격을 입은 주요 은행을 구하기 위해 신자유주의 국가들은 공적 자금을 사용했다. 요즘 그 은행들은 재포장한 학자금 대출이나 의료 대부로 장난을 치고 있다. 다음 금융 거품이 터져 또 다른 긴축 기간이 닥칠 때 국가는 그 은행들을 다시 구할까? 그리스는 파멸 시나리오 사례의 전형이 되고 있다. 트로이카(유럽연합, 유럽중앙은행, 국제통화기금)가 수년간 시행한 긴축 조치에 대한 국민의 반발로 2015년 초에 시리자(SYRI-ZA)[3] 정부가 선출되면서 약간의 희망이 생긴 듯했다. 그 희망은 그리스 정부가 가혹한 긴축과 민영화의 재개를 수용할 수밖에 없을 때까지 겨우 6개월 동안 지속되었다. 이제 이곳의 일상 공간은 내핍과 절망의 공간이다.

모든 측면에서 현 상황은 절망과 무기력을 재생산하고 있으며, 평등하고 정의로운 사회에 접근하거나 생각하는 것조차 불가능해 보인다. 이러한 맥락에서 스타브로스 스타브리데스가 집필한, '공동으로(In Common)' 시리즈의 첫 번째 책은 희망의 공간을 열어준다는 점에서 매우 중요하다. 그 희망의 공간에서는 전쟁과 긴축의 악순환이 헤테로토피아적(heterotopic)[4] 공간 내 다양한 주체성의 조화로운 춤으로 바뀐다. 스타브리데스는 공간에 대한 일상적 인식에 도전함으로써 우리에게 공동으로 행동할 기회를 제공한다. 또한 도로와 공공장소, 주택, 점유 공간, 공원, 기타 장소 등 거의 모든 곳에서 커머닝의 헤테로토피아로 드나드는 문턱(threshold)을 찾거나 만들 기회를 포착하게 한다.

이 책은 이러한 문제를 다룬 최초의 이론서이며, 공간을 상품이나 국가가 관리하는 공간, 또는 전쟁이 만든 완전한 폐허가 아닌 커먼즈로서 고찰한 최초의 책이다. 이 책은 르페브르 전통 중 최고의

---

3 2004년에 그리스에서 설립된 좌파와 급진적 좌파 정당들의 연합체로서 2015년 집권에 성공했다(옮긴이).

4 헤테로토피아는 사회의 주류 집단과 다른 다양한 정체성을 지닌 타자들이 정당한 사회 일원으로 인정받고 차이가 조화롭게 공존하는 공간을 말한다. 상세한 내용은 3장에서 다룬다(옮긴이).

반열에 있지만, 동시에 푸코, 터너, 부르디외, 하트와 네그리, 지베치, 홀러웨이 등 현대 사회정치사상과도 관련이 있다. 이러한 사상 모두 현대 사회운동과 더 오래된 사회운동에 대한 엄격한 관찰에 얽혀 있고, 1930년대 건축 운동과 현대적인 광장 커먼즈가 교차하는 지점에 있다. 우리가 소외된 삶과 다른 공간들을 구분하는 문턱을 넘을 때 어떤 유형의 주체성이 발전할 수 있을까? 커머닝의 실천을 확립하는 다른 공간인 헤테로토피아에서 타자들과 마주치는 경우, 우리는 어떤 유형의 해방을 경험할까? 해결하지 못한 이 질문들이 우리 모두를 참여하고 실험하게 한다. 절망과 희망, 무기력과 권력 사이의 문턱은 결국 우리 자신의 손과 영혼에 달려 있다.

맛시모 데 안젤리스(Massimo De Angelis)

차례

3부 공동공간 상상하기

서론

현대의 도시화한 세계는 이윤의 경제적 추출을 중심으로 조직화된 이해관계자들이 지배하는 세계다. 도시 환경, 현대 도시, 특히 대도시는 지배적 이해관계자들을 결정짓는 중요한 요소다. 그 이해 집단이 은행, 기업, 국영 기업, 산업 단지, 무역 회사 등 어떤 형태를 띠든 상관없다. 이러한 조직화된 이해관계자 간 다양한 위계 관계는 대도시의 일상에 그림자를 드리우며 도시의 시공간적 변형을 지배한다. 그렇다면 현대 도시는 모든 활동에서 이익을 추출하는 데만 관심을 쏟는 지배 구조의 통로이자 도구일 뿐일까? 그리고 도시 생활은 신자유주의적, 또는 포스트 신자유주의적인 자본주의가 도시를 착취하는 과정의 반영일 뿐일까?

이 책은 오늘날 도시에서 나타나는 현대적 지배 형태를 넘어선 저항과 창조적인 대안의 가능성을 탐구할 것이다. 커머닝이라는 비교적 새로운 개념이 그러한 전망에서 해야 할 역할이 있는지가 탐구의 중요 사항으로서, 다음 질문들을 살펴볼 것이다. 현대 도시 거주자가 현재 형태의 도시 질서에 대항해 협력을 기반으로 자신의 도시를 전유하고, 공유 공간과 거주 실천을 창조하거나 심지어 재창조할 기회를 포착하는가? 도시 문명의 의미와 이해관계, 그리고 가치에 관한 질문이 오늘날 커머닝의 실천에서 제기되고 있는가? 세계 여러 지역의 사람들은 필요한 것을 요구할 뿐 아니라 공동생활을 스스로 조직함으로써 부패한 정부, 부당한 정책 및 일상적인 착취에 맞서 싸우고 있는가?

이 책은 오늘날 도시화한 세계의 맥락에서 커머닝 공간의 의미와 생산과정을 연구하고자 한다. 사적 공간뿐 아니라 공적 공간과도 구별되는 '공동공간(common spaces)'은 대도시에서 대중적으로 사용되는 장소로 등장하지만, 사용의 규칙과 형태는 지배적인 권위에 의존하지 않고 통제되지도 않는다. 공유할 재화와 서비스를 정의하고 생산하는 커머닝의 실천을 통해 특정 도시 공간이 공동의 공간으로 만들어진다.

커머닝 실천은 사람들 사이에 새로운 관계를 만든다. 그것은 여러 형태의 창조적인 만남과 협상을 촉진함으로써 공유가 조직되고 공동의 삶이 형성되는 통로가 된다. 따라서 커머닝 실천은 단순히 상품을 생산하거나 유통하는 것이 아니라, 새로운 형태의 사회생활 즉 공동생활의 양식을 창출한다. 그러므로 그러한 실천은 예측적(공동생활의 가능한 형태를 암시)이고 표현적(커머닝 과정에 참여하는 사람들이 공유하는 가치에 주의를 환기시키려는 시도)이며, 시범적(부분적으로, 지배적인 사회성 모델이 부과한 한계를 넘어서는 사회관계의 구축)일 수 있다. 공동공간은 커머닝 실천으로 만들어진 공간 관계의 집합이다. 이러한 관계를 조직하는 데는 두 가지 방법이 있다. 명확한 경계 내에서 공유 공간을 정의하는 특정 커머너(commoners, 공동체에 대응하는 폐쇄적 시스템)로 조직할 수도 있고, 새로운 공동체와 소통하고 재화와 생각을 교환하는 열린 통로들의 연결망 형태를 취할 수도 있다.

이 책 전반에 걸쳐 커머닝과 개방의 과정을 연결하려는 노력이 이뤄질 것이다. 즉 공동의 세계를 공유하는 사람들의 공동체를 개방하고, 새로 온 사람들을 수용하도록 공유 집단을 개방하며, 공유 규칙의 재검토를 통해 공유 관계를 새로운 가능성에 개방하고, 공유의 공간을 정의하는 경계를 개방하는 문제를 다룰 것이다. 그 반대편에 "공동의 것의 탈사회화(desocialization of the common)"를 촉진하고 확립하는 자본주의 사회조직의 규칙과 실천이 있다(Hardt and Negri 2009: 258). 이것은 (화폐가 아니라 사회관계로 볼 수 있는) 자본에 의한 커머닝 산출물의 전유뿐 아니라, 인클로저 전략이라고 부를 수 있는 포괄적 전략에 기반을 둔다(De Angelis 2004, Midnight Notes Collective 1990). 이 용어는 한 지역의 울타리 치기와 연결된 이미지, 분명한 공간 이미지를 연상시킨다. 그러나 공유지의 자본주의적 인클로저는 울타리를 치는 과정일 뿐 아니라, 개방성을 지향하는 커머닝 실천을 방해하는 과정이기도 하다. 공간 안에서나 공간을 통해 커머닝을 포착, 제한, 지배, 전유하는 전략은 문자 그대로나 은유적 의미에서 인클로저의 한계를 거부, 파괴, 도전하는 분산된 저항 전술을 지향해야 한다.

커머닝은 역사적으로 불확실하고 모호한 결과를 자주 초래하는 사회적 적대 관계가 그 모습을 결정하는 과정이다. 커머닝이 그 산출물과 이익을 노골적으로 특정 공동체 범위 내 구성원에게만 귀속시키려 할 때, 커머닝이 인클로저되었다고 말할 수 있다. 인클로저와 커머닝을 양극단으로 분명하게 구별하는 것은 이론적으로 타당하고 중요하다. 앞으로 보겠지만, 인클로저 속성이 공동체의 공동공간에 대한 물리적 또는 상징적 장벽으로 작동한다는 것은 공간커머닝(과 공간을 통한 커머닝)의 종말을 의미할 수도 있다.

공간 인클로저 행위를 통해 정의된 공동공간은 결국 '집합적으로 사적인' 공간(예를 들어 폐쇄형 주택 단지(gated community)[1]의 실외 공간), 또는 공동체의 이름으로 행동하는 당국이 관리하는 '공공' 공간(예를 들어 시립 공원 또는 마을 광장의 공간) 중 하나가 될 것이다. 이 두 가지 형태의 폐쇄적 공동공간은 모두 '공동의 것을 변질'시키고 커머닝 실천의 해방 잠재력을 차단하는 경향이 있다.

[1] 외부인의 출입을 차단하기 위해 울타리와 출입문을 설치한 폐쇄적인 주택 단지를 가리킨다(옮긴이).

확장하는 공동공간은 새로운 형태의 공동생활과 공유 문화를 창출하는 커머닝의 힘을 뚜렷하게 표현한다. 공동으로 만들어지거나 커머닝을 통해 생성된 그러한 공간이 문턱공간성(threshold spatiality), 즉 분리하면서 연결하고 연결하면서 분리하는 통로의 공간성을 특징짓는다는 사실이 드러날 것이다. 예를 들어, 문지방과 같이 문턱은 내부와 외부를 구분하는 경계로 나타날 수 있다. 그러나 항상 이러한 문턱의 분리 행위는 동시에 연결 행위이기도 하다. 문턱은 진입 및 퇴장 조건을 만들고, 통과 행위를 조작한다. 따라서 문턱은 많은 사회에서 가로지르기(crossing)의 가능성을 통제하기 위한 의례(儀禮)로 작동한다. 통과 행위는 내부와 외부를 잠재적으로 연결하는 행위이므로, 수호신이나 영혼은 문턱에 거주하며 들어가는 것을 침입으로, 나가는 것을 추방으로 간주할 수 있다. 공동공간을 문턱공간(threshold space)으로 생각하면, 공간 커머닝의 실천을 연구할 가능성이 열린다. 이 책은 확장하는 커머닝이라는 개념을 살펴보면서 공간을 위한, 그리고 공간을 통한 커머닝의 해방 잠재력을 드러내는 실천들과 경험들을 탐색한다.

이 책은 현대적 형태의 정치적 주체화에 대한 논의를 시작하면서, 커머닝과 공동공간의 생성이 폐쇄적인 집단 정체성의 형성으로 이어지지 않는 주체화 과정을 포함한다는 점을 보여주려고 시도할 것이다. 존 홀러웨이(John Holloway), 마이클 하트(Michael Hardt)와 안토니오 네그리(Antonio Negri), 그리고 자크 랑시에르(Jacques

Rancière)는 정치적 주체화에 대한 이론 작업에서 공통의 지평을 공유한다. 즉, 오늘날 정치적 행동의 주체는 지배적인 사회 분류 체계로부터 확립된 정체성을 위협, 전복하거나, 심지어 해체함으로써 등장한다는 것이다. 이 과정에서 이러한 지배적인 분류 체계를 표현하고 재생산하는 현대의 도시 공간은 집단 행위를 통해 변형될 수 있다. 새로운 비정체성(non-identities)(Holloway 2002), 신참자들(Rancière 2010), 또는 내재적으로 많은 특이점(Hardt and Negri 2009)이 지배적인 사회 질서에 서서히 편입되는 것과 같은 방식으로, 문턱공간성도 지배적인 공간 질서에 편입될 수 있다.

이 책은 특히 현대 대도시 생활에 내재한 잠재력을 드러내는 사회 공간적 경험에 초점을 맞추면서 공간 변형 과정과 정치적 주체화 과정 사이의 상호 관계를 탐구한다. 사회주택, 대도시 거리의 일상적 이용, 광장 점령 등을 포함하는 거주 공간(inhabited spaces)에 초점을 맞춘 연구를 바탕으로, 일상의 긴급한 필요나 집단 실험의 활기 속에서 폭발하는 창의성을 통해 공동공간이 생성된다는 것을 보여주고자 한다. 라틴아메리카 노숙자 운동의 자주관리 정착지와 '아랍의 봄'의 점령 광장 야영지, 공공 공간을 되찾아 변형시키는 계획, 건물의 무단점유(squatting)와 개방적 이웃 센터들의 조성, 또는 (흔히 반젠트리피케이션 투쟁과 연결된) 자주적으로 조직된 '도시 되찾기(reclaim-the-city)' 행사 등이 바로 그 집단 실험이다.

상상된 공동공간, 즉 표현적 몸짓을 통해 상상되거나 추구된 공간은 공간 커머닝의 실천을 형성하는 데 중요한 역할을 한다. 커머닝의 여러 공간성은 사유를 촉발하는 이미지의 형태로 나타난다. 사람들은 공동공간의 특성에 대해 생각하고 상상하고 표현하는 방법을 개발하며, 이를 통해 공간의 공유와 공간을 통한 공유의 여러 양식을 고안한다. 반체제적 정치가 '해방구'라는 상상계(想像界)[2]의 함정에서 탈출해 집단적 해방을 추진하는 데 '문턱으로서의 공동공간(spaces-as-thresholds)'이 갖는 힘을 발견할 수 있을까? '해방구'라는 도시형 유토피아의 상상에서 벗어나 '공동의 것'에 대한 사유 이미지(thought-images)를 통해 미래를 생각한다면 가능하다. 그러므로 공간 커머닝은 공간의 단순한 공유가 아니라, 공유의 해방 가능성을 탐색하는 실천들과 독창적인 상상계들의 집합이다. 공동공간은 집단으로 개발된 공유 제도의 구체적인 산출물이자, 이러한 제도와 그 제도를 만들어 가는 사람들을 형성하는 수단 중 하나다.

공간 커머닝의 경험은 세계 여러 곳에서 조용히 또는 폭발적으로 나타난다. 내게 이러한 경험을 공유할 기회가 없었다면, 공동공간에 대한 이론적 관점을 만들려는 시도는 없었을 것이다. 나는 우리가 이러한 경험들로부터 배우고, 이를 공동공간에 대한 일반 법칙과 이론적 명제로 발전시키기 위해 노력해야 한다고 굳게 믿는

---

2 상상계는 정신분석학 용어로서 이미지를 매개로 대상을 보고 느끼고 생각하는 가장 낮은 차원의 인식 영역을 가리킨다. 자크 라캉(Jacques Lacan)은 사람의 인식 차원이 상상계에서 상징계로, 다시 실재계로 진화한다고 이론화한다(옮긴이).

다. 그 주제에 몰두하는 모든 연구와 마찬가지로, 그리고 집단적 열망과 열의에 영향을 받는 모든 이론과 마찬가지로, 이 책 역시 공간 커머닝을 위해 투쟁하는 사람들에 대한 객관적 비평보다 그들을 방어하고 옹호하는 데 치중한다. 그런 측면에서 정말로 내가 공간 커머닝에 대해 충분히 강력한 비평을 개발했는지 확신할 수 없다. 그러나 나는 커먼즈와 커머닝이 논의와 논쟁의 여지가 있는 영역임을 알고 있다. 우리의 가치 선택과 사회의 미래가 그 영역과 연관 있다는 사실을 깨달아야 한다.

투쟁과 집단 경험에서 배운다는 것은 때때로 하나의 문턱에 대해 곰곰이 생각할 수 있다는 것이다. 행위와 비판, 실천과 이론, 경험과 재현, 참여와 거리 두기를 분리하면서 동시에 연결하는 문턱이다. 나는 그러한 문턱에 가끔 머무르는 것이 우리의 공통 열망과 꿈을 지지하는 나만의 방법이었음을 깨달았고, 그런 기회를 주신 분들께 매우 감사하다. 아테네에 있는 '알렉산드라 프로스피기카 주민연합 (Alexandras Prosfygika Inhabitants Coalition)'의 활동적인 회원들은 나에게 활동가인 동시에 학자로 남는 방법을 가르쳐주었다. 부에노스아이레스 빈민가(favelas)의 브라질 노숙자 운동에 참여한 사람들과 젊은 활동가들은 내게 연대감 및 공통 가치의 공유가 유익한 토론을 위한 공통 기반을 어떻게 만들 수 있는지 가르쳐주었다. 나는 아테네의 신타그마 광장 점령으로부터 평등주의적 협력에 참여하는 것이 얼마나 중요한지 배웠다. 이것은 공유 공간을 만드는 경험이었다. 바르셀로나에서는 파살로(pasalo)의 긴 밤에 사람들이 어떻게 거의 즉각적으로 도심을 공동공간으로 바꿀 수 있는지를 깨달았다. 나이로비의 마타투 운전사들, 아테네의 이민자들과 노점상들은 일상의 분자 수준에서 공간 커머닝을 관찰하는 것이 얼마나 중요한지 나에게 보여주었다.

내가 건축가로서 교육받고 건축 대학에 소속된 것이 커머닝의 공간적 측면에 관심을 두게 된 주된 이유일 수 있지만, 나는 커머닝하기 위해서는 공간이 굉장히 중요하다고 생각한다. 또한 커머닝에 대한 이론과 연구를 통해 도시를 연구하는 것은 도시에 대한 이론과 연구를 통해 커머닝을 연구하는 것만큼 중요하다고 생각한다. 나는 공동공간에 관한 연구를 통해 집단으로 조직된 대중문화에 대한 관점을 구체화한 붉은 빈(Red Vienna)의 선구적 건축을 더 깊이 이해하고 경험할 수 있었다. 이런 과정이 없었더라면, 내가 관찰하고 연구했던 그리스 건축물뿐 아니라 라틴아메리카의 사회주택 건축과의 비교연구는 불가능했을 것이다.

그러나 나의 이론적·정치적 궤적이 자치와 사회적 해방을 향한 사파티스타의 길과 마주치지 않았다면, 나의 '문턱' 연구는 불가능했을 것이다. 사파티스타의 사회적·정치적 경험은 아마도 오늘날의 투쟁과 미래의 정의로운 사회 사이의 연결을 찾는 데 가장 중요한 실마리가 될 것이다. 사파티스타가 없다면 커머닝의 해방 가능성에 대한 논의는 그 사례가 줄어들고, 개념의 발전과 다른 공동체의 역사·문화와 연결하는 측면에서 그 성과가 그다지 감동적이지 않을 것이다.

이 모든 것을 고려할 때, 이 책을 만드는 데 역할을 한 모두에게 감사를 표하고 그들의 이름을 모두 나열하는 것은 불가능하다. 아테네국립공과대학의 학생들을 비롯해 대부분 사람은 내가 자신들에게 많은 빚을 지고 있음을 이미 알고 있다. 따라서 여기에서 몇몇 이름만 언급한다고 해서 내가 다른 분들을 잊은 것은 절대 아님을 알 것이다.

수많은 연구 교류와 정치적 논의가 공간 커머닝에 관한 나의 탐구에 영향을 끼쳤다. 나에게 그러한 기회를 제공한 사람 몇몇을 들자면 다음과 같다. 안드레아 브라겐티(Andrea Brighenti), 제니아 크라이소코(Xenia Chrysochoou), 맛시모 데 안젤리스, 아나 조키치(Ana Džokić), 마이클 하트, 존 홀러웨이, 미하엘 야노슈카(Michael Janoschka), 야니스 마가리스(Giannis Margaris), 마크 닐렌(Marc Neelen), 하리스 차브다로규(Haris Tsavdaroglou), 카를로스 바이네르(Carlos Vainer), 라울 지베치(Raúl Zibechi), 그리고 아테네의 비판적 연구 방법론에 관한 연구 집단의 회원들.

내 생각에 노동자협동조합 제드북스(Zed Books)는 이 책을 출판하기에 적합한 출판사 중 하나다. 기획편집자인 키카 스로카-밀러(Kika Sroka-Miller)는 항상 지지와 격려를 아끼지 않았다.

나는 마리아 코파나리(Maria Kopanari)와 함께 이 책에서 제시하는 문제를 수년 동안 논의했다. 우리는 때로 격렬하게 토론했지만, 항상 인간 해방의 과정에 대해 깊이 성찰했다. 에브예니아 미칼로 풀유(Evgenia Michalopoulou)는 항상 그 자리에 우리와 함께 있었다. 그녀는 폭발적인 기질로 영감을 주었고, 우리를 사회운동 및 참여 사상가들과 연결하는 데 적극적이었으며, 항상 더 나은 세상을 위한 꿈을 공유했다. 나는 그녀에게 창조적이었던 여러 해 동안의 공동생활보다 더 많은 빚을 지고 있다.

조 미칼로풀유 스타브리데스(Zoe Michalopoulou Stavrides)는 나의 가장 냉혹한 비평가이자 젊은 세대에게 가장 큰 영감을 주는 사람 중 한 명일 것이다. 내가 낙담하거나 글을 쓰다 난관에 부딪혔을 때 암울한 태도를 보였던 것에 대해 그녀와 에브예니아가 다시 한번 용서하기를 바랄 뿐이다.

1부

공간 커머닝하기

1
인클로저의
도시 군도(群島)

현대 대도시와 정상화 프로젝트

현대 대도시는 다양한 도시 환경과 흐름이 무질서하게 응집된 곳이다. 게오르크 지멜(Georg Simmel) 시대의 대도시가 이미 우리의 감각을 혹사하는 살기 힘든 곳이었다면, 오늘날의 대도시는 서로 충돌하고 중첩하는 도시 리듬들의 발작성 악센트와 엇박자로 진화한 것 같다. 모더니즘 예술이 대도시를 도시 교향곡의 장소로 그렸다면(Stavrides 2013: 35), 현재의 대도시에서는 불협화음만이 가능해 보인다.

여러 인간 활동이 일어나는 장소는 지리멸렬하고 파편화되어 보이지만, 서로 조화를 이루도록 의도된 어떤 시공간 질서(spatiotemporal ordering)를 갖는다. 도시가 사회 재생산의 중요한 수단으로 남아 있으려면, 지배적인 권력관계가 도시를 통제하고 결정해야 한다. 우리 사회가 단지 사회 질서로만 이루어진 결과가 아닌 것처럼, 도시 또한 단순히 시공간 질서의 결과가 아니다. 사회 질서든, 도시 질서든 질서는 성취된 상태라기보다 하나의 과정이다. 따라서 도시 질서 정립(urban ordering)이라는 과정이 형성되고 집행되는 메커니즘을 찾아내는 것이 중요하다. 왜냐하면 이 메커니즘은 도시 질서 정립을 거부하거나 넘어서려는 어떤 세력과의 대결을 통해서 만들어지기 때문이다.

질서 메커니즘은 단순히 프로그램화된 특정 기능을 실행하는 것이 아니다. 이 메커니즘은 도시 현실과 상호작용하며 메커니즘의 오류를 통해 '배우는' 복잡한 자동 제어 시스템이다. 도시 질서는 지배적인 사회관계가 매일 재생산되는 것처럼, 치열하게 경쟁하는 하나의 과정이다. 자본주의는 사회조직의 형태라기보다 미시사(微視史)와 거시사(巨視史)를 통해 반복되는 과정이다(Holloway 2002, 2010).

도시 질서 정립이 '계속해서 진행되는 과정'이라면 메커니즘의 역할은 무엇일까? 그리고 우리가 현대 대도시에 대해 논할 때 도시 질서는 정확히 무엇일까? 도시 질서란, 도시가 자본주의 재생산에 필요한 공간 관계의 생산을 목적으로 만드는 공간 분류 및 계층화의 관행, 그 지향성의 끝에 있는 한계라고 할 수 있다. 질서 정연한 메커니즘이 통제의 메커니즘이라는 것은 분명하며, 실제로 도시는 인간 활동의 소용돌이이자 통제가 필요한 공간으로 묘사된다. 그러나 질서 정립 메커니즘의 목적은 복잡하고 고도로 차별화된 형태의 인간 서식지(habitat)(아마도 지금까지 인류 역사상 가장 복잡한 곳)를 마련하기 위한 것만은 아니다. 이런 식으로 그 메커니즘이 정당화되기도 하지만 말이다. 미셸 푸코(Michel Foucault)의 말을 빌리자면, 이러한 메커니즘은 사회적 정상화(normalization)의 메커니즘이다. 푸코는 정상화가 단순히 법체계의 결과가 아니라고 주장한다. "정상화 기술은 법체계의 주변부와 그 안팎에서 발전하며, 어쩌면 법에 반대할 수도 있다"(Foucault 2009: 56).

　도시 질서 정립의 관점에서 정상화는 사회 역할 분류 체계와 조화를 이루며 반복적이고 예측 가능한 사회관계와 행동 양식을 장려하는 공간 관계를 확립하려는 시도다. 정상화는 인간의 행동을 결정하며, 이를 위해 공간(과 다른 수단)을 사용할 수 있다. 정상화는 항상 명시적으로나 암묵적으로 경합의 대상이 되는 과업이다. 정상화는 강요에 의해서가 아니라, 사회의 모든 모세혈관에 침투함으로써 그 효과를 드러낸다. 정상화는 일상을 형성하는 말과 행동뿐 아니라, 일상의 미세한 관행을 결정짓는 지배적인 권력과도 연결되어야 한다. 의심할 여지 없이 정상화는 지배의 과업, 즉 사회의 주체를 형성하려는 과업이다. 따라서 정상화는 모종의 권력관계 구조의 결과여야 한다. 완전한 도시 질서는 실현 불가능한 통치자의 환상일 뿐이므로 완벽한 정상성은 있을 수 없다. 정상화는 늘 변이와 예외를 처리해야 한다. 더 중요한 것은 예외는 정상화의 추진력이 될 수 있으며, 예외 메커니즘과 정상화의 과업은 끊임없이 서로 복잡하게 작용한다는 점이다. 이 책에서는 정상화 과업에 영향을 주는 도시 질서 메커니즘을 관찰하고자 한다.

도시가 지향해야 할 강요된 질서를 규명하는 데 도움을 주는 이미지가 있다. 바로 군도(群島, archipelago)다. 오늘날의 대도시는 도시 군도의 형태로 만들어져 있다. 도시 공간은 다양한 크기와 형태의 '도시 섬들'을 둘러싼 광활한 바다처럼 보인다. 어떤 해석 관념을 뒷받침하는 모든 비유를 다룰 때처럼, 이 이미지를 다룰 때도 조심해야 한다. 사회적으로 주입된 관념과 개념을 바탕으로 공간이 어떻게 이해되는지를 살펴보고 싶다면, 우리는 공간에 관해 얘기할 때 은유적 표현을 신중하게 선택해야 한다.

군도 이미지는 도시에 대한 비유적 재현이 아니라 사유이미지다. 즉, 도시에 관한 생각을 표현할 때는 단순한 시각화보다 이미지를 형성할 수 있는 방식이 더 낫다(Stavrides 2014b, Richter 2007). 따라서 우리는 도시 군도 이미지를 공간 질서(또는 무질서)를 개념화하고 해석하는 데 사용할 수 있다. 미지의 바다, 또는 길들지 않은 바다의 이미지는 도시 공간의 혼란스러운 측면과 대응하며, 그런 관점에서 도시 섬들은 도시 혼돈의 한가운데 자리 잡은 질서의 고립영토(enclave)다. 흥미롭게도 거의 반대되는 견해도 있다. 렘 쿨하스(Rem Koolhaas)의 에세이 〈감금된 지구의 도시〉(Koolhaas 1994: 296)에 나오는 모델 도시는 군도라고 불리는 맨해튼의 공간 구조에 투영된다. 도시 격자(urban grid)는 군도의 바다에 해당하고, 도시 획지(劃地, urban plots)는 섬에 대응한다. 피에르 비토리오 아우렐리 (Pier Vittorio Aureli)가 관찰한 것처럼, 도시 군도 개념에서는 "각각 의 섬이 찬양하는 가치가 다를수록 섬을 둘러싸고 있는 격자, 혹은 바다는 더욱 완전하고 통합적이다"(Aureli 2011: 24). 이런 식으로 도 시 군도를 바라보면, 바다는 '도시 안의 도시'라는 차별성을 지닌 독 특한 고립영토들을 조직하고 정리하는 매개체다.

군도에 대한 아우렐리의 긍정적 시각은 군도 이미지가 지닌 다면 성의 특징이기도 하다. 아우렐리에게 건축(절대적 건축)은 도시를 에 워싼 "광활한 도시화의 공간"(같은 책: 44)에 도전하는 힘이다. "내부 로부터 (…) 이 바다를 뛰어넘기 위해"(같은 쪽) 건축은 섬들을 분리 된 파편처럼 만들어야 한다. 그 파편들은 끝없이 팽창하는 "도시화 의 바다"라는 동질화 원리에 대항하는 대립과 갈등의 필수 요소인 "정치적 독자성"을 재소환하는 "절대적" 부분들이다(같은 책: 45).

군도 이미지는 이 모든 해석에서 질서 대 무질서의 대비와 관련 이 있다. 이 장에서 보여주려는 것은 군도 이미지가 다음 두 가지 생 각을 뒷받침할 수 있다는 점이다. 하나는 도시 질서 정립은 상호 보 완하는 다른 수준의 도시 공간에서 펼쳐지는 과업이라는 것이고, 다른 하나는 이 과업이 최소한 세 가지의 다른 권력 작동 메커니즘 을 보여준다는 것이다. 도시 바다는 도시 섬들과는 다른 방식으로 정돈되고, 군도의 일부(도시 바다의 경계 지역과 일부 연결된 섬들을 포함)는 주로 제3의 메커니즘을 통해 정돈된다.

미셸 푸코는 서구 사회의 권력 메커니즘을 세 가지 모델로 명확히 구분했다. 첫 번째는 주권(sovereignty) 모델, 두 번째는 규율(disciplinary) 모델, 세 번째는 치안(security) 모델이다(Foucault 2009). 푸코는 이 모델들이 서구 역사에서 이어지는 시대에 각각 대응한다고 설득력 있게 설명한다. 그러면서도 푸코는 세 가지 모델이 권력 관계의 전체 구조에서 서로 다른 역할과 중요성을 가지기 때문에 현대 사회에서 공존한다고 주장한다(같은 책: 8과 107).

권력 메커니즘들의 독특한 특성에 대한 푸코의 언급에서 알 수 있듯이, 공간이 권력 메커니즘에서 중요한 역할을 한다는 점은 흥미롭다. 우리는 이러한 권력 메커니즘들이 공간 질서 정립의 다양한 방식에 상응하거나, 공간을 통제해 사용하는 다양한 정상화 기술에 상응한다고 가정할 수 있다. 따라서 주권은 "영토에 대해 행사"(같은 책: 15)되고 "영토를 자본화"(같은 책: 20)하며 "봉건적 유형의 영토성"(같은 책: 20)에 해당하는 반면, 규율은 "텅 빈 폐쇄적 공간을 조직해 그 안에서 인위적인 다양성이 구조화되고 조직화되도록"(같은 책: 19) 하며, 치안은 "일련의 잠재적 사건들(events)의 관점에서 환경(milieu)을 계획하려고 시도한다"(같은 책: 47). 영토와 빈 공간과 환경이라는 공간성을 각각 다른 정상화 메커니즘이 정의하고 있는 것이다. 이러한 차별적 과정이 도시 군도의 사유이미지에 어떻게 투영되는지 살펴보자.

도시 고립영토 원리의 주권과 규율

"우리는 (…) 세계적 수준의 폐쇄형 도시화의 부활을 목격하고 있다"(Jeffrey et al. 2012: 1, 252-3). 도시 고립영토(urban enclaves)는 도시 내의 특정 경계이며, 특정 사용 규약과 연결된 현대 도시의 공간이다. 도시 고립영토는 도시 군도를 이루는 섬이다. 그것의 바깥 둘레에는 경계 표시가 있고, '거주민' 자격을 갖춘 사람들이 접근할 수 있도록 다양한 방식의 통제가 이루어진다. 고립영토의 논리에 따라 어떤 공간은 영토로부터 분리되고, 이렇게 분리된 지역에 특정 도시 기능을 집어넣는다. 고립영토는 도시의 사용과 도시에서의 행동에 관해 특정 규칙을 적용하고 집행한다는 점에서 영토와 매우 유사하다.

푸코의 추론에서 주권 권력은 법적 메커니즘에 기초하는데, 이 메커니즘은 어떤 형태의 사회생활과 이를 구현하는 사람들을 노골적으로 배제함으로써 특정 공동체 구성원의 행동을 규제한다. 따라서 주권은 '외부인'을 만들고, '외부인'이라고 표시하며, 결국 낙인 찍는다. 도시 고립영토는 특정 형태의 공간 질서가 지배하는 자족적 세계다. 공간 질서는 각각의 고립영토 내부에만 적용되는 규칙에 따라 보장되므로, 고립영토에는 장소 고유의 독특한 주권 권력이 확립된다. 이러한 주권 권력은 거주민(일시적이거나 더 영구적인 거주민)에게 의무를 지우고 거주민의 행동을 패턴화하는 행정 장치다.

이 규칙들은 대형 백화점에 상점을 배치할 때, 은행이나 기업 건물에 입장할 때, 쇼핑몰이나 대형 스포츠 경기장의 배치와 사용을 결정할 때 적용된다. 이 사례들처럼 거대한 건축물 단지가 도시 섬들일 수 있지만, 도시 섬들은 폐쇄적인 근린 지역, 특히 '폐쇄형 주택 단지'일 수도 있다. 이 모든 경우에서 공간 질서 정립은 행동의 정상화와 연결된다. 그리고 이러한 정상화 과정은 규제를 집행할 때 노골적으로 혹은 은밀하게 이루어지며, 규제의 집행은 종종 순수하고 악의 없는 의사 결정으로 소개되곤 한다. 현대의 대도시는 "'정상화된 인클로저들'의 군도"다(Soja 2000: 299).

폐쇄형 주택 단지는 빗장으로 잠긴 도시지역의 형태로서, 대중의 접근을 제한한다. "법적 합의는 (…) 거주민들에게 공통의 행동 규칙을 따르게 하고 (일반적으로) 관리에 대한 집합적 책임을 지게 해 거주민들을 구속한다"(Atkinson and Blandy 2005: 178). 그렇지만 이러한 법적 합의가 "자유로운" 계약상의 선택이든 "선호하는 생활 방식"(같은 책: 183)에 대한 대가로 부과된 규칙이든 간에, 우리는 이로부터 '사적 거버넌스'에 대한 논의를 끌어낼 수 있다.

고립영토에 소속된 관리소(authorities)(예를 들어 쇼핑몰 관리자, 또는 쇼핑몰을 건설한 해당 기업이 선출하거나 임명한 폐쇄형 근린 지역의 행정기관)는 지금까지 국가에 속했던 관할권을 책임지고 통제할 수 있다. 따라서 관리소는 국지적인 "탈정치적 합의"를 강화하는 데 기여한다(Swyngedouw 2011: 28). 이러한 형태의 거버넌스는 "국가를 초월한 거버넌스"(Swyngedouw 2009)의 구조라 할 수 있으며, "민간화한 거버넌스 체제"로 기능할 수도 있다(Graham and Marvin 2001: 271).

예외 상태에 관한 조르조 아감벤(Giorgio Agamben)의 이론을 통해, 우리는 고립영토에 속한 권력 구조의 본질적인 측면을 더 상세히 규명할 수 있다. 고립영토 내부에 적용되는 규칙은 일반적 법체계와 비교할 때 종종 예외적이다. 이러한 종류의 공간 질서는 독특한 예외 상태를 기반으로 한다. 거주민의 의무만 예외적인 것이 아니라, 고립영토와 그 외부의 관계를 정의하는 규칙도 예외적이다(예를 들어 납세 의무, 거리 유지·보수, 공공 공간 사용 조건을 규제하는 규칙). 고립영토는 정상화된 예외 상태의 공간적 형태다(Agamben 1998: 169; 2005: 86). 이 역설적인 상황을 이해하려면 정상성과 예외 사이의 연결을 추적해야 한다.

카를 슈미트(Carl Schmitt)는 주권 권력과 법을 유예할 권리를 연결했다. 그에게 "주권자는 예외의 상태를 결정하는 자"다(Schmitt 2005: 5). 푸코의 주장처럼 주권 권력이 모든 권력과 마찬가지로 정상성을 유지하는 데 초점이 맞춰져 있다면, 법을 유예할 권리가 권력의 영구적인 지향성과 양립할 수 있음을 입증해야 한다. 실제로 법을 유예하는 이유는 정상성을 파괴하기 위해서가 아니라(분명히 그렇게 보일지라도), 위협으로부터 정상성을 보호하기 위해서다. 주권 권력이 법을 유예할 구실을 만들기 위해 어떤 위협을 진단, 예측 또는 고안하든 간에 이 위협은 주권법이 일반적으로는 허용하지 않는 위협 제거 수단에 직면한다. 이처럼 법을 유예하는 행위에는 권리보다는 효율성에 중점을 둔 일종의 지배 이유가 내재해 있다.

예외는 권리 유예의 한 형태로서 완전히 자연법칙화(naturalized)한 효과적인 행정 절차로 제시되기 때문에, 고립영토 주민들은 예외를 받아들이거나 심지어 바라기도 한다. '외부인'은 폐쇄형 주택단지의 출입문을 통과할 수 없다. 사람들은 올림픽 경기장에 입장할 때 검색당할 수 있고, 쇼핑몰의 쇼핑객은 전자 스캔 장치를 통과하면서 도둑이 아님을 계속해서 증명해야 하며, 공항에 있는 여행자뿐 아니라 회사 건물을 방문하는 사람(과 거기에서 일하는 사람)은 스스로 테러리스트가 아님을 증명하기 위해 다양하고 굴욕적인 통제를 당해야 한다. 그리고 물론, 특정 종류의 위협이 임박하거나 확산하는 시점에서는 관련 조치가 확대된다.

이러한 형태의 일상적인 통제를 습관화하는 행정 절차는 그 통제의 예외적 지위를 정상화하는 경향이 있다. 정상화된 예외는 반복되는 행위 연속(act sequence)의 생성자가 되어 독특한 종류의 정상성을 만든다. 만일 예외 상태가 아무리 설득력 있게 정당화된다고 하더라도 예외를 경험한 사람들이 어떤 식으로든 법적 권리와 보증이 유예되고 있다는 사실을 인식한다면, 정상화된 예외 상태는 새로운 형태의 국지적 정상성이 되곤 한다. 각 고립영토는 다양한 규칙의 집합을 통해 '정상화'된다. 상황적 권리(와 특권)는 구체화되는 반면, '보편적' 또는 '일반적인' 권리는 추상화된다. 고립영토 소속의 시민이나 고립영토를 자주 방문하는 사용자는 자신을 도시의 다른 거주민들과 결속시키는 대신, 고립영토가 부여하는 의무와 공간에 얽힌 습관에 적응하는 법을 배운다. 도시 고립영토는 정상화된 예외의 국지적 상태를 통해 현대의 "차별화된 시민권"(Holston 2008: 5)을 만들어 낸다.

규율 권력 역시 고립영토라는 소우주의 생산과 재생산 속에 존재한다. 푸코에 따르면, 주권 권력은 어떤 것을 하지 못하도록 금지한다. 반면 규율 권력은 부정적인 것을 추방하는 것이 아니라, 위협적인 '타자'를 조심스럽게 경계하고 고립시키는 과정을 통해 정상과 비정상을 분리, 분류, 감시한다. 규율 권력은 금지하기보다는 규정하는 것이다(Foucault 2009: 47). 고립영토의 질서를 유지하기 위해 규율 권력은 고립영토를 설명 가능하고, 알기 쉽고, 조직할 수 있는 공간으로 구성해야 한다(같은 책: 19). 감시는 고립영토의 폐쇄적 공간에 부과하는 가장 중요한 규율 기술이다. 그리고 이 기술은 "인지 지도(perceptual grid)와 물리적 루틴을 만들고 구성함으로써" 거주민을 준-시민(quasi-citizen)으로 취급한다(Lemke 2011: 36). 푸코에게 규율은 단순히 억압적인 것이 아니라, 규율이 만드는 인간관계의 생산적인 측면에 적극 기여하는 것이다. 인간의 몸은 "더 유용해짐에 따라 더 순종적으로 되고, 그 반대도 성립"한다(Foucault 1995: 138).

주권 권력이 고립영토의 경계를 정의하고 울타리로 둘러싼다면,

규율 권력은 고립영토를 사용하는 사람들의 특성을 정의하는 역할을 한다고 말할 수 있다. 주권 권력은 상황 규칙의 지배를 받는 신민을 확인하고 그 사람들을 통제하기 위해 공간을 이용한다. 반면에 규율 권력은 공간을 이용해 이 주체들을 단순히 법의 신민(또는 법의 '지배를 받는')이 아니라, 일상 활동을 통해 재생산되는 특정 사회구조의 구성원으로 만들고 분류한다.

예외 메커니즘은 규율 권력을 형성하는 데도 중요한 역할을 한다. 이 역할은 푸코가 규율 권력의 논리를 설명하기 위해 사용한 사례, 즉 "역병에 걸린 도시"에서 확인할 수 있다(Foucault 1995: 195-8). 전염병을 통제하기 위해 당국은 건강한 사람들과 감염된 사람들을 분리해야 했고, 지속해서 도시 인구의 상태를 통제해야 했으며, 정상적인 도시 생활에서 벗어나는 것들을 찾아서 억제할 수 있는 감시 메커니즘을 만들어야 했다. 다시 말해 규율 권력은 도시를 배우고 분류해야 하며(같은 책: 145), 도시를 조사하고 도시 지도를 만들어야 한다. 파놉티콘은 감시자에게 '논증 불능' 지위를 부여함으로써 감시를 지원하는 공간 메커니즘 이상의 의미를 획득한다. 파놉티콘은 사람들을 공간 속에 배치해 그들의 행동을 강제하기 위한 규율 조치다. 푸코의 규율 권력의 추상적 장치(파놉티콘)에 대한 질들뢰즈(Gilles Deleuze)의 해석에 따르면, 파놉티콘은 "전 사회 분야에 걸쳐 있는 구체적인 다이어그램 (…) 지도, 작도법(cartography)"이다(1988: 34). 어떤 총체적인 작도법이 "권력이 전 분야를 통제하는" 역병에 걸린 도시에 적용된다(같은 쪽). 전염병이라는 예외적인 상황에서 도시를 통제하고 통치하는 예외적인 모델이 등장했다. 역병에 걸린 도시에서 "완벽하게 통치되는 도시의 유토피아(Foucault 1995: 198)"가 만들어졌다. 이 유토피아는 도시 고립영토를 형성하고 통치하는 과정에서 지속된다.

아감벤 역시 2001년 G8 정상회의 기간에 제노바 도심에 지정된 '적색구역(red zones)'에 관해 쓴 짧은 글에서 푸코와 마찬가지로 역병에 걸린 도시의 이미지를 빌렸다. 아감벤이 보기에 당국은 대규모 시위대를 마치 도시를 위협하는 일종의 역병처럼 간주했다. 뚫을 수 없는 장벽으로 도심을 둘러싸는 행위와 경찰의 통제는 예외 상태를 만들었으며, 이 시기 도심은 매우 엄격한 경계를 지닌 일시적인 도시 고립영토, 즉 현대판 자금성으로 변모했다(Agamben 2001).

우리가 알다시피 적색구역의 논리는 전 세계에 퍼져 있다. 특히 2001년 9·11테러 이후 당국은 대규모 행사(올림픽, 월드컵 등), 국가 정상회의, 세계무역기구(WTO) 또는 국제통화기금(IMF) 정상회의, 대중 의례 등을 비상 상황으로 여긴다. 적색구역은 도시의 특정 지역에서 법을 유예하기로 한 주권적인 결정에 따라 만들어질 수 있지만, 전형적인 규율 행위를 효과적으로 생성하는 고립영토의 대표적인 예다. 적색구역은 특히 접근을 제한하고 정교한 출입 통제 시스템을 구축한다. 이 과정은 잠재적 위협을 구분하고 행동을 분류하는 작도법 작성에 도움이 된다. 적색구역은 완전한 분류가 가능한 유토피아적 투명 공간이며, 강력하고 효과적인 감시 시스템이다.

보통, 적색구역은 치안 경보를 일으킨 행사가 진행되는 동안 지속되는 예외의 공간이다. 적색구역의 매트릭스는 도시 고립영토에서 펼쳐지는 정상화된 예외 상태의 매트릭스와 동일하다(Stavrides 2010b: 37-9). 적색구역을 받아들이는 법을 배운다는 것은 예외에 사는 법을 배우는 것이다. 한 가지 중요한 차이점이 있기는 하다. 적색구역에서는 법이 유예되고, 도시의 정상성이 (보호되기 위해서라고 주장하면서) 깨진다. 하지만 도시에 자리 잡은 고립영토에서는 법이 유예되더라도 해당 지역 고유의 법률 및 규칙이 이를 대체할 수 있다.

외부에서 보면 고립영토는 예외의 공간이다. 그러나 내부에서 보면 법을 준수하는 우주처럼 보인다. 예외는 법의 내부도 외부도 아니라고 강조하는 아감벤의 주장은 옳다. 예외는 "법의 이름으로" 선언되지만, 질서는 질서라는 핑계로 깨진다. 따라서 예외가 법과 아노미를 구별하지 않는 구역을 만들어 낸다(Agamben 1998: 37 및 2005: 23) 하더라도, 예외는 권력 행위 이외의 다른 방식으로 제시될 수 없다.

도시 바다에서의 규율과 안전

규율 권력은 또한 고립영토 섬들 사이에 펼쳐지는 도시 바다의 일부를 집어삼키는 경향이 있다. 적색구역과 마찬가지로, 규율 권력은 일반적으로 도시 공공 공간의 일부 구역을 차단한다. 현대 대도시에서 도시에 다소 기만적인 통일성을 부여하는 공간 조직, 즉 교통 순환을 위한 공간과 야외 공공 공간은 완전 통제라는 꿈을 위협하는 것처럼 보인다. 도시 군도의 바다는 교통 법규와 동선(動線) 계획을 통해 질서가 잡히는 것처럼 보이지만, 진짜 바다와 마찬가지로 예측할 수 없으며 도시 질서 프로세스를 위협한다(물론 바다와 도시 바다 현상 모두 어떤 추적 가능한 패턴을 따르긴 하지만 말이다).

규율 권력은 이 거대한 바다 환경 일부를 고립영토 정책에 통합시키려고 한다. 젠트리피케이션 사업들은 확실히 그러한 측면을 가지고 있다. 그 사업들은 해당 근린 지역을 숨은 구석까지 세심하게 드러냄으로써, 삶뿐 아니라 생산 및 사회 재생산의 관행을 계획하려 한다. 젠트리피케이션이 발생하는 지역은 (물론 자본 투자와 공격적인 투기의 대상 지역이라는 점을 차치하고) 총체적 계획과 감시를 실행하기에 이상적이다. (초대형 행사나 대규모 재개발 사업 중 하나와 연결된) 초대형 프로젝트는 새로 형성된 고립영토 섬에 도시 바다의 일부를 합병시키는 전형적인 도시 질서 정립의 행위이기도 하다. 리조트 또는 도시 교외 지역의 원형들(이른바 뉴어바니즘(New Urbanism)의 개척자들이 계획한 것과 같은)은 도시 바다를 길들이고 전유하는 행위를 똑같이 보여준다.

도시 군도의 이미지가 계속 유용하려면, 장소들의 물리적 배치와 인공으로 만든 공간 배치를 비교하는 것의 한계를 명확히 해야 한다. 지리적 섬과 달리 도시 섬은 만들어지고 있으며 파괴될 수 있다(또는 도시 바다가 차지하도록 남겨질 수도 있다). 도시 바다 자체는 도시 '육지', 즉 계획된 거대한 고립영토의 일부 공간으로 바뀔 수도 있다.

그러나 도시 바다를 완전히 통제할 수는 없다. 도시 바다는 어떤 형태의 조류 관리도 회피해 버리는 문제를 도시 거버넌스에 제기한다. 도시 바다는 단순히 교통 순환의 공간, 대중이 이용하는 열린 공간이라는 형태로 도시의 섬들 사이에 남겨진 곳이 아니다. 지배적인 '고립영토 원리(enclavism)'는 이러한 바다 공간의 일부를 흡수해 대중적 사용이 통제된 도시 고립영토로 전환하는 경향이 있다. 울타리가 있는 공원이 전형적 사례이며, 대중적 위락 지역의 성격을 갖는 젠트리피케이션 지역도 마찬가지다.

도시 군도 내 섬들의 윤곽선을 드러내는 과정을 통해 바다는 감시에서 벗어날 수 있는 다양한 도시 공간을 찾아낸다. 스펙트럼의 한쪽 끝에 길들여진 도시 바다(이 바다는 많은 도시에서 완전히 통제된 세계지만, 멕시코시티에서는 그렇지 않고 뉴욕에서도 그렇지 않다)의 일부로서 도시 지하철망이 존재한다면, 영역의 다른 쪽 끝에는 부에노스아이레스의 빌라 미세리아(villas viserias, 빈민가)나 상파울루의 페리페리아(periferias, 도시 주변의 빈민가)를 둘러싼 지역과 같은 곳이 있다. 이 지역들은 당국이 쉽게 사람들의 행위를 예측할 수 없는 모호한 도시 구역이다.

도시 거버넌스의 지배적인 형태가 도시 생활의 패턴을 포위해 정상화하는 데 실패하면, 그 거버넌스는 반복적이지만 일시적이고 전이(轉移)된 개입을 통해 공간을 통제하려고 시도한다. 이러한 점에서 '불법 이민자'(또는 불법 행위로 기소된 사람들)를 찾기 위해 거리에서 무작위로 이뤄지는 신원 통제는 당국의 상징적 행위로 볼 수 있다. 이러한 행위에서 드러나는 것은 권력의 다른 형태다.

　도시, 특히 도시 바다를 통치하는 정치의 핵심에 푸코가 말하는 안전 메커니즘이 있다. 안전 메커니즘의 목표는 원치 않는 행위와 행동을 예측하고 차단할 수 있도록 고도로 복잡한 (도시) 현실을 연구하고 확인하며 해석하는 것이다. 안전은 "사건이나 연속된 사건들, 또는 잠재적 요소의 관점에서 환경을 계획"하려고 한다(Foucault 2009: 21). 그러나 현실은 종종 계획을 벗어나기 때문에 계획은 항상 그 야심 찬 목표를 다시 조정해야 한다. 도시 거버넌스는 도시 바다에서 가장 예측할 수 없고, 따라서 통제할 수 없는 부분에 주목한다. 그러나 도시 거버넌스가 그 부분에 개입하고 규제할 수 있으려면 유연하고 전이적이어야 하며, 도시 생활 방식에 관한 새로운 지식에 항상 열려 있어야 한다. 표본추출은 이러한 문제를 다룰 때 권력이 취하는 연구와 행위의 양식이다. 그리고 안전 권력은 표본추출을 통해 개인이 아니라 전체 모집단, 특히 도시 모집단을 통제하려고 시도한다. 이러한 맥락에서 장 보드리야르(Jean Baudrillard)가 행동의 사전 정상화를 위한 규준의 중요성을 확인하기 위해 작업한 규범적 시뮬레이션은 매우 유용할 수 있다(1983: 115-22).

푸코는 권력이 암시적으로 통제하려는 잠재적 사건들이 연속성을 지닌다고 주장한다. 그러므로 도시 리듬을 강제하고 제어하는 것에 관해 이야기하는 것이 더 나을 수도 있다(Stavrides 2013). 우리는 정상화를 사회생활을 투명하게, 즉 알 수 있고 계획할 수 있게 만드는 성공적인 정치 행위라고 이해할 수 있다. 그러한 맥락에서 리듬성(rhythmicality)은 사회생활의 본질적인 특성이 될 것이다. 앙리 르페브르(Henri Lefebvre)의 "리듬 분석"(Lefebvre 2004)은 리듬이 통제 메커니즘을 형성할 수 있지만, 지배 규칙을 넘어서는 실천 양식을 만들 수도 있다는 것을 보여준다. 미셸 드 세르토(Michel de Certeau)의 "약자들은 기회를 항상 주시하고 있다"라는 표현을 빌리면, 권력은 공간과 시간을 계산하는 전략을 통해 작동하는 반면 약자는 전술만 사용한다(De Certeau 1984: XVII). 그러나 강자와 약자 모두 실제로 도시 리듬을 통해서 방향을 잡고 나아가려 한다. 지배 권력이 리듬을 절대적으로 통제할 수 있다면, 지배 메커니즘 자체가 무의미해질 것이다. 지배는 일종의 과업이고, 사회생활 리듬은 경쟁을 벌이는 전장이다.

따라서 안전 권력은 어떤 것을 금지하거나 처방하기보다는 도시 생활의 표현 통로가 되는 바로 그 습관을 찾아서 포용하려고 한다. 이것이 발전적 자유주의의 논리가 안전 메커니즘을 뒷받침했던 이유다. 자유로운 개인들의 행위를 조직화함으로써 시장이 자율 규제되고, 궁극적으로 사회가 자율 규제된다는 믿음을 안전 권력의 관행들 속에서 확인할 수 있다. 이러한 종류의 권력을 효과적으로 만드는 것은 바로 그 권력의 유연성이다.

예를 들어, 19세기 작도법이 제기한 도시 측량 문제를 생각해보자. 패트릭 조이스(Patrick Joyce)가 보여주듯이, 서로 다른 공간 간의 차이를 기하학적으로 정확하게 묘사했는데도 "표준화된 지도"는 도시를 동질화된 "선명한 선"으로 되돌렸다(Joyce 2002: 105, 또한 Joyce 2003 참조). 실제로 이것은 "자유민주주의의 사회적 상상계"(같은 쪽)의 특징이다. 자유민주주의 안에서 사회(와 도시)의 통합은 (표준화된 지도가 객관적인 것으로 제시되는 것과 정확히 같은 방식으로) '자연스럽게' 나타나는 권력 행위로 확립된다. 안전 권력은 자연스러워 보이기 때문에 '자유주의적'이다. 그러나 안전장치는 행동을 예측할 뿐 아니라 형성하기 위해 모델들이 가지고 있는 권력을 활성화한다. 따라서 안전은 정상화를 "정상과 비정상을 (…) 서로 다른 정상성의 곡선에 그리는 것"이라고 이해한다. 달리 말하면, "정상을 차등적 정상성의 상호작용으로" 이해한다(Foucault 2009: 63).

따라서 도시 바다를 정상화하는 문제는 새로운 권력 메커니즘을 요구하는 도시 거버넌스의 문제다. 모델을 계산하고 구축하는 권력은 앞에서 본 것처럼 규율 메커니즘 및 주권 메커니즘과 함께 작동해야 한다. 그러나 이러한 종류의 권력 조직화는 예외를 다른 방식으로 처리해야 한다. 예외는 안전 권력의 실행에서 방해하는 힘이 아니라 추진력이 될 수 있다. 무엇보다 안전 메커니즘의 유연성은 안전 메커니즘의 능력, 즉 예외를 통해 학습하고 예외를 통합하며 모델과 예측을 재조정하기 위해 예외를 사용할 수 있는 능력을 기반으로 한다. 푸코가 천연두를 통제하는 계획을 이러한 발전된 형태의 권력 정상화의 한 예로 들었다는 점을 기억하자. 천연두 연구는 질병 통계와 사망률 등을 통해 이루어졌다. 정상인 것이 건강한 것과 일치하고 비정상적인 것이 병리적인 것(병에 걸린 사람)과 일치한다면, 질병은 재발되는 예외로 연구될 것이었다. 인류학은 실제로 여러 사회가 잠재적인 재난을 피하려고 행하는 의례를 이용해 그 재난을 어떻게 처리하는지에 대한 관찰로 가득 차 있다. 과학적 지식은 그러한 '편견'을 훨씬 뛰어넘어 확률을 계산하고 모델을 구축함으로써 예측 불가능한 것을 통제할 수 있는 힘을 사회에 제공했다. 집권자들이 보기에, 사회를 정상화해 통제하려는 의지는 종종 과학적 모델의 든든한 확실성(이러한 확실성은 바로 과학에서도 논란이 되지만)에 조응한다.

따라서 안전 권력 정책에서는 가치와 관련한 추론이 복잡하게 전개된다. 예외는 없앨 수 없고 불가피한 '불협화음'이 도시의 리듬에 스며들지만, 도시 바다 그 자체는 길들여야 한다. 따라서 예외는 새로운 규칙의 근거를 설정하는 메커니즘이 된다. 현대 브라질의 대도시인 상파울루가 그 예다. 최근 이 도시의 청년들은 독특한 집단적 습관을 발전시켰다. 그들은 홀레지뉴(rolezinho, 대략 '작은 여행' 또는 '나들이'로 번역한다)라고 부르는 대형 쇼핑센터 앞에서 특별한 축제를 연다. 대부분 변두리에서 온 이 청년들은 도시에서 안전과 소비를 상징하는 공간 앞에 변두리(periferia) 문화를 가져옴으로써 도시의 정상성을 위협하는 것일까? 아니면 일부 분석가들이 확신에 차서 선언한 것처럼, 단순히 자본주의에 대한 대중적인 찬가를 만드는 것일까? 예외적인 행동은 당국의 골칫거리다. 그래서 전이 통제(metastatic control)는 전이성 저항이나 잠재적 저항으로 발전할지 모르는 것들과 맞서야 한다. 예측 불가능성은 권력이 처리하고 제한해야 하는 상태이긴 하지만, 그것을 완전히 중단시킬 수는 없다.

2
커머닝의 확장
자본주의 내부와 반대, 그리고 그 너머?

공동 세계는 인클로저를 넘어설 수 있다

사회 세계(social worlds)는 정상화 과정을 통해 만들어지고 사회의 다양한 집단이 그 안에서 각자 자리를 잡는다. 그렇게 정의된 세계에서 소속감은 사회관계와 다양한 형태의 합의를 만드는 데 중요하다. 현대 자본주의 사회에서는 사회조직의 다양한 수준에서 별개의 사회 세계가 수립될 수 있다. 그러나 도시 고립영토 원리는 사람들이 인식하고 실제로 '거주'할 수 있는 공동 세계(common world)의 경계를 짓는 일반적 방식이 되곤 한다. 공동 세계는 확실한 경계가 있는 세계로 정의되고 재생산되는 경향이 있다. 그 안에서 소속감은 합의를 만들어 내고, 합의는 다시 소속감을 만들어 낸다.

공동 세계의 경계 내에서 사람들은 공유된 정체성, 공유된 습관, 그리고 공유된 가치를 수용하고 수행한다. 이 공동 세계에 속하는 주체로서 사람들은 이 세계를 적대적이거나, 이질적인 외부와 분리된 것으로 경험하는 경향이 있다. 공동 세계에 참여하는 것은 이 세계의 경계를 명확히 하는 관행과 이러한 분리를 재생산하는 관행에 연결된다. 그래서 공동체가 얼마나 '실제적' 혹은 '상상적'이든 간에 공동 세계는 한 공동체의 경계를 넘어서는 실천들과 반드시 연결되지는 않는다. 공동 세계는 신념과 습관이 동질적이거나 동질화되는 구조로서 만들어질 수 있다. 그러나 그 구조는 생성과 재생산 과정에서 커머닝의 세계로 변형될 가능성이 있다. 커머닝의 세계는 단순히 공유된 신념과 습관의 세계가 아니다. 커머닝은 공동체를 개방하고 그 세계를 유지하는 규칙 형성에 적극 참여하는 공유 방식과 강하게 연결되어 있다. 커머닝의 세계는 운동하는 세계다.

자크 랑시에르는 '공동 세계'라는 개념에서 출발해 '공동체'의 정의를 재정립하려고 한다. 그는 사회적으로 만들어진 "감각적 세계의 분배(distribution of the sensible world)"를 인식할 수 있는 능력의 중요성을 강조한다. 그에 따르면, 이 세계는 항상 공유된 정신(ethos)과 공유된 벽돌 건물 그 이상이다. 이 세계는 "항상 존재 양식과 '점유(occupations)'가 가능성의 공간에 논쟁적으로 분포한 것이다"(Rancière 2006: 42). 이 '가능성의 공간'을 경직된 사회 질서로 환원한다는 것은 정치를 '치안(police)'으로 대체하는 것을 의미한다. 랑시에르에게는 공동의 것으로 간주되는 것에 대한 끊임없는 재정의가 중요하다. 이것이 공동 세계를 만들고, 결과적으로 공동체를 이해하고 상징화하는 기초가 된다. 치안은 공동체를 "공통적 존재 방식의 성취"로 이해하는 반면, 정치는 공동체를 "공동의 것 (the common)에 대한 논쟁"으로 파악한다(Rancière 2010: 100). 공동의 것을 사실이나 규범이 아니라 하나의 문제로 인식하는 과정이 공동체 안에 내재해 있다. 공동의 것에 대한 분쟁이나 논쟁이 잠잠해질 때 공동체는 경직된다. 공동체는 과정이 아니라 질서정연한 사회적 우주가 된다. 공동체와 정치 사이의 연결에 대한 랑시에르의 이해를 해석하자면, 공동체는 열린 정치 과정이며 그 과정을 통해 함께 살아가는 것의 의미와 형태가 의문시되고 변형되는 세계다. 이러한 맥락에서 랑시에르는 "정치가 치안으로 전환하는" 통로라는 합의된 주장에 반대한다(같은 쪽). 그런데 우리가 합의와 의견 불일치를 이해하는 방식, 즉 사람들 간 합의를 도출하는 다양한 과정을 설명하는 방식을 공동체에 관한 이 이론화 과정에 도입해도 될까?

공동체는 '공동의 것'에 대한 끝없는 싸움 대신 협상과 논쟁의 과정을 통해 공동 세계를 계속 정의할 수 있다. 공동 세계의 형성이 동질화 과정의 결과일 필요는 없으며, 정상화 권력 전략의 분명하고 불가피한 결과일 필요도 없다. 우리가 공동 세계를 (사소하거나 주요한 변혁의 역사에 열려 있는) 사회관계의 결과로 이해한다면, 공동 세계는 차이점을 허용할 뿐 아니라 그 차이점들 사이에 공통 기반을 구축한다. 공공 공간을 지배의 장소가 아니라 항상 경합이 일어나는 영역으로 이해할 때, 공공 공간의 공동 세계적 표현을 올바로 이해할 수 있다(Hénaff and Strong 2001, Loukaitou-Sideris and Ehrenfeucht 2009).

우리는 '공동 세계가 변화와 협상에 얼마나 개방적인가?'라는 관점에서 여러 사회를 비교할 수 있다. 해방을 향한 길을 찾는 과정에서, 우리는 공동 사회의 형성 과정이 개방된 사회(와 공동체)로부터 교훈을 얻을 수 있다. 그러나 이것은 그렇게 간단하지 않다. 우리는 먼저 어떤 종류의 실천이 사회적 해방을 예고하는지, 그리고 어떤 종류의 가치가 그와 관련 있는지 탐구해야 한다. 이 부분에서 커머닝에 대한 논의의 정치적 중요성이 분명해진다. 피터 라인보우(Peter Linebaugh)가 설득력 있게 제시한 것처럼 "커먼즈(the commons)는 활동"이며, 그래서 "자연과의 관계에서 분리할 수 없는 사회 속의 관계들을 표현"한다(Linebaugh 2008: 279).

이 접근법에 따르면 '자연적인'(공기, 숲 등의 자원) 공동 재화(공유되는 재화)를 인간 사회에서 생산되는 '인공적인' 공동 재화와 분리하는 것은 정치적으로 무의미하다. 한 사회는 자연적 재화와 그것의 전유 규칙을 정의하고 기술하는 과정을 통해, 문자 그대로 자연적 재화를 의미 있는 사회적 재화로 창조한다. 커머닝은 공유하려는 특정 재화를 생산하거나 전유하는 과정이 아니다. 특정한 사회에서 무엇을 어떻게 공유할지를 정하는 과정에서 재현, 실천, 가치가 서로 교차하는 복잡하고도 역사적으로 특수한 과정이 곧 커머닝이다. 우리는 보통 '공유되는 것'이 재화와 관련 있으며, 공유는 완전히 또는 거의 경제적 과정이라고 생각한다. 첫 번째와 관련해서, 데이비드 하비(David Harvey)의 공동의 것에 대한 정의는 비록 광범위하고 반실재론적일지라도 다음과 같은 중요한 견해를 포함한다. 즉, 그에게 공동의 것은 "특정한 종류의 물건"이 아니라 "자기 스스로 정의하는 특정 사회 집단과 그 집단의 사회적·물리적 환경의 측면—현재 존재하거나 아직 생성되지 않은, 그리고 생활과 생계에 중요하다고 간주되는 측면—사이의 불안정하고 가변적인 사회관계"다(Harvey 2012: 73). 여기서 '생활(life)'과 '생계(livelihood)'라는 두 용어의 구분은 아마도 상보성을 암시할 것이다. 사회생활은 사회적 권력관계를 표현하고 수행하는 수많은 관행으로 구성된다. 그러한 관계에 의미를 부여하는 것은 사회적 재생산에서 중요하다.

생계는 의심할 여지 없이 사회의 존속을 위해 중요하다. 그러나 사회생활은 결코 생계를 유지하는 과정으로 축소되지 않으며, 생계를 확보하기 위한 노력이 사회생활의 유일한 설명 요인도 아니다. 커머닝은 사회생활의 모든 수준에서 전개된다. 커머닝 실천을 사회적 생계에 초점을 둔 실천으로 축소하는 것은 경제학적 오류다. 생산관계와 권력관계는 특정 사회의 특정 역사적 상태를 결정하는 공동 요소(반드시 조화롭지는 않지만)다. 이 두 요소는 사회적 투쟁, 특히 공동의 것을 전유하는 것에 대한 정의, 통제, 재현과 형식 등을 둘러싼 투쟁을 통해 표현된다.

커머닝이 공유 과정에 형태를 부여하는 실천을 기반으로 한다면, 실천 수단과 참여하는 실천 주체 모두가 이 실천들을 특징짓는다 (Bollier and Helfrich 2012). 역으로, 커머닝 실천이 주체와 수단을 형성한다. 커머닝 실천은 문자 그대로 공동(common)으로서 명명되고, 평가되고, 사용되고, 상징화되는 것들을 생산한다.

특정 사회에서 커먼으로 간주되는 것에 대한 논의는 '커먼즈'가 사회적 존재로 인식되는 맥락에 대한 구체적 역사 분석을 포함한다. 인클로저 행위는 많은 연구에서 권력관계의 구조 등 해당 사회 및 공동체의 다양한 특성에 따라 분석되었다(Linebaugh 2008, Linebaugh 및 Rediker 2000, De Angelis 2007, Federici 2004). 마이클 하트와 안토니오 네그리가 주장하는 것은 현대 자본주의에서 새로운 형태의 커먼즈들이 등장했다는 점이다. 특히 그들이 말하는 커먼즈는 지식과 정보 코드뿐 아니라, 정동(情動)과 다양한 형태의 사회적 관계를 통해 공유될 수 있는 비물질적 재화다(Hardt and Negri 2009: 132). 비물질적 재화의 목록을 보면, 새로운 커먼즈는 인간관계와 직접 관계되어 있다. 그리고 그 인간관계는 단순히 커먼즈를 생산하는 수단일 뿐 아니라, 그 자체가 커머닝의 산물이라는 것이 분명해진다.

이러한 추론은 커머닝이 주로 주체성의 생산과 관련한 자본주의 역사의 특정 시기를 찾으려고 하는 경향과 연관 있다. 그러나 주체성이 자기 재생산을 목표로 하는 사회의 가장 중요한 산물이라는 점을 고려하면, 이러한 견해는 논란의 여지가 많다. 커머닝이 주체성 생산의 새로운 조건이 되는가? 이 또한 쉽게 증명할 수 없다. 과거의 다른 사회에는 사회적 주체성을 확립하고 재생산하는 (반드시 비물질적이지는 않지만, 예컨대 토지 경작과 관련한) 다양한 커머닝 실천이 있었다(Godelier 2011, Esteva 2014).

하트와 네그리 주장의 핵심은 오늘날 자본주의에서 커머닝 실천이 만드는 새로운 주체성은 사회의 재생산을 위협하는 특성을 가진다는 것이다. 자본주의 사회가 자기 파괴적 관계들을 포함하고 생산한다는 마르크스주의 사상(생산수단 발전의 엄청난 잠재력이 사적 소유로 방해받는 것 같은 모순에 관한 사상)에 새로운 형태를 부여하면서, 하트와 네그리는 현대 자본주의의 파괴로 이어질 수 있는 구성적 모순을 발견한다. 그들이 다중(multitude)의 동태성에서 찾으려 했던 것도 이 모순일 것이다(Hardt and Negri 2005, 2009). 다중은 현대 커머닝의 맥락에서 나타나는 잠재적 주체성의 광대한 집합체로 보인다. 다중은 본질적으로 다수이며, 많은 형태의 공존으로 연결된 "특이점들(singularities)"의 집합이다. 다중은 커머닝을 통해 형성되고 다양한 종류의 커먼즈(특히 이미 '비물질적'이라고 언급된 것들)를 생산함으로써, 잠재적으로 자본주의를 넘어서는 복합적 정치 주체가 될 수 있다(Hardt and Negri 2009: 165-78).

왜 현대의 커머닝 형태는 자본주의의 재생산을 위협하는 정치적 주체성을 낳는가? 자본주의 내부의 커머닝이 항상 반자본주의 투쟁의 원천이기 때문인가? 이미 언급한 사례들을 보면, 커머닝이 반드시 반자본주의적 과정이나 탈자본주의적 과정이 아니라는 것은 명백하다. 커머닝은 기존 공동체의 재생산과 집단의 상징적 소유권, 또는 법적 소유권을 방어하기 위한 투쟁을 지원할 수 있다. 이러한 종류의 소유권은 출입을 제한하거나 사용 권한을 정의하는 인클로저 행위의 산물일 수 있다. 예를 들어 폐쇄형 주택 단지, '사설' 클럽 또는 '백인 전용' 놀이터의 공동 시설 및 개방 공간이 그렇다. 더욱이 커머닝은 일반적으로 서로 다른 공동체나 사회 간 갈등의 영역을 만들 수 있다. 이러한 갈등을 커머닝과 연결된 원리를 참조해 해결할 수 있을까? 아니면 그것은 커머닝 추론 외부에 있는 문제인가? 이 질문에 대한 답을 찾기 위해 현대의 자본주의적 커머닝의 역사적 특수성으로 돌아가보자.

협업 행위는 분명히 자본주의 이전부터 존재했다. 자본주의의 변형에 따라 다양한 형태의 협업이 등장했으며, 협업에 대한 자본주의의 지배 관행도 변했다. 현대의 협업 행위는 최소한 두 가지의 중요한 새로운 특성이 있으며, 그 특성들은 커머닝과 연결되는 것처럼 보인다. 정보 및 전송 기술이 부상하면서 사회관계에서 네트워킹 모델이 우세해진 것이다. 역사적으로 정동과 지식은 사람들을 묶어 왔다. 기호와 언어 역시 거의 모든 형태의 인간 협업에서 중요하다. 네트워킹 모델(Castells 2010, Castells 및 Cardoso 2005)은 자본주의가 예측하지도, 통제하지도 못하는 방식으로 빠르게 확산하는 인간 협업 및 상호작용의 전례 없는 가능성(De Peuter 및 Dyer-With-eford 2010)을 만드는 것처럼 보인다. 정보 기술은 네트워킹 모델을 널리 보급했다. 그러나 이 모델은 동시에 사회를 통제하는 매우 강력한 도구다. 우리는 지배 통제 메커니즘이 정보 흐름에 심각한 영향을 끼칠 수 있고, 분산된 지배 기구들을 효율적으로 연결할 수 있으며, 저항적 협업 행위를 능가하는 속도로 데이터를 처리할 수 있다는 사실을 알고 있다.

따라서 우리는 지배나 전유를 벗어날 수 있는 협업, 의사소통, 협력의 실천과 지배 및 착취 과정의 일부에 해당하는 실천을 구별할 필요가 있다. 이러한 구별은 친자본주의 또는 반자본주의의 '본질'에 따르는 것이 아니라, 자본주의를 넘어서는 역동성에 따라서 커머닝의 실천이나 과정을 평가할 수 있는 구체적 기준을 개발할 때 가능하다. 그러한 역동성은 커머닝의 토대를 제공하고 커머닝을 발전시키는 공동체의 한계를 넘어 늘 확장되는 경우에만 유지될 수 있다는 것이 나의 주장이다. 협업의 관점에서 이것은 계속 확장하는 잠재적인 협력자들의 공동체를 전제로 한다. 커머닝의 협업-협력-의사소통 실천에 항상 새로운 참가자를 포함시킬 수 있는 수단과 규칙을 개발하는 것이 자본주의적 커머닝의 한계―커머닝의 산물에 대한 인클로저와 사유화를 통해, 그리고 자본주의 지배 아래 커머닝을 종속시키는 통제를 통해 부과한 한계―를 넘어설 수 있는 가장 중요한 전제조건이다.

네트워킹 모델은 커머닝을 확장할 새로운 기회를 창출한다. 그러나 네트워킹이 자본주의 지배의 한 형태(그리고 공동의 것을 억류하는 것)가 될 수 있다는 사실 또한 받아들여야 한다. 커머닝의 반자본주의적 잠재력을 유지하는 문제(Caffentzis and Federici 2014, Hardt 2010, Harvey, Hardt and Negri 2009)는 실제로 정치적이다. 그러므로 이러한 잠재력을 표현하는 수단은 커머닝 실천을 지탱하는 협업의 특성과 관련이 있다. 커머닝이 잠재적인 정치적 주체성을 창출한다면, 실제로 어떤 종류의 사회관계가 커머닝을 유지하고 확장하는 방향으로 주체성을 형성해 나가는지를 아는 것이 중요하다. 어떤 종류의 사회적 관계성 실천이 커머닝을 계속 살아 있게 하고, 인클로저와 통제의 함정에서 벗어날 힘을 갖추게 하는가? 정말로 우리는 잠재적 커머너의 범위를 확장할 뿐 아니라 새로운 형태의 커머닝, 새로운 형태의 커먼즈, 따라서 필연적으로 새로운 형태의 협력으로 이끄는 실천의 반복 가능성에 대해 정말로 이야기할 수 있는가? 이러한 맥락에서 확장하는 커머닝의 개방형 제도를 발명하는 실천에 대해 정말로 말할 수 있는가?

확장하는 커머닝의 제도

커머닝 실천이 해방된 사회의 중요한 예시(豫示)가 되려면, 커머닝이 공유 및 협력의 연결망을 계속 확장함으로써 사회의 공동 부를 재전유하고 변형하기 위한 집단적 투쟁으로 남아 있어야 한다

(Hardt and Negri 2009: 251-3).

　지배적인 제도는 지식이 있는 사람과 없는 사람, 결정을 내릴 수 있는 사람과 집행해야 하는 사람, 특정한 권리를 가진 사람과 박탈당한 사람을 구분해 불평등을 정당화한다. 따라서 공공 공간의 생산 및 사용에 중점을 둔 지배적인 제도는 특정 당국에서 비롯되고 공공 공간 사용자의 행동을 지시하는 권한 부여 형식이다(Stavrides 2012: 589). 사실, 추상적 평등에 기초한 것처럼 보이는 지배적인 제도도 존재한다. 추상적 평등성은 차별화된 특성과 욕구, 희망을 품은 주체들을 추상적 권리를 가진 중립화된 주체로 환원한다. 따라서 공공 공간에서는 보편적인 규칙이 동질화된 사용자들에게 적용되는 것처럼 보인다. 이 사용자들은 하루 중 특정 시간과 (암묵적이나 명백한 감시와 같은) 특정 조건 아래서 특정 장소에 접근하는 것이 허용된다.

　서로 다른 사회적 정상화의 역할에도 불구하고, 두 유형의 지배적 제도 모두 행동 유형을 분류하고 예측하며 그들이 설정한 분류를 통해 고정되고 영속화된 차이점만을 다룬다. 물론 내용 면에서 분명한 차이가 있다. 즉, 특정 형태의 평등 보장을 목표로 하는 제도(아무리 추상적이더라도)는 공개적으로 차별을 강제하는 제도와 다르다. 안정적이고 경계가 뚜렷한 공동체의 커머닝 제도는 사람들의 권리와 행동을 규제하는 방식의 측면에서 지배적 제도처럼 보일 수 있다. 그러나 확장하는 커머닝 제도는 지배적인 제도 및 폐쇄형 커머닝이라고 부를 수 있는 제도와 명백히 다르다. 이에 따라 그 제도들은 서로 다른 사회적 유대를 지향하는 서로 다른 '사회적 인공물'이 된다.

확장하는 커머닝 제도들을 특징짓는 세 가지 특성이 있다. 우선, 이러한 제도들은 서로 다른 행위 주체들과 서로 다른 실천들 사이에 동등비교의 근거를 마련한다. 그래서 행동의 주체와 실천 자체가 연관되고 비교된다. 중요한 것은 동질성이 아니라 다중성에 기반을 둔 협업 형태의 발명이다(Hardt and Negri 2005: 348-9). (엄격한 분류 체계의 틀에 끼워 맞춘) 서로 다른 주체와 실천 사이의 거리를 유지하거나 생성하는 대신, 이러한 종류의 제도는 차이들이 마주하고, 상호 노출하며, 상호 의식의 근거를 만들도록 권장한다. 단순한 공존은 비교의 잠재력을 포착하지 못한다. 차이는 동등비교가 가능하므로 의미가 있다. 차이는 상대적이고 관계적이다.

예를 들어보자. 아테네의 나바리노우 공원(근린 주도로 활기찬 도시 광장과 정원으로 개조된 주차장) 점령의 경우, 사람들은 각자의 지식과 능력에 따른 별개의 작업반을 만들 수 있었으며, 그 결과 '순전히 명백한' 기존의 차이에 기반을 둔 역할 분류 체계가 암묵적으로 재생산되었다. 공원 총회에 참여한 젊은 건축가가 회상하듯이, "참여한 사람들은 그들의 정상적인 지위와 직업에서 벗어나 자신을 재배치해야 한다고 느꼈다"(An Architektur 2010: 5). 그녀의 전문 분야에서도 자신의 의견을 "전문가의 의견이 아닌 하나의 의견"으로 표현하는 데 주의를 기울였다(같은 쪽). 나바리노우 공원이 공동공간 창조의 실험이 되는 이유는 모든 형태의 작업과 협력이 암묵적으로든 명시적으로든 집단적 자율 규제와 자주관리에 기반을 두고 있기 때문이다. 확장하는 커머닝의 제도는 유연해야 한다. 이는 '신참자들'이 기존의 역할 분류 체계에 강제로 편입되지 않으면서, 그 제도에 포함되어야 하기 때문이다. 동등비교 가능성(comparability)은 확장하는 커머닝의 원동력이다.

그러나 동등비교 가능성만으로는 충분하지 않다. 커머닝 제도는 관점, 행동, 주체성 간의 차이를 서로 해석하기 위한 도구와 기회를 제공해야 한다. 비교 가능성이 차이점에 대한 필수적이고 구성적인 인식을 기반으로 한다면, 번역 가능성(translatability)은 차이를 공통 분모로 축소하지 않고 차이 사이의 타협을 위한 공통 기반을 형성한다. "해방된 공동체는 이야기꾼과 번역가의 공동체다"(Rancière 2009b: 22). 물론 이것은 상당히 어려운 문제다. 지배적 분류 체계는 사회적으로 명백한 공통 기반을 마련하는 대신, 지배 엘리트 우위 중심의 기반을 구축하려는 경향을 띠기 때문이다. 번역은 소통을 추구하지만, 언어 간 중단 없는 미러링을 생성할 수는 없으며 그것을 바라지도 않는다. 커머닝의 확장 가능성을 유지하는 제도도 마찬가지이거나 그래야 한다. 실제로 "공동의 것은 항상 번역으로 구성된다"(Roggero 2010: 368). 확장하는 커머닝은 기존 패턴에 따라 확장되지 않고, 말 그대로 자신을 스스로 발명한다. 번역은 항상 형성 중인 공동 세계를 만들기 위한 새로운 기회이고, 새로운 분야를 여는 커머닝의 고유한 창의성이다.

공동공간의 생성에는 다양한 정치적, 문화적 또는 종교적 배경을 가진 사람들 사이에 다리를 놓는 번역 실천이 따른다. 오늘날 아테네(또는 2001년 아르헨티나조(Argentinazo)[1] 기간의 부에노스아이레스)의 공동관리 주방에서는 일상적인 생존과 관련한 긴급한 협업이 이루어지고 있으며, 그 과정에서 번역 실천을 통한 의사소통이 이루어진다. 이러한 종류의 의사소통을 확립하는 데 기존의 공통 언어와 기호만 사용되는 것은 아니다. "경험" 또는 "지적 모험"을 번역하는 형식을 고안해(Rancière 2009b: 11), 개별 경로들 사이에 교차점을 만드는 것이 필요하다. 이민자들은 그러한 번역 작업이 이루어질 때만 사회 주방에 커머너로 참여할 수 있다.

그러나 번역이 다른 구어 간의 의사소통을 확립하는 데만 필요한 것은 아니다. 이민자 문화에는 커머닝의 중요한 씨앗이 들어 있다. 공동 주방의 냄비 주변이나 점령한 광장의 벤치, 그리고 오악사카 코뮌(Oaxaca Commune)[2]의 인기 있는 바리케이드 앞에서의 잠 못 드는 긴 밤(Esteva 2010), 그 모든 곳에서 공통의 지분, 새로운 공유 습관과 관점, 새로운 공동의 꿈을 창조하는 번역 행위를 통해 공동 공간이 직조되었다. 확장하는 커머닝의 힘은 신참자들의 타자성을

---

1 2001년 12월 아르헨티나에서 발생한 도시 폭동을 말한다(옮긴이).

2 2006년 멕시코 남부 도시 오악사카에서 발생한 도시 반란 및 자치 운동이다(옮긴이).

축소시키거나 삼켜 버리려는 시도 없이 항상 그들을 초대하는 번역 행위에 의존한다.

확장하는 커머닝 제도의 세 번째 특징은 인간 사회의 역사에 매우 깊은 뿌리를 두고 있다. 사회인류학자들은 특정 사회에서 권력 축적을 방지하거나 억제하는 메커니즘의 존재를 훌륭히 기록해 왔다. 때에 따라 이러한 메커니즘은 식량의 평등한 분배, 의례를 통한 부의 파괴, 지도자의 상징적 희생, 카니발식 역할 반전 등의 형식을 띤다. 커머닝 제도가 커머닝 집단의 개방을 지원할 수 있으려면, 개인이나 특정 집단이 권력 축적을 통제하는 메커니즘을 유지해야 한다. 공유가 자주관리의 지침이 되는 원칙이라면, 권력의 공유는 평등주의적 공유의 전제조건이자 궁극적인 목표다. 신참자를 포함할 수 있는 평등주의적 공유는 계속 확장하는 자치제도 연결망에 의해 장려되어야 한다. 그러한 제도는 정말로 "개방적"이고 "영구적으로 유동적"일 수 있지만(Hardt and Negri 2009: 358-9), 확장하는 커머닝의 실천과 매우 구체적 방식으로 연결되어 있다. 권력은 무엇보다도 결정 권한이다. 그러나 결정 권한이 참여 메커니즘을 통해 균등하게 배분되면, 이 권한은 (정당화 여부를 떠나) 특정 사람들이 자신의 의지를 다른 사람들에게 강요할 기회를 더 이상 주지 않는다.

라울 지베치는 볼리비아의 엘알토시 근린 공동체가 물의 사유화에 반대하는 투쟁을 조직하는 방식을 주의 깊게 관찰했다(Zibechi 2007, 2010). 그의 관찰은 "공동체는 단순히 존재하는 것이 아니라 만들어지는 것이다. 제도도 아니고 조직도 아니고 사람을 연결하는 수단이다"(Zibechi 2010: 14)라는 생각에서 출발한다. 공동체가 투쟁을 조직한 통로였던 실천을 추적함으로써, 지베치는 이러한 연결이 일련의 사회적 유대를 바탕으로 안정된 형태의 중앙 집중식 리더십을 생성한다는 것을 발견했다. 엘알토의 아이마라인(Aymara) 거주 지역의 공동체는 농촌 지역에서 도시 지역으로 이식된 단순한 사회조직 모델이 아니었다. 지베치에 따르면, 공동체 형태는 "재발명"되고 "재창조"되었다(같은 책: 19). 이런 종류의 공동체는 농촌에서 대량으로 이주한 가난한 사람들의 일상 문제에 대처하기 위해 조직되었으며, 풍부한 연대 연결망에 기반을 두고 있었다. 따라서 공동체는 실제로 더 작은 소공동체(micro-communities)(가장 작은 단위는 근린 블록임)의 연결망이었고, 각 소공동체에는 지역 의회와 별개의 의사결정 총회가 있었다. 권력 분산의 한 형태로 근린 내부에 다양한 수준과 형태의 협력이 만들어졌다(같은 책: 30).

이 공동체는 여러 독창적인 방법으로 천연자원의 약탈에 맞서 싸웠다. 방법의 독창성을 특징짓는 것은 분산과 재집결(regrouping)의 변증법이라고 할 수 있다. "우선 대규모 주권 총회가 있고, 두 번째로 공동체 내에서 병렬적으로 이루어지는 다중 행위들이 있으며, 세 번째로 재집결 또는 더 적절하게 말하자면 재합류(confluence)가 있는데, 이것은 원래보다 훨씬 더 규모가 크다"(같은 책: 58). 따라서 공동체는 분산된 소공동체를 통해 외부의 적(중앙 민영화 정책)과 내부의 적, 즉 위계질서, 착취, 부패를 필연적으로 발생시키는 권력 집중이라는 위험에 맞서 싸울 수 있었다.

여기서 주목해야 할 중요한 사실은 대규모 근린 총회 수준에서 합의를 추구하기는 하지만, 결정 사항들은 분산된 즉흥적 행위에 대한 지침들과 더 비슷하다는 점이다. 이 분산된 행위들을 평등한 참여의 느낌뿐 아니라 투쟁의 공동 대의가 다시 통합한다. 랑시에르의 추론에 따르면, 이러한 공동체는 미리 설정한 중앙 집중식 질서(치안)에 행위와 의사결정을 구속하지 않는 한 정치 공동체로 간주되어야 한다. 다만 랑시에르가 놓치고 있는 것은 합의가 하나의 실천이 될 수도 있고, 최종적이고 확정적인 단계에 도달할 필요가 없는 여러 형태의 과업일 수도 있다는 점이다.

최근의 점령 운동(Occupy movement)[3]과 근린 운동이 시도한 많은 형태의 직접민주주의에서, 공개 총회(open assembly)는 의사결정 측면에서 평등을 확립하기 위해 노력했다. 모든 사람은 참여할 권리가 있었다. 많은 의사결정이 투표가 아니라, 확장되고 때로는 철저한 토론을 통해 도달한 합의에 기반을 두었다. 의사결정의 평등을 확립하는 것은 어려운 과정이다. 그것은 누가 기꺼이 참여할지, 결정의 쟁점이 무엇인지, 결정이 구체적 과업과 연결되는지, 누가 그 부담을 지는지에 따라 달라진다. 물론 중요한 문제는 한 사람

---

[3] 2011년 10월에 미국 월가를 점령하면서 시작된 사회경제적 불평등 반대 운동과 그 이후 세계 곳곳의 광장을 점령하면서 벌어진 시위를 말한다(옮긴이).

이 자신의 의견을 어떻게 형성하는지, 그리고 지식, 교육, 경험, 신체 능력 등에 대해 어떤 종류의 접근성을 가졌는지다. 흔히 접근성의 측면에서 비교우위에 있는 사람들은 자기 의견이 다른 의견보다 우월하다고 정당화할 가능성이 있다. 예를 들어, 공동공간의 일상적 유지·관리라는 고된 작업에 거의 참여하지 않는 사람의 의견은 어떻게 취급되는가? 그리고 고된 작업에 더 자주 참여하는 사람들이 다른 사람들의 의견에 반대하고 결정할 권리가 있는가?

효율성은 운동의 주도권을 쥔 집단에 권력이 집중되는 현상을 정당화하는 근거가 된다. 그들은 빠르고 일관된 결정을 내리기 위해서는 대표자들이 필요하며, 대표자들은 당연히 민주적으로 선출되어야 한다고 말한다. 그러나 광장 운동의 경험은 직접민주주의의 원칙을 흔들림 없이 고수할 때 일관된 결정을 내릴 수 있고, 합의한 과업을 효율적으로 분배할 수 있음을 보여주었다. 예를 들어, 스페인의 15M운동[4]은 권력, 행위, 총괄 조정, 물류 등 주제별 위원회가 공식화한 안건에 매일 투표하는 공개 총회를 기반으로 조직되었다 (Hughes 2011:412). 물론 확장하는 커머닝의 제도는 규모의 변화에 따른 어려움을 극복해야 한다. 이것은 매우 잘 알려진 직접민주주의의 문제다. 그러나 권력 분산이 여전히 지침 원리이고, 탈중심화와 재중심화의 변증법(de-centering re-centering dialectics) 형태를

---

4 2011-12년에 스페인에서 일어난 긴축정책 반대 운동으로, 15M은 이 운동이 처음 발생한 날인 2011년 5월(May) 15일을 가리킨다(옮긴이).

취하는 제도를 통해 확립된다면, 규모의 문제를 해결하기 위해서는 다양한 수준의 참여를 조직해야 한다.

매우 흥미롭고 영감을 주는 적절한 사례는 사파티스타 지방자치정부들과 좋은거버넌스위원회(Juntas de Buen Gobierno)다. 우리가 알고 있듯이, 사파티스타는 결코 마야 토착민의 근본주의에 기반을 둔 해방 투쟁을 선택하지 않았다. 사파티스타는 멕시코 시민사회에서 배제된 자기준거적(self-referential) 전통 사회의 "현실"을 받아들이지도 않았고, 마야 독립국을 위한 투쟁을 선택하지도 않았다(Stavrides 2010b: 121). 사파티스타에게 자치란 사파티스타 공동체의 자기 통치, 그리고 좋은거버넌스위원회를 통해 공동체의 결정과 활동을 상호 연결하고 총괄 조정하는 제2 수준의 자치제도를 만드는 것이다. 사파티스타는 (순환 주기가 매우 짧은) "정부" 직무의 순환을 주장함으로써 공동체 대표에게로의 권력 집중 가능성을 제한하려고 시도한다. 이러한 방식은 관리의 효율성 측면에서는 한계가 있을 수 있지만, 공동체 자치에 대한 교육의 측면에서는 모든 사람에게 효과적이다(같은 책: 126-7; Esteva 2014).

동등비교 가능성과 번역은 낯선 사람들 사이의 잠재적인 연결을 만들고, 따라서 그들 사이의 교환 가능성을 형성한다. 평등주의적 공유는 계속 확장하는 교환 연결망을 뒷받침할 수 있으며, 이 연결망은 신참자에게 열려 있다. 창발적인 개방형 커머닝 제도의 이 세 가지 특성을 통해 우리는 인클로저를 거부하고, 협력의 전제이자 정의로운 사회에 대한 약속으로서 평등을 받아들이는 공유 형태를 확립할 수 있다.

평등주의적 공유를 확장하고 변화시키는 또 하나의 사회관계가 있을 수 있다. 그것은 바로 선물(gift)이다. 대부분의 인류학적 접근은 선물 교환이 권력 비대칭을 강요(또는 완곡하게 표현)하는 노골적이거나 암묵적인 의무를 기반으로 하고 있음을 보여준다(Mauss 1967, Godelier 1999, Peterson 1993). 그러나 자기중심적 또는 집단 중심적 계산을 초월하고 다양한 형태의 공생과 연대를 암시하는 형태의 공여(offering)가 있을 수 있다.

세계 여러 지역의 시위 캠프는 실제로 선물 제공을 장려하는 공유 실천의 현장이었다. 예를 들어, 점령한 카이로의 타흐리르 광장(Tahrir Square)에서 음식 제공은 보통 가정에서 수행하는 환대 습관을 전유한 공공 공간으로 확장하는 과정의 일부였다. 아마도 이것은 점령한 광장이나 시위 캠프를 집단으로 창조한 집으로 전환하는 과정의 필수적인 부분일 것이다(Feigenbaum et al. 2013: 43, Alexander 2011: 58). 음식 제공은 "대안적 순환 및 분배 형식을 가능하게 하고 자본주의(복지 자본주의든 신자유주의적 자본주의든)와 다른 형태의 관계성을 촉진"하는 공간을 통한 공유에 기여했다(Mittermaier 2014: 73). 연대는 평등주의적 공유의 전제조건이자, 제공을 통해 평등을 창출하는 실천이다.

확장하는 커머닝 제도는 집단 실천의 방식을 정의하는 것뿐 아니라, 커머닝의 집단적 주체가 형성되는 사회관계의 형태를 정의한다. 동등비교 가능성, 번역 가능성, 권력 공유, 선물 제공 등은 폐쇄적 공동체의 한계를 넘어 커머닝의 확장을 촉진하는 커머닝 주체 간의 관계 형태다. 이는 확장하는 커머닝이 필연적으로 정체성 개방의 과정을 활성화하는 이유다. 동등비교, 번역, 권력 축적을 방지하는 공유 메커니즘, 기존 불평등을 줄이는 데 도움이 되는 선물 제공 등을 통해 커머닝의 주체를 만들어 내기 위해서는, 공동이라고 여겨지는 것에 대한 새로운 정의에 그 주체들이 개방적이어야 한다. 실제로 우리는 랑시에르가 "공동의 것의 장면을 재연하는 '우리'를 표현하는 것"으로 이해한 정치를 다르게 맥락화할 수 있다 (Rancière 2009a: 121). 확장하는 커머닝은 항상 공동의 것의 장면을 재연하는 우리, 즉 "그것(그 우리)에 속하는 대상과 그것이 중요시하는 주체"(같은 쪽)의 표현(그리고 물론 생산)을 활성화하고 발전시킨다. 이러한 종류의 우리에 속한다는 것은 '공동의 것의 장면'을 재연하기 위한 새로운 실천을 채택하고, 그래서 확장하는 커머닝 과정에서 만들어지는 새로운 주체들을 알아차릴 가능성을 고려할 수 있다는 의미다.

확장하는 커머닝은 구체적이고 특징적인 주체화 과정을 포함한다. 그것은 끊임없이 신참자를 초대해 커머닝의 원천인 공동체를 변환시킨다. 그 신참자들은 공동체에 단순히 편입될 뿐 아니라, 수정된 공동 세계의 공동 생산자(co-producers)가 된다. '공동의 것의 장면을 재연한다'라는 말은 공동의 것을 재정의하는 과정이 항상 물질적 변형과 비물질적 전환의 과정이라는 것을 의미한다. 기존 관행과 재화에 새로운 의미를 부여하는 것은 새로운 관행과 재화를 발명하는 것만큼이나 중요하다. 따라서 신참자는 커머닝을 통해 동질화되는 경향이 있는 공동체와 사회에서조차 지배적 분류 체계와 지배적 역할 배분을 전복시킬 수 있다. 확장하는 커머닝의 커머닝 실천은 동질화─필연적으로 '타인'을 포위해서 외부에 머무르게 하는─와 거리가 멀며, 잠재적 공동 커머너(co-commoners)인 타인들과의 지속적인 협상으로 실천 행위를 이끈다.

확장하는 커머닝은 차이를 용인하거나 인정할 뿐 아니라, 그 차이를 먹고 산다. 확장하는 커머닝은 항상 서로 다른 집단이나 개인을 초대해서 만들어지고 있는 공동 세계의 공동 생산자가 되도록 하며, 확장하는 커머닝의 제도는 그러한 만남이 일어날 수 있는 공통 기반을 확립한다. 그것들은 단지 우발적인 상황에 대한 개방성의 형태가 아니다. 그 제도는 커머너들을 평등하지만 다른 존재로 대우하는 공유 실천을 커머닝이 되도록 함으로써 잠재적인 전환을 구체화하는 메커니즘이다.

분명히 이 책의 관점은 경제적이기보다 정치적이기를 열망한다. 대안 경제와 연대 경제의 형태들은 실제로 생산과 소비의 대안 모델을 훨씬 뛰어넘는다. 그것들은 착취가 아니라 상호 지원을 기반으로 한 사회관계를 생산하고 촉진한다. 그러한 형태의 사회관계를 이른바 공정무역으로 축소해서는 안 된다. 공정무역 유통 연결망은 종종 착취와 특정 불평등을 줄이는 윤리 규범과 협약에 기반을 둔다. 하지만 연대 경제는 공유 실천을 기반으로 하는 연합 및 협업 형태를 통해 공동 재화와 서비스의 생산과 분배를 조직하려고 시도하는 생산 및 소비 조직 형태를 포함한다.

경제 논리가 지배하는 해방의 상상계로부터 커머닝을 풀어줄 필요가 있다. 평행 경제(parallel economy)[5]를 발전시키는 아이디어를 존중하고 지원해야 한다. 전 세계 사람들은 극도의 착취라는 가혹한 조건에서 생존하기 위해 종종 이러한 아이디어와 관련한 실천을 발전시킨다. "커먼즈의 순환", 또는 "투쟁의 순환에서만 발생할 수 있는" "커먼즈의 증식"(De Peuter and Dyer-Witheford 2010: 47)만이 그러한 발전하는 평행 경제의 본질적인 특성일 수 있다고 제안할 수도 있다. 그러나 반자본주의적 또는 탈자본주의적 관점을 상상할 수 있으려면, 반드시 대안적 형태의 사회조직에 초점을 맞춰야 한다. 그리고 그러한 형태는 노동관계 또는 생산관계를 포함할 수 있지만, 그것들로 축소되어서는 안 된다.

공격적인 개인주의의 논리에 반대하는 이들에게 의심할 여지 없이 중요한 논거를 제시한 엘리너 오스트롬의 작업은 커먼즈에 대한 찬사를 경제 논리로 제한하는 경향이 있다. 오스트롬은 "공동 자원(common pool resources)"을 광범위하게 연구해 효과적인 관리

5 주로 개발도상국에서 발달한 비공식 부문의 지하경제를 일컫는다(옮긴이).

에 관한 이론을 개발했다(Ostrom 1990, Ostrom et al. 1994). 그녀의
주요 주장은 공동체 또는 사회의 생존 수단에 대한 집단 관리를 지
지하는 것이다. 그러나 그녀는 사회가 항상 그러한 생존 수단을 자
원으로 취급하거나 취급했다는 가정에 의문을 제기하지 않는다. 여
러 시대의 다양한 문화는 현재 사회가 자원으로 인식하는 자연스러
운 요소에 다른 의미를 부여한다. 사람들이 다양한 생산 행위의 결
과를 계산해야 할 뿐 아니라 희생 행위(예컨대 과시적 지출 행위, 또는
속죄 의례)의 결과도 인정해야 한다고 생각한다면, 많은 차이가 생
겨난다. 선물 교환의 사회성, 우정과 연대에 대한 공동의 만족, 사
상(예를 들어 애국심), 정동(예를 들어 사랑) 등도 역시 자기중심적 계
산, 또는 집단 중심적 계산과 잘 맞지 않는다. (개인적 또는 집단적) '편
익'의 개념 자체가 문화적으로, 그리고 역사적으로 결정된다. 그리
고 그 편익 개념은 그것에 대항하고, 그것을 변형시키고 다른 공유
된 가치와 의미에 연결하는 투쟁에 따라 바뀐다. 심지어 순수하다
고 주장되는 용어인 접근성(자원에 대한 관리 또는 거버넌스를 문제화하
는 데 사용됨)도 인간의 행동과 요구를 형성하는 보편적인 희소성 원
리를 전제로 하는 경우가 많다.

　지식의 사용으로부터 이익을 보는 사람들이 독점하고 있는 지식
을 공유할 기회를 묘사하기 위해 접근성이라는 용어를 사용하는 것
은 지식의 생산과 유통이 경제적 과정이 아니(고 희소성의 논리에 종속
되지 않는다)라는 사실을 은폐한다. 지식 경제(지식의 경제)를 창출하

는 것은 모든 것을 경제적 실체로 바꾸고 인간의 창의성을 경제적 이익 지향적인 노동으로 환원하는 자본주의의 논리다. 물론 지식을 커머닝에 개방하는 것만으로는 경제 논리로부터 지식을 분리할 수 없다. 지식이 권력의 원천임이 천명되는 지배의 관행으로부터 지식을 해방시키는 것도 마찬가지로 중요하다. '접근성'은 자본주의에서 계속 번성하는 지식 인클로저('성직자'가 지키는 '신성한 지식', 전문가가 지키는 엘리트 지식 등)의 이러한 측면을 은폐할 수도 있다.

사회는 권력의 지형(geometries of power)을 통해 구조화되며, 커머닝이 도전해야 하는 것은 바로 그러한 권력의 지형이다. 사회생활의 모든 분야와 수준에서 지배가 강요되고 정당화되고 있으며, 여기에는 분명 재화 생산도 포함된다. 아마도 자본주의를 넘어선다는 것은 사회구조의 다른 모든 시스템을 지배하는 권력을 경제와 경제 논리로부터 빼앗는다는 것을 의미한다. 사회관계의 창의성, 놀이, 열정, 실험 등은 다른 것에 대한 수단이 아니라 그 자체가 공동생활의 목적이며, 경제의 지배에서 벗어날 방법을 설명할 수 있는 사회조직의 양식이다. 결국 경제의 지배는 인류 역사 전체를 규정하는 특징이 아니다. 이것이 커머닝을 대안 경제가 아니라, "경제의 대안(alternative to economy)"으로 이해하는 방법이다(Esteva 2014: i149). 커먼즈가 "새로운 사회의 세포(같은 책: i147)"가 될 수 있는 것은 커먼즈가 "자본을 넘어선 사회의 세포 형태(De Peuter and Dyer-Witheford 2010: 44 and Dyer-Witheford 2006)"일 때뿐 아니라,

커머닝이 자원과 권력 모두를 공유하는 과정일 때이다. 따라서 커머닝은 단순히, 확장하는 대안 경제 관계의 연결망이 아니다. 커머닝은 평등주의적 사회조직 형태의 연결망, 경제 중심적 논리와 착취적 권력관계에 대한 대안을 계속 확장하는 연결망으로 발전할 수 있다.

문턱공간으로서의 공동공간

공동공간은 공동 세계를 구축하기 위한 공간으로, 사람들은 공동공간 속에서 공동체를 수용하고 지원하며 표현한다. 따라서 공동공간을 공공 공간 및 사적 공간과 구별해야 한다. 공공 공간은 사용 규칙을 설정하고 사용을 통제하는 특정 당국(지방, 지역 또는 국가)이 만들며, 사적 공간은 다른 사람들이 사용할 수 있는 조건을 설정할 권리가 있는 특정 개인 또는 경제 주체가 통제한다.

공동공간은 한 사회 집단의 구성원들이 공유하는 세계를 정의하려는 노력과 그 사회 집단 사이의 관계로 볼 수 있다. 이 개념화에 따르면, 그러한 세계를 외부에 있는 것과 '외부인들'로부터 완전히 분리된 안정적 세계로 정의할 수 있다. 또한 이 세계는 도시 고립영토에 포함될 수 있는 세계이고, 고립영토는 빈민가 또는 폐쇄형 주택 단지처럼 외딴 공동 세계일 수 있다. 그러나 해당 집단 또는 공동체의 형성 측면에서, 그리고 공동 세계의 특성 측면에서 공동공간을 동태적인 것으로 정의한다면, 공동공간은 항상 형성 중인 투과성(porous)의 세계일 수 있다. 따라서 공동공간이 단순히 재생산 확보를 목적으로 형성되는 것은 아니다. 공동공간은 구성원 간 교류뿐 아니라 다른 공동체와의 교류를 풍부하게 하려는 새롭고, 반드시 동질적일 필요가 없는 공동체의 실천을 통해서 형성된다. 공동공간은 만남의 광장, 즉 "우연한 만남의 광대한 회로"가 교차하는 영역의 형태를 띨 수 있다(Hardt and Negri 2009: 254). 공동공간을 만드는 행위를 통해 고립영토의 도시성을 특징짓는 차별과 장벽에 대항할 수 있다.

　도시를 재전유하는 관점에서 볼 때, 공동공간은 대도시가 다시 정치의 현장이 되는 통로로서의 공간적 결절(nodes)이다. 이것은 게지 공원(Gezi Park) 투쟁—튀르키예 이스탄불에서 정부의 계획에 따라 파괴될 예정이었던 공원을 방어하기 위한—에 불을 붙이다시피 했던 한 단체가 대도시 재전유의 경험을 설명하는 방식이다. "게지 공원과 탁심 광장(Taksim Square)을 위한 투쟁은 공공 공간의 의미에 대한 새로운 정의를 제시한다. 탁심 되찾기 운동은 광장이 우리 시민들에게 무엇을 의미해야 하는지를 정하면서 정의개발당(여당)의 헤게모니를 산산조각 냈다. 그 결과 탁심 광장은 저항군이 바라는 의미를 지닌 공원이 되었다. 탁심 광장은 이제 우리의 열린 광장이다"(Müştereklerimiz 2013). 흥미롭게도 이 단체의 이름을 '우리의 커먼즈(Our Commons)'로 번역할 수 있다.

　도시 인클로저에 대한 지배적인 경험과, 명확한 정체성이 지배하는 고립영토에 대한 환상은 정치를 되찾으려는 사람들의 생각과 행동을 식민지화한다. 우리는 오염되지 않은 해방구에 대한 환상을 버려야 한다(Stavrides 2009: 53 및 Negri 2009: 50). 문턱 경험과 문턱의 은유는 지배적인 고립영토 도시에 대한 반례를 제공한다(Stavrides 2010b). 우리는 이 도시의 이미지를 고립영토 섬들의 군도로 영속시키기보다 공간과 생활 유형의 지배적 분류 체계를 전복시켜, 이 독특한 도시 질서를 위협하는 공간을 만들어야 한다. 문턱으로서의 공간은 모호하고 불안정할 수 있지만 바이러스와 같은 존재성을 획득한다. 그것은 도시를 커먼즈로 재전유하는 과정에서 적극적인 촉매가 된다.

문턱공간성은 고립된 공동체의 고립된 세계에 국한되지 않는 커머닝 실천을 수용하고 표현할 수 있다. 문턱은 내부를 외부로 개방하고, 가로지르기를 위한 영역을 설정함으로써 공유 가능성의 상징이 된다. 통과 행위를 규제하고 의미를 부여하는 메커니즘으로서 문턱은 도시 고립영토 속에 도시 질서의 정상화를 회피하는 공간을 건설할 강력한 도구가 될 수 있다.

문턱은 예를 들어 문지방과 같이 내부와 외부를 구분하는 단순한 경계로 나타날 수 있지만, 이러한 분리 행위는 동시에 연결하는 행위이기도 하다. 문턱은 진입과 퇴장의 조건을 만든다. 문턱은 통과 행위의 시간을 늘리고, 이를 조종하며, 여기에 의미를 부여한다. 이것이 바로 많은 사회에서 가로지르기의 잠재력을 통제하려는 의례로서 문턱을 그 징표로 표시하는 이유다. 통과 행위는 이미 내부와 외부를 잠재적으로 연결하는 행위이기 때문에 수호신이나 영혼이 문턱에 자리 잡고 있다. 들어가는 것은 침입으로 간주될 수 있고, 나가는 것은 배척이라는 낙인을 의미할 수 있다.

문턱은 상징적 의미를 획득하며 종종 그 의미를 표현하고 확증하는 방식으로 만들어진다. 사회는 가로지르기 실천, 즉 다양한 세계를 연결하는 실천을 상징적으로나 실제적으로 규제하는 책략으로서 문턱을 만든다. 그리고 그러한 실천은 사회적으로 이롭거나 해로울 수 있다. 또한 사회는 구성원에게 주기적, 그리고 필연적으로 발생하는 지위의 변화에 은유적 의미를 불어넣기 위해 문턱의 이미지와 상징적 경험을 사용한다. 유년기에서 청소년기로, 독신에서 결혼으로, 생에서 죽음으로, 수습생에서 전문가로, 훈련병에서 전사로 등의 통과는 개인을 만드는 사회 전환의 사례다. 사회는 이러한 전환을 문턱을 가로지르는 것으로 이해한다. 입문 절차는 길에 새로 들어선 사람을 "다른" 쪽으로 안내함으로써 "안전한" 가로지르기를 보장한다(Van Gennep 1960: 15-25).

인류학자 빅터 터너(Victor Turner)의 관찰처럼, 문턱을 가로지르는 것은 사회적 재생산 규칙에 얽매이지 않는 전환의 잠재력을 내포한다. 문턱에 머무르는 동안 독특한 경험, 즉 코뮤니타스(com-munitas)의 경험이 나타나기 때문에 문턱에 있는 사람들은 변화의 가능성을 경험한다(Turner 1977: 96-7). 이전의 정체성을 잃었지만 아직 새로운 정체성을 얻지 못한 사람들은 "이도 저도 아닌"(같은 책: 95) 변화의 문턱에 머물며, 모든 인간이 공유하는 공통의 특성으로 거의 환원된다. 그러한 경험을 하는 동안 사회적 분화가 상당히 자의적으로 나타날 수 있다. 문턱에는 일종의 평등화 잠재력이 머무르는 것 같다. 문턱 경험의 시공간적 특질인 경계성(liminali-ty)[6](Turner 1977과 1974: 197)은 형성 중인 공동 세계를 공유할 기회를 제공하는 조건이다. 이 공동 세계에서는 차이가 전(前)사회적이거나 심지어 반(反)사회적으로 보인다.

터너는 "인간의 상호 연관성에는 두 가지 주요 모델이 (…) 있다"라고 생각한다(Turner 1977: 96). 첫 번째는 사회 일반을 특징짓고, 대부분의 경우 터너의 용어로 "정치-법률-경제적 지위(같은 쪽)"의 체계 즉 "구조"로 조직되는 관계의 위계적 집합이다. "두 번째는 (…) 구조화되지 않았거나 덜 발달한 채로 구조화되어 상대적으로 미분화된 자치 집단(comitatus), 즉 평등한 개인들의 공동체 또는 영성체(communion)로서의 사회"(같은 쪽)다. 터너에게 공동체는 "공동생활의 영역"(같은 쪽)이었는데, 그는 공동체와 구별하기 위해 이것을 코뮤니타스라고 명명한다. 따라서 코뮤니타스는 사람들이 자기들을 분리하는 구분 양식을 잃거나, 거기에 주의를 기울이지 않거나, 의식적으로 우회하거나, 무시하거나, 도전할 때 발생하

---

6 통과의례의 중간 단계에 머물면서 생기는 모호성과 이중성을 의미한다. 리미널리티 또는 역치성(易置性)이라고도 한다(옮긴이).

는 예외적인 경험이다. 이것은 통과의례의 의례적 맥락에서 실제로 일어날 수 있다. 또한 "리미노이드(liminoid)" 현상, 즉 "반(反)구조적" 표현을 공유하는 현상과 연관된 경험의 산물일 수 있다. "반구조는 새로움이 발생할 대안이 잠복해 있는 시스템을 나타낸다"라는 서튼-스미스(Sutton-Smith)의 아이디어(Turner 1982: 28)와 연결해, 터너는 리미노이드 현상―그는 여기에 샤리바리(charivari),[7] 축제, 핼러윈에서 가면 착용하기 등을 포함시킨다―을 "문화적 창의성의 온상"(같은 쪽)이라고 말한다. 비록 리미노이드 현상을 집단적 규범 위반(transgression) 행위와 연결하지 않았지만, 터너는 코뮤니타스의 경험이 그러한 현상에 동등하게 존재하는 것으로 생각했다. 코뮤니타스의 느낌은 다소 소외된 형태, 소위 '고급 예술'의 집단적 관람(예를 들어 박물관, 오페라, 영화관 등에 갈 때)뿐 아니라 대중 오락의 경험에서도 나타난다. 이러한 형태의 코뮤니타스는 문화적 또는 사회적 차이를 뛰어넘어 개인들을 연합시키지만, 코뮤니타스 경험을 흉내 낸 것에 불과하다. 청중들은 대개 공통의 환상과 공통의 소비자 욕구(스포츠 및 게임 청중 포함) 속에서 결합한다.

코뮤니타스의 평등화 경험은 커머너 공동체를 이해하는 수단이며 커머닝 실천과 연결된다. 이 수단을 통해서 커머너 공동체는 구성원들에게 모든 사람의 공통 특성을 공유한다는 느낌을 갖게 한

---

7 비정상적으로 결혼한 부부나 성적으로 일탈한 남녀 한 쌍의 집 앞에서 냄비를 두드리던 중세의 풍습을 말한다(옮긴이).

다. 그리고 이 느낌은 사람들을 고통으로부터 해방한다. 이러한 맥락에서 코뮤니타스는 특정한 폐쇄적 공동체에 대한 소속감이 아니라, 잠재적으로 경계가 없는 공동체의 일부가 되는 느낌의 표현이라 할 수 있다.

의례 문턱공간(initiation threshold spaces)은 그것을 존재하게 하는 의례적 관습을 통해 정의된다. 그러한 문턱공간은 사회의 감시 아래에 있으며, 어떤 형태의 코뮤니타스도 잠깐 존재할 뿐인 초기 상태로 치밀하게 제한된다. 반면 확장하는 커머닝 제도의 기반이 되고 그것의 모습을 결정하는 문턱공간에서 커머너들은 코뮤니타스를 계속 '형성 중인 공동체(community-in-the-making)'로 경험한다. 커머너들은 (통과의례에서 처음 시작하는 사람들처럼) 가장 낮은 수준의 인간성(humanness) 상태로 격하되는 의례를 통해서 평등의 모습들을 경험하는 것이 아니다. 오히려 그들은 삶의 일부를 자율적이면서도 공통으로 정의하기로 선택함으로써 평등한 공동체를 구축한다. 도시 공간을 만드는 자와 사용하는 자의 창발적 공동체에 도시 공간을 공동공간으로, 커먼즈로서의 공간(space-as-commons)으로 전환시키는 가능성이 존재하는 것은 아닐까?

다음 장들에서는 도시 커머닝의 실천을 연구하고, 그 속에서 다양한 형태의 사회관계와 사회조직의 잠재력을 발견하려는 시도가 이루어진다. 커머닝 실천을 통해 다른 미래, 즉 정의롭고 해방된 사회를 엿볼 수 있을까? 앞으로 보겠지만, 많은 경우에 공동공간은 그러한 다른 미래를 예시하는 장소를 제공한다. 그러나 공동공간과 커머닝 실천은 단지 그러한 잠재력 때문에 고려의 대상이 되어서는 안 된다. 오늘날의 위계적이고 분열되고 종종 가혹하게 분할되는 도시 사회에서 사람들은 매일 자기 삶의 일부를 통제하려고 시도한다. 공동공간을 위해서나 협업의 커머닝 실천을 강화하기 위해서 조직된 투쟁(예를 들어 복구된 생산 현장에서, 또는 덜 야심 찬 동네 정원 계획에서)은 다른 미래로의 통로를 여는 영감의 유일한 원천이 아니다. 작고 평범한 많은 계획은 연대의 결속뿐 아니라 공유의 습관과 행위를 형성하기 위한 커머닝의 힘을 보여준다. 커머닝 실천은 오늘날 대도시에서 집단적인 생존 행위를 통해 재발명된다. 또한 커머닝 실천은 파괴적인 착취의 규칙에 의해 통제되지 않는 의사소통 및 교류 채널을 확보하려는 시도들로부터 분출된다. 실제로 우연한 만남과 협업의 일상적인 형태는 커머닝이 기존의 사회관계에 대한 대안이 될 것이라는 선언 없이도 커머닝을 통해, 그리고 커머닝 속에서 만들어진다.

커머닝 실천 속에서 확장하는 커머닝 제도가 잉태될 수도 있고, 그렇지 않을 수도 있다. 커머닝 실천은 때때로 자기를 관리하기 위해, 자기 존재를 증명하기 위해, 집단적 정체성을 확립하기 위해, 그리고 집단으로 합의된 이해관계와 목표의 한계를 설정하기 위해 고군분투한다. 그러나 커머닝 실천은 적대적인 사회의 맥락, 즉 자본주의적 요구와 커먼즈에 대한 자본주의적 강탈 행태를 옹호하는 맥락에 포위되어 있다. 따라서 공동공간은 혼종일 수밖에 없다. 공동공간에서 커머닝은 적대적·사회적 맥락의 함정에 빠지든지(그래서 커머닝의 잠재력을 잃든지), 아니면 자본주의적 포획을 넘어서기 위해 노력해야 한다. 커머닝은 반자본주의가 아니지만 자본주의를 넘어서려는 시도를 활성화하고 표현할 수 있다.

2부

공동공간 실제 사례

3
공유된 헤테로토피아
아테네 사회주택 단지의 역사에서 배우기

커머닝은 폐쇄적 공동 세계로 변하는 공동체들의 특징이 될 수 있다. 특히 공동체들의 존재가 위협받는 시기에 그러한 경향이 나타난다. 그 시기에 일부 사람들은 기득권을 잃을 수도 있다. 이는 공동체의 생존을 위한 실천으로 모두가 같은 운명에 처할 때 일어난다. 예를 들어, 자연재해 또는 인공 재해로 고통받는 사람들 사이에서 공유나 공생의 실천이 일어난다(Solnit 2009). 그러한 상황에서 공동체는 본능적으로 자기 보호를 위해 폐쇄적 경향을 보일 수 있지만, 때에 따라 공동체의 개방을 장려하고 삼투성을 갖는 공유 공간을 만들기도 한다.

리베카 솔닛(Rebecca Solnit)은 샌프란시스코와 멕시코시티 지진을 예로 든다. 두 도시의 공동체들은 (재해로 인해) 희소해진 물자를 독점하기보다, 공동체의 문을 개방하고 외부 공동체와의 만남과 상호 지원을 위한 새로운 연결망을 조직했다(같은 책: 148). "지진은 멕시코 시민사회의 재탄생을 가져왔다"(같은 책: 143). 시민사회라는 용어는 지진 피해자에 대한 정부 지원이 없는 상황에서 "아래로부터" 만들어진 모든 공유 연결망을 포괄하는 데 사용되었으며, 재난 발생 후 조직된 초기 "구호단체"와 "정화 활동단체"를 포괄했다(같은 책: 143). 집을 잃은 사람들에게 급식과 피난처를 제공하기 위한 주택 권리 운동과 이웃의 활동이 뒤따랐다. 1994년 봉기 이후 서서히 등장한 사파티스타 공동체가 채택한 구호, "우리가 시민사회다"는 사실상 1985년 지진 당시에 현실화되었다.

참혹한 전쟁 후 소아시아에서 온 난민들을 수용하기 위해 1935년에 건설된 아테네(Athens)의 사회주택 단지의 역사를 자세히 살펴보면, 확장하는 커머닝의 실천에 대해 중요한 점을 배울 수 있다. 난민들은 살던 곳에서 쫓겨나 경제적으로나 정서적으로 파괴된 상태로 아테네에 도착했다. 그들의 공동체는 해체되었고, 그들의 공동 세계는 산산조각 났다. 그러나 그들은 새로운 정착지에서 새로운 집단 정체성을 찾는 동안 그들의 문화 습관과 가치를 고수했다. 앞으로 보겠지만, 난민들은 새로운 주거 환경에 적응하지 않았고, 문화적으로나 사회적으로 동질한 도시 공동체를 유지하기 위해 가난하지만 안전해 보이는 고립영토에 자신을 가두지도 않았다. 일상 생활에서 그들은 인접한 이웃 및 도시 전체와 삼투하는 관계를 발전시켰고, 확장하는 커머닝의 촉매가 되었다. 그들의 습관과 개방적인 집단성은 이웃에게 많은 영향을 끼쳤다. 이 사회주택 단지의 역사에서 중요한 시기마다 풍부한 교류와 만남은 확장하는 공유 세계를 만들어 냈다.

소아시아에서 아테네로 이주한 난민들에게 '타인들'이라는 낙인이 찍혔다. 그들은 어떻게 고립의 경계를 뚫을 수 있었을까? 그들은 어떻게 협상의 공간, 서로 다른 전통의 간극을 중재하는 공간을 만들어 낼 수 있었을까? 헤테로토피아의 개념에 따르면, 집단적인 타자성 경험은 낙인찍기를 통한 공간적 고립의 확산이 아니라 새로운 형태의 도시적 집단생활을 확산하는 실천이라 할 수 있다. 우리는 도시 현장의 역사에서 헤테로토피아적 순간을 발견함으로써 해방적 잠재력을 지닌 도시 실천의 실마리를 찾으려 할지도 모른다. 우리가 그러한 순간을 찾을 수 있을까? 그리고 그러한 순간을 공간 커머닝의 대안 문화를 향해 열린 문턱으로 설명할 수 있을까?

도시 문턱과 헤테로토피아

나폴리의 다공성 암석[1]은 발터 벤야민(Walter Benjamin)에게 도시의 공공 생활에 대한 이미지를 제공했다. "건축도 이 돌만큼이나 다공적이다. 건물과 행위는 안뜰과 아케이드와 계단에서 서로 스며든

---

1 이탈리아 남부 도시 나폴리에는 화산재로 만들어진 응회암(tuff)이 많다. 이 암석은 부드럽고 구멍이 많이 나 있는 특징이 있고, 이 지역에서 아주 흔하게 발견되어 고대 로마 시대부터 건축자재로 사용되었다(옮긴이).

다"(Benjamin 1985: 169). 이 구절은 도시 공간이 전유 과정에서 어떠한 방식으로 다공성이 형성되는지를 묘사하는 것 같다(Sennett 1995: 56). 행위는 공간에 구속되지 않는다. 오히려 풍부한 실천 행위의 연결망은 모든 가용 공간을 만남의 무대로 바꾼다. 이 공적 행동에 대한 벤야민의 표현처럼, "즉흥성(improvisation)에 대한 열정"이 도시 공간에 스며들면서 사회적으로 규격화된 기능과 장소 사이의 조응이 느슨해진다. "즉흥성에 대한 열정"과 사람들의 연결망으로 가득 찬 나폴리의 삶은 다공성을 나폴리라는 공간의 본질적인 특성으로 만든다. 어떤 명확한 경계도 거부하고, 공간은 분리되는 동시에 다공성 경계로 연결된다. 이를 통해 일상생활은 상호 의존적인 대중 행위로 구체화된다. 따라서 "거실이 의자, 난로, 제단 등과 함께 거리에 다시 등장하는 것처럼, 거리는 훨씬 더 소란스럽게 거실 안으로 들어간다"(Benjamin 1985: 174). 다공성은 실내와 실외 공간 사이의 관계뿐 아니라, 무엇보다 사적 공간과 공공 공간 사이의 관계가 갖는 특징을 나타낸다.

벤야민에 따르면 다공성은 공간 경험에 국한되지 않는다. 도시 생활은 통로(passages)(구멍(pores))를 통해 서로 소통하는 공간에 위치할 뿐 아니라, 빠른 속도로 진행되는 행위들이나 사건들로 구성된다. 거리에서 식사를 하거나, 그늘진 구석에서 낮잠을 자거나, 나폴리식 카페에 서서 간단한 에스프레소를 마시는 동안 우리는 일시적인 다공성을 경험할 수 있다. 행위는 마치 일시적 통로, 즉 불확실하고 순간적인 경험을 통해 분리되기도 하고 연결되기도 하는 것처럼 보인다. 따라서 매일 매일의 사건들이 공간 이용의 리듬과 여정을 바꾸고 재배치하는 것처럼 보인다(De Certeau 1984: xix).

다공성은 거주의 경험이라고 할 수 있는데, 이때 거주는 도시 생활을 표현하는 동시에 엄격한 시공간적 사회 질서를 보존하기 위해 세운 경계를 느슨하게 만들기도 한다. 우리는 보통, 인간의 경계 표시와 영역 획정을 건축의 기초 행위라고 상상한다. 그러나 복잡한 도시 생활에서 건축은 무엇보다도 통로를 만드는 예술이다. 근대 초기 대도시 경험에 대한 저명한 분석가인 게오르크 지멜은 "인간은 어떠한 경계도 갖지 않으면서 경계를 짓는 존재"라고 지적한다(Simmel 1997: 69). 지멜에게 다리와 문은 인간의 행위, 즉 분리와 연결 행위를 구체화하는 전형적인 인공물이다. 문이 내부와 외부 공간의 분리를 전제하듯이, 다리는 횡단 가능성을 구체화하기 위해 제방을 떨어져 있는 것이 아니라 분리된 것으로 정의한다. 이러한 분리 행위(또는 의지)와 연결 행위(또는 의지) 사이의 상호 연관성은 다공성 경계의 이중성을 축약해서 보여준다고 할 수 있다. 다공성 세포막으로 변형된 경계선은 (경계를 맞댄 행위 또는 사건뿐 아니라) 경계를 맞댄 지역들을 연결하는 동시에 분리한다.

문턱은 분리하면서 연결하고 연결하면서 분리하는 행위다. 문턱은 지멜이 인간 능력의 특징으로 간주한 그 행위(앞의 책: 66)를 상징하고 구체화한다. 문턱은 물질적이면서 정신적인 구성물이다. 따라서 문턱은 통과 행위의 장치일 뿐 아니라, 통과 행위를 표현(예컨대 우리는 새로운 시대의 문턱에 있다고 말한다)하는 수단이기도 하다. 그리고 인류학 연구에서 알 수 있듯이, 이러한 표현은 중요한 의례 행위와 관련되어 있다(Van Genepp 1960).

경계에 구멍이 난 모든 공간 배치가 상징적으로나 문자 그대로 통과 행위를 규제하는 사회적 인공물의 범주 안에 있다고 볼 수 있다. 또한 공간을 통과한 가로지르기 흔적이 있는 모든 지역도 이 범주에 포함시킬 수 있다. 오랜 시간을 버티는 건축물(대문, 계단, 광장)로 물질화되거나 일시적으로 창조되는 모든 인공물(예를 들어 순례길이나 탐방로, 또는 축제나 시위에 의한 거리의 일시적 전유)을 문턱으로 간주할 수 있다. 석재로 만들었든, 행동하는 인간이 만들었든 이러한 구조는 하나의 상태에서 다른 상태로 넘어가는 행위의 중요성을 나타낸다. 문턱은 서로 구별되지만 서로 의존하는 지역을 연결하는 동시에 분리한다. 가로지르는 행위의 사회적 의미는 실제로 친숙한 상태를 떠나 '타자'인 상태로 들어가는 것이다. 문턱은 잠재적인 이동이 타자성을 향하도록 통과 행위를 조절한다. 타자성은 결국 관계를 나타내는 용어다. 그러므로 타자성에 접근하는 것은 공간적·시간적 통과를 모두 포함하는 행위다. 이것은 데이비드 하비의 평가에 새로운 의미를 부여할 수 있다. "사회 문제에 대한 특정 종류의 인식을 발산하는 '자신'과 '타자' 사이의 관계는 항상 (…) 시공간적 구성이다"(Harvey 1996: 264).

현대의 대도시 경험에서 도시 문턱은 사회적 경계선뿐 아니라 공간적 경계선의 의미와 특성을 정의한다. 오늘날의 분할된 도시(partitioned cities)(Marcuse 1995, Marcuse and Van Kempen 2002)에서 문턱은 만남을 규제하고 사용자를 구별하는 통제 구역인 검문소로 빠르게 대체되고 있다. 고립된 주거지는 가시적 도시 정체성을 갖는다. 미국 도시의 교외 지역, 라틴아메리카 또는 아시아의 판자촌, 많은 유럽 도시의 고급 주거지역, 또는 전 세계의 이민자 빈민가는 모두 가시적인 도시 정체성을 가지고 있다. 이 지역 안에 있는 공공 공간은 결국 도시의 외부와 분리되며, 해당 지역 주민 공동체의 구성원으로 공간 사용이 제한된다. 특정 공동체에만 허용되는 공동공간은 밀폐된 공동공간이거나 역동성을 결여한 공동공간이다. 하트와 네그리의 관련 용어를 빌리자면, 그것을 "변질된(corrupted) 공동공간"으로 묘사할 수 있다(Hardt and Negri 2009: 171).

도시의 정체성은 공통된 소속감이 모든 공적 경험을 지배하는 공간에서 나타난다(Sennett 1993). 따라서 공간적으로, 그리고 개념적으로 구획된 정체성은 분할된 도시 공간의 경험에 대응한다. 밀폐된 고립영토의 공유 공간은 "정체성 기반의 커먼즈"(De Angelis 2012b)의 형태로 전락하고, '외부인'을 포괄하는 확장성을 상실한다.

근대성의 해방적 잠재력을 되찾고자 하는 벤야민은 문턱의 힘, 즉 공간적으로(사회적으로는 물론) 고정된 정체성을 개방하고 우연한 만남을 장려하는 행위를 중재하는 힘을 되찾는 방법을 제안했다. 그의 논리에 따르면, 문턱에 대한 사유가 있었더라면 현대 도시 경험을 사로잡았던 진보의 신화를 거부할 기회가 있었을 것이다. 이러한 사유는 산책자(flâneur, 플라뇌르)의 특징이었다. 이 애매한 근대 영웅은 "중산층으로서 대도시의 문턱에 서 있는" 사람이었다 (Benjamin 1999: 8).

문턱은 "동질적인 텅 빈 시간"(Benjamin 1992: 252)의 현장으로 여겨지는 역사의 통일성과 함께 도시 신화들의 통일성에 균열을 낼 수 있다. 문턱은 변화의 계기와 기회를 두드러져 보이게 한다. 문턱 은 이미 과거부터 존재했던 미래를 향한 통로를 생성하거나 상징적 으로 표현한다. 문턱을 이해하면, 산책자와 산책자로서의 거주자는 도시를 불연속성의 장소, 교차로 및 전환점의 연결망으로 인식할 수 있다. 이러한 문턱이 실현하는 예상치 못한 연결들 속에서 타자 성은 위협으로서만이 아니라 가능성으로도 출현한다.

물론 오늘날 분할된 도시는 19세기 대도시가 아니다. 그러나 문 턱 의례는 서로 다른 사회 집단 간의 만남과 서로 다른 삶의 과정 간 의 만남을 드러낼 수 있다. 문자 그대로, 또는 상징적으로 고립영토 의 둘레에 구멍을 낸다는 것은 분리된 고립영토들을 타자들로서 비교하고 연결하는 것을 의미할 수 있다. 문턱 경험들은 정체성들 의 상호 인정과 상호 의존을 현실화한다. "문턱 도시"(city of thresh-olds)(Stavrides 2010b)에 대한 전망은 고립영토 도시에 대한 대안을 의미할 수 있다. 이러한 관점에서, 정체성을 비교하는 문턱의 힘을 인식한다는 것은 이미 상호 참여와 절충의 문화를 향해 한 걸음 내디뎠음을 의미한다. 낙인찍힌 고립적 존재로 타자를 마주하는 대신, 우리는 경계를 넘나들고 만남을 위한 사이 공간(in-between spaces)을 창조하도록 권장되며, 상황적 정체성(situated identities)을 변화·발전하는 것으로 인식하도록 권장된다.

우리가 문턱 도시에 대한 이 불확실한 전망을 시공간상의 경험으로 마주할 때, 우리는 차이들이 만나는 장소인 헤테로토피아에 대해 말할 수 있다. 미셸 푸코는 헤테로토피아의 개념을 이용해 "대항적 공간질서(counter arrangements)" 개념을 제시한다. 대항적 공간은 정상 공간을 반영하는 타자의 공간이다. 푸코는 대항적 공간을 정상 공간을 묘사하고 재현함과 동시에, 정상 공간에 도전하고 전복하는 공간으로 설명한다(Foucault 1993: 422). 헤테로토피아는 이 사회가 정상으로 간주하고 강요하는 것과는 다른 방식으로 존재하는 실제 장소다. 그러나 이러한 일탈은 타자로 간주되는 사람들(교도소, 정신과 병원 또는 요양원에 있는 사람들)의 집단을 구성하거나, 일시적인 위기 기간의 특성(젊은이들이 군 복무 기간처럼 사회적 정체성의 중대한 전환을 드러내는)으로 나타날 수 있다. 푸코에 따르면, "헤테로토피아는 항상 그것들(다른 장소들)을 고립시키고 동시에 침투시키는 개방 및 폐쇄 시스템을 전제로 한다"(1993: 425). 따라서 이러한 "다른 장소들"은 그와 다른 장소로부터 분리되는 동시에 연결된다.

헤테로토피아의 이 특성은 관계의 상태를 나타내는 것이라고 볼 수 있다. 그리고 우리는 헤테로토피아와 그를 둘러싼 정상 공간 간 관계를 규제하는 배치를 문턱이라고 부를 수 있다.

헤테로토피아는 타자성의 경험을 구체적으로 실체화한 것으로 볼 수 있다. 그것은 정상을 일탈로부터 분리하는 다공성의 경합적 경계에 의해 정의된다. 이 경계는 결합/분리의 문턱으로 가득 차 있다. 헤테로토피아는 단순히 타자의 장소 또는 정상과 대비되는 일탈의 장소가 아니라, '동일성(sameness)'을 지닌 공동체로 퍼져나갈 타자성을 증식하는 장소다. 따라서 헤테로토피아는 사회적 재생산을 보장하는 엄격한 분류 체계를 효과적으로 파괴할 수 있는 경험과 정체성 사이의 삼투를 특징으로 한다. 삼투적 경계를 통해 헤테로토피아는 변화의 바이러스를 확산한다.

"헤테로토피아는 대부분 아주 짧은 몇몇 조각의 시간과 연결되어 있을 뿐이다"(Foucault 1993: 424). 따라서 우리는 그것의 상태가 역사적으로 모호하다고 이해할 수 있다. 특정한 시공간적 경험은 특정한 역사적 맥락에서 헤테로토피아로 인식될 수 있다. 헤테로토피아는 타자성의 경험을 새로운 동일성의 규칙으로 바꾸는 질서가 출현하는 장소가 되거나(Hetherington 1997), 사회적·공간적 역사에서 균열의 순간들로 이루어질 수 있다.

그 균열의 순간들이 헤테로토피아를 문턱으로 환원할 수 있다. 그럴 때 우리는 헤테로토피아적 순간, 즉 사회적으로 뚜렷한 타자성과 만나는 순간에 대해 말할 수 있는데, 그 순간은 정상성의 둘레에 구멍을 뚫는 행위로 가능해진다. 헤테로토피아는 문턱의 특성 때문에 다른 시간에 존재하기도 하고 부재하기도 하며, 현실성과 가능성 모두로서 존재한다. 다양한 다공성의 역사에서 헤테로토피아는 타자성이 도시 정상화에 대한 새로운 대항 패러다임의 형태로 출현하는 순간을 드러내기도 한다. 항상 모호하고, 때로는 여전히 지배적인 문화의 흔적을 간직하고 있는 이러한 대항 패러다임은 (이를 구분 짓고 통제하려는 시도에 직면해) 악마화되거나 매혹적으로 전이되어 기존의 공동 세계로 서서히 스며들 수 있다.

공유의 해방적 잠재력을 탐구하는 커머닝 실천에 관한 연구에서, '헤테로토피아'는 예상외로 유용할 수 있다. 우리가 살펴본 것처럼, 헤테로토피아를 삼투와 만남의 장소, 서로 다른 정체성이 만나 서로를 인식하는 지역으로 이해할 수 있다. 따라서 비교는 헤테로토피아적 조건의 중요한 특성이 된다. 헤테로토피아는 비교의 현장이다. 인접한 공간은 비교하는 동안 분리되는 동시에 연결된다. 정체성 비교는 정체성의 공통 기반을 제공하는 장소에서 가능해지는데, 그 장소는 어느 정체성과도 동일시되지 않는다.

물론 우리는 타자성의 헤테로토피아적 수행과 패션처럼 타자성을 내세우는 것을 구별할 필요가 있다. 라이프스타일과 소비주의 미학의 눈부신 확산은 개인주의를 강조하며 부풀려진 고유성을 제시하고 조장한다는 특징을 갖는다. 대부분의 홍보 이미지는 '이 제품'이 특별히 '당신을 위해 만들어졌다'는 것을 '당신'에게 확신시키려고 노력한다. 즉 그것을 입고, 마시고, 보는 등의 행위가 '당신'을 독특하게 하고 '당신 자신'으로 만든다. 유행 및 라이프스타일의 전시 무대로 기능하는 헤테로토피아는 일탈과 새로움을 향한 헤테로토피아적 순간의 힘을 포획하려 한다. 이 포획은 일탈과 새로움을 개인 취향에 대한 순치된 과시와 개성에 대한 개인적 환상으로 전환함으로써 이루어진다. 정형화된 타자성은 관계적 타자성이 아니라, 지배적 역할의 분류 체계에 포획된 타자성이다. 이른바 포스트모던 시대에는 그러한 분류 체계가 더 애매모호해 보인다. 그러나 급증하는 다양성 및 이질성 담론은 지배적인 정상화 책략을 포착하지 못한다(또는 의도적으로 숨긴다). 정상화는 단순히 동질화하는 것이 아니라, 1장에서 보았듯이 지배적인 권력관계에 따른 행동 모델에 타자성의 잠재력을 종속시키는 과정이다.

사회센터(social center),[2] 자주관리 공장, 점유한 공공 공간은 사방으로 퍼져나가는 헤테로토피아의 장소가 될 수 있다. 그러나 우리가 9장에서 보게 될 것처럼, 그것들도 똑같이 타자성의 고립영토 모델 안에 갇혀 버릴 수 있다. 반대로 사회주택 지역, 공공 공원, 또는 야외 축제에서 헤테로토피아적 순간이 발생할 수도 있다. 이 모

---

2 사회센터는 이탈리아, 네덜란드, 스페인, 영국 등 유럽에서 나타난 사회운동의 결과물로서, 버려진 공장이나 건물을 무단으로 점유해 비영리 공동체 활동을 위해서 사용하는 공간을 말한다(옮긴이).

든 것은 만남의 계기로서 문턱공간을 창조·사용거나, 상호 참여를 통한 비교를 확립하는 수단으로서 문턱공간을 창조·사용하는 타자성의 수행에 따라 달라진다. '대안적' 라이프스타일 제품과 서비스를 홍보하는 백화점, 놀이동산 또는 고급 동네는 헤테로토피아가 아니다. 상품화되고 '길들여진', 그리고 신중하게 연출된 타자성의 진열장에 불과하다.

헤테로토피아적인 공간과 시간은 만남을 동질화 과정으로 축소하지 않으면서 공동체의 경계를 개방한다. 헤테로토피아는 타자성에 제한을 두지 않고 타자성을 가시화하고 비교할 수 있게 하며, 따라서 번역할 수 있도록 한다. 헤테로토피아는 새로운 "질서화" 과정의 장소가 되고(Hetherington 1997), 비교를 발생시켜 공통의 토대를 마련한다. 그리고 그 과정에서 다양한 정체성을 공통 기반으로 축소하지 않는 한, 헤테로토피아는 새롭게 부여된 사회적 실천과 역할의 분류 체계로 병합된다. 헤테로토피아는 항상 개방된 도시적·사회적 구멍으로 간주되며, 커머닝의 확장 과정을 지속해서 진행시킨다. 확장하는 커머닝의 전망은 공동체를 신참자들에게 개방함으로써 평등주의적 공유의 힘을 유지해야 하며, 따라서 이미 확립된 공유 서클 '외부'의 사람들에 대한 접근 양식을 활성화해야 한다. 커머닝이 새로운 형태의 인클로저에 갇히는 것을 피하려면, 타자성에 자신을 개방해야 한다. 확장하는 커머닝은 '내부'를 위협할 수 있지만, 또한 풍요롭게 하는 '외부'와의 만남―항상 위험성이 있고, 종종 예측할 수 없으며, 때로는 위험하지만 항상 강렬한—에서 힘을 얻는다. 커머닝의 확장은 커머너들 스스로가 인클로저의 주체나 희생자가 되지 않기 위해 감수해야만 하는 위험이다.

아래에서는 앞서 언급한 아테네의 주택 단지를 특징짓는 도시 다공성의 역사를 살펴볼 것이다. 도시 다공성의 사례를 통해 나는 과거 행위의 연대기뿐 아니라 미래 행위의 가능성을 추적할 것이다. 그리고 다공성이 대항 패러다임으로 자리 잡은 예외 시기에는 도시 경험의 파편화된 역사에서 헤테로토피아적 순간을 분간해 내는 것이 가능할 것이다. 알렉산드라가(Alexandras Avenue)의 이른바 프로스피기카(Prosfygika) 지역이 한때 공동공간을 지향하는 '타자적인' 공공 문화의 중심지가 된 것도 이 기간에 있었던 일이다.

도시의 다공성에 대한 집합적 경험

1922년은 현대 그리스 역사의 중요한 전환점이 되는 해이다. 점점 더 지배력을 강화한 민족주의 이데올로기는 당시 튀르키예에 살던 그리스 사람들을 '해방'시키는 데 중점을 두었고, 그리스 군대의 소아시아 원정으로 절정에 달했다. 삼국 동맹(Entente Coalition, 러시아, 영국, 프랑스)은 세브르 조약(Sèvres Treaty, 1920) 이후에 원정을 장려하지도, 최소한 원정을 막기 위한 아무런 조치도 취하지 않은 것으로 보인다. 무스타파 케말 아타튀르크(Mustafa Kemal Atatürk)가 이끄는 국가혁명(National Revolution)의 일부였던 튀르키예군은 오스만 제국을 상대로 이 전쟁에서 승리했다. 이는 그리스 역사에서 '소아시아 재앙'으로 기록되었다. 그 뒤 국제연맹이 감독하는 대규모 인구 교환에 관한 조약이 체결되었다(Svoronos 1972). 약 120만 명의 그리스인(대부분 튀르키예의 에게해 연안 도시에서 온)이 모든 소유물을 박탈당한 채 집을 떠나 그리스로 이송되었다. 주로 농민이었던 그리스 본토의 튀르키예인들은 반대 경로를 따라 이동해야 했다(Vlachos et al. 1978).

정부의 난민 정책은 난민의 거의 절반을 주요 도시 주변에 두고, 그들을 통제하며 지역 경제로 '통합'하는 것에 목적이 있었다. 아테네에 머물도록 허가받은 빈털터리 난민들은 구할 수 있는 모든 건축 자재를 사용해 주로 도시 외곽의 공공 토지에 집을 지어야 했다. 도로나 공공시설이 없는 판자촌이 아테네와 피레아스(Piraeus) 주변에 형성되었다. 삶의 뿌리가 뽑힌 난민들은 예상보다 더 적대적으로 자신들을 대하는 나라에서 살기 위해 노력해야 했다. 정착지 난민들은 그리스 산업과 수공예 작업장에 저임금 노동을 제공하는 노동력의 원천이 되었으며, 본토 사람들의 직업과 안녕을 위협하는 존재로 간주되었다. 그 결과 난민들은 도시의 공적 삶을 파괴할 침략자로 악마화되었다. 이웃한 두 나라의 연결이 아닌 분리의 시기에 문턱을 넘을 수밖에 없었던 그들은 돌아가는 것이 허용되지 않았고, 새로운 정착지에서 편안함을 느낄 수 없었다. 그들은 실제로 어디에도 속할 수 없었다. 더욱이 그리스 정부는 난민의 빈곤과 불만이 판자촌의 경계를 넘어 외부에 영향을 끼치는 상황을 막고자 했다. 난민 정착촌은 공간적으로나 사회적으로 게토가 되었다.

소아시아에서 아테네로 이주한 난민들은 대부분 도시인이었다. 그들의 삶은 거의 다 파괴되었지만, 고도로 복잡한 도시 문화를 가지고 있었던 그들은 오히려 주변 이웃보다 훨씬 다채로운 사회성을 지니고 있었다. 난민들은 공동체의 리듬에 따라 천천히 공적 생활을 재정립하고, 작은 상점이나 집을 만남의 장소로 만들어 전통이 풍부한 집단 축제, 음악, 동양 요리를 수용할 공간으로 활용했다. 그들의 생활 방식은 다른 도시 사람들을 초대해 도시 속 동료애의 새로운 경험을 공유하도록 했다. 난민들은 서서히 그들을 둘러싼 보호 구역(sanitary zone)의 벽, 즉 실제적 또는 상징적 의미의 편견과 지위의 벽(Marcuse 1995: 249)을 그들의 문화를 대도시로 스며들게 만드는 다공성 막으로 변모시켰다. 그리하여 난민들은 서로 대립하는 이웃 나라(튀르키예와 그리스)의 분리 문턱에 선 비자발적 침입자라기보다, 상당 부분 공동 가치와 공동 습관을 공유하는 두 문화를 연결하는 문턱에 머무는 사람들로 서서히 인식되었다. 발칸반도와 소아시아의 다양한 민족 간 문화 교류의 역사에 뿌리를 둔 문화적 다공성이 민족주의적 대립의 시기에 다시 한번 출현했다. 결국 이 지역은 '동양'을 '서양'으로부터 분리할 뿐 아니라 연결하는 문턱이었고, 지금도 마찬가지다.

그리스 난민재활위원회 기금 대부분이 농촌 재활에 쓰였던 장기간의 비상사태 이후, 사회주택 개발 책임은 복지부의 기술국으로 이양되었다. 소아시아 탈출 후 거의 10년이 지난 시점에 슬럼 정화 프로젝트는 일련의 정착지 모형을 만들어 냈다(Vasileiou 1944: 80-90, Vlachos et al. 1978: 118, Morgenthau 1930). 1934-35년에 지어진 알렉산드라 주택 단지도 그중 하나였다. 1930년대는 아테네 도시 역사의 이정표로 기록된다. 1929년에는 아파트 건축물의 바닥 소유권(floor ownership)[3]을 확립하는 새로운 법률이 주거 개발의 급속한 상업화를 부추겼다. 그러나 같은 시기에 기술국에서 일하던 그리스 건축가가 설계한 최고의 사회주택이 아테네에 건설되었다. 그 건물들은 모든 아테네 지역을 금방 집어삼킬 것 같던 밀집된 다층 건물 형식의 민간 주택과 대조를 이루는 대안 주택 모델이 되었다.

알렉산드라 단지는 건물들 사이의 풍부한 열린 공간이 그 특징이다. 아파트는 비교적 작았지만(대부분 방 2개, 주방과 작은 욕실이 있음), 충분한 채광과 환기가 가능한 구조를 갖추었다. 이 건물들은 사회주택에 대한 원칙 선언(programmatic manifestos)과 공정 측면에서 근대 건축의 새로운 정신을 구체화한 최초의 건물 중 하나였다. 1933년에 아테네 헌장을 채택하며 막을 내린 근대건축국제회의(CIAM)는 근대건축 운동의 목표를 일목요연하게 제시했다(Mum-

---

3 집합 건물의 개별 단위 소유자들이 건물 부분의 소유를 위해 건물의 대지에 대해 가지는 권리를 말한다. 수평 소유권 또는 콘도미니엄 소유권이라고도 하며, 한국의 대지권과 유사하다(옮긴이).

ford 2000: 91-103과 Conrads 1971: 137-46). 주요 목표 중 하나는 양질의 대량 주택이었다. 따라서 그리스 건축가들이 난민 주택 단지 설계에 참여를 권유받았을 때, 그들이 바우하우스 학파의 개념과 모델을 사용해 새로운 생활 수준에 적합한 주택을 생산한 것은 우연이 아니다. 이 건물들은 주택을 완전히 상품으로 축소한 시장 법칙의 결과물이 아니었으므로, 2차 세계대전 이후 급속한 도시화 속에서 따라야 할 모범이 될 수도 있었을 것이다.

알렉산드라 주택 단지의 또 다른 특징은 합리적 공간 배치였다. 2종류로 구성된 총 228세대의 아파트가 8개 블록으로 나뉘어 있었는데, 주택 단지의 가장 중요한 특성은 아파트의 균일성에 있었다. 최소한의 공간에 필수 가정 시설을 제공하도록 설계된 건물은 효율적인 최소 공간 기준에 대한 근대건축 운동의 강조를 잘 보여준다.

그러나 주택 단지는 사회적으로 다시 한번 난민을 고립시키는 장소였다. 여분의 열린 공간이나 주택 단지를 도시에 통합시키기 위한 구상은 없었다. 단지를 분리된 구역으로 쉽게 인식하게끔 만드는 무정형의 공공 공간으로 둘러싼 결과, 물리적으로나 상징적으로 단지는 도시와 분리되었다.

아테네의 다른 주거지역과 형태적·기능적으로 다르게 보였던 그러한 주거지역에는 '정상적인' 도시 생활로부터의 일탈이라는 꼬리표가 붙었다. 그러한 구분은 상징적으로는 매우 효과가 있었지만, 물리적 격리를 만들려고 의도한 공간 배치에 근거를 둔 것은 아니었다. 형태가 없는 야외 공간이 그 블록을 둘러싸고 포위하는 역할을 했다. 정해진 용도가 없고 때로는 나무도 없는 유휴 공간은 대부분의 다른 난민 주택 단지뿐 아니라, 알렉산드라 단지의 특징이었다. 그럼에도 적대적이고 비우호적인 환경에 맞서야 했던 주민들은 건물들 안에서 수행할 수 없는 사적 활동이나 공동 활동을 통해 유휴 공간을 전유했다. 풍부하고 진화하는 공동생활이 건물들로부터 터져 나와 야외 공간을 작은 안뜰, 보도, 나무 그늘, 즉흥 놀이터, 회의 장소로 이루어진 여러 의미를 지닌 연결망으로 변형시켰다 (Stavrides 2002b:142-3).

합리적이고 기능적인 건물의 디자인과는 정반대로, 야외 공간은 합리적으로 구획되지 않았다. 지하층 아파트 대부분은 작은 전용 안뜰로 연결되었다. 안뜰은 낮은 벽과 울타리로 둘러싸이거나 공용 야외 공간으로 통합되었다. 후자의 경우, 사적 용도와 공적 용도가 명확하게 구분되지 않았다. 방문, 작은 잔치, 이웃 간의 일상적인 만남은 다양하고 다공적인 도시 환경의 구조를 만들었다. 공용 세탁실이 있는 테라스는 여성들이 만나서 왁자지껄 떠드는 작은 무대가 되었다. 겨울에는 건물 외부 계단이 시끄러운 놀이 공간으로 변모해 건물 내부의 생활과 완전히 하나로 통합되었다.

벤야민이 전쟁 전 나폴리에서 발견한 '즉흥성에 대한 열정'이 주민 활동의 특징이었다. 그들은 아주 작은 크기의 표준화된 주택에 적합한 생활양식을 개발하는 데 고도의 창의력을 발휘했다. 그들이 문턱공간을 전용해 생활공간으로 전환할 수 있었던 것은 즉흥성(임시변통) 덕분이었다. 계단은 단순히 중간 지역을 가로지르는 용도로만 사용되지 않았다. 오히려 일상생활의 많은 부분이 계단에서, 출입구 앞과 보도에서, 그리고 마주 보는 블록의 부엌과 부엌 사이의 공간에서 일어났다. 주민들은 그 공간들을 끊임없이 가로질렀다. 사이 지역(in-between areas)을 중요한 공공 공간으로 활성화한다는 것은 명확한 경계가 없는 도시 공간을 만드는 것을 의미한다. 따라서 일상적인 사용을 통해 투과성 막, 즉 다공성 막이 만들어졌다. 유사한 실천이 아테네와 피레아스(아테네 인근 항구 도시) 전역의 난민 주택 정착지 대부분에서 발전했다.

난민 지역에 관한 인류학적 연구에서 르네 허숀(Renée Hirschon)이 관찰한 것처럼, "보도는 준 사유 지역이 되었다. 그것은 집의 완전히 노출된 확장부가 되었다. 공동체와 가족이 뒤섞인 (⋯) 이 지역에서는 공적이면서 동시에 사적인 공간이라는 개념이 단순한 물리적·공간적 경계를 아무런 의미가 없는 것으로 만들었다"(Hirschon 1998: 190). 가족에 관련한 사회성과 이웃에 관련한 사회성이 때때로 충돌하고 균형을 이루면서 삶이 펼쳐졌다. 그것은 포장도로와 같은 문턱공간을 공동공간으로 전환함으로써 이뤄졌다. 그러한 도시 공간들은 가족의 사적 환경으로 편입되지 않았을 뿐 아니라, 공공의 도시 공간으로만 남아 있지도 않았다. 그것은 확장하는 공동체 생활의 인공물이 되었다.

헤테로토피아적 순간

주택 단지의 한쪽에는 아테네에서 가장 악명 높은 감옥 중 하나가 있었다. 대형 다층 건물 하나가 1960년대 중반에 철거될 때까지 일반 범법자와 정치범을 가두는 데 사용되었다. 알렉산드라 단지 근처에 사는 사람들은 수감자들의 친구들과 친척들이 어떻게 그 감옥의 인접한 벽 밖에 모여 소리를 지르거나 메모를 주고받으며 수감자들과 의사소통했는지를 기억한다. 또한 사람들은 독일 점령기(1941-44)에 자기 집 테라스에 서서 감옥 안뜰을 내려다보며, 갇힌 레지스탕스 애국자들에 대한 정보를 모으곤 했던 사실을 기억한다. 그들은 그 애국자들이 창문 밖으로 던졌던 메시지, 즉 다음 날 아침 처형을 알리는 메시지를 수집하기 위해 그 높은 벽에 대담하게 접근하던 어린 소년 소녀들의 이야기를 읊는다. 그리고 수감자 중 한 명이 그날 처형되었음을 알리기 위해 감방 창문에 매달려 있는 작은 검은 천의 이미지를 아무도 잊지 못할 것이다(Papavasileiou 2003).

이러한 집단적 경험을 통해 알렉산드라 프로스피기카 주민들은 일종의 숨은 연대를 형성해 자신들만의 방식으로 저항에 참여했다. 감옥과 주택 단지를 분리하는 벽에 구멍을 뚫는 상징적 행위를 통해, 둘 사이의 공간에 불가능해 보였던 삼투(滲透) 관계가 구현되었다. 이러한 암묵적 연대와 상호 협조의 시기에 다양한 가족들 사이의 확연한 삼투 현상은 독일 점령기 동안 공동체를 특징짓는 질적으로 다른 사회적 유대의 기초를 만들었다. 알렉산드라 단지 주민들의 적극적인 참여 덕분에, 그 건물들은 독일군이 도시를 버리고 후퇴하기 몇 달 전부터 이미 해방된 아테네 지구였다.

이 시기에 헤테로토피아적 순간들이 곳곳에서 발견된다. 사적 공간과 공적 공간 사이에 존재하던 삼투 관계는 연대 덕분에 공간의 공동 이용으로 전환된 것 같다. 이 공동 이용은 사적 공간과 공적 공간 모두에 이뤄져서 전이적 공동공간을 생성했다. 많은 주민이 보잘것없는 매일매일의 보급 식량을 나누어 먹었고, 가족들은 아이들을 돌보거나 요리를 하는 데 서로를 도왔다. 극도로 위태로운 상황에서 좌파 저항 운동의 호소력이 커짐에 따라 뚜렷하게 도시 공동체 문화가 난민 지역에 나타났다.

이 문화는 1944년 12월 사건[4] 중 그리스 정부군에 의해, 그리고 그 이후 여러 해 동안 영국의 대포와 비행기에 의해 말 그대로 산산조각이 났다. 이른바 아테네 전투 기간에, 주요한 반점령 저항 운동 세력이었던 그리스 인민해방군(ELAS)은 전후 민주주의와 사회 정의에 대한 대중의 의지를 부정하는 이 지역에서의 영국 정책에 반대했다. 영국 정책은 1944년 12월 3일 대학살을 초래했다. 이때 대

---

4 그리스어로 '데켐브리아나'로 불리며, 그리스 아테네에서 1944년 12월 3일부터 1945년 1월 11일까지 일어난 무력 충돌 사건이다. 독일이 그리스에서 철수한 뒤 망명지에서 돌아와 영국의 지원을 받은 그리스 정부가 그리스 전역을 장악한 좌파와 그리스 인민해방군에 무장해제를 요구하면서 둘 사이에 무력 충돌이 발생했다. 이 사건에서 시위대 28명이 사망하고 148명이 부상을 입었다(옮긴이).

규모의 평화로운 시위대가 왕당파 군대의 공격을 받으면서 길고 파괴적인 내전이 촉발되었다(Svoronos 1972). 인민해방군 대원들은 앞서 언급한 군대의 공격을 받은 알렉산드라 건물을 방어하기 위해 결정적인 전투를 벌였다. 많은 남성이 전투 게릴라 편을 들기로 했고, 여성들과 어린이들은 인근 축구 경기장으로 대피했다. 마치 집들 사이의 삼투 공간을 극적으로 상징하기라도 하듯이, 인접한 아파트의 내벽에 구멍을 냈다. 그 통로를 통해 방어자들은 한 아파트에서 다른 아파트로 이동할 수 있었다. 아테네 전투는 뒤이어 일어난 내전의 서곡에 불과했다. 12월 당시 건물에 살았던 사람들은 정의 사회라는 끝내 이루지 못한 꿈을 수호하려 했던 낭만적인 젊은 투사들을 아직도 기억한다(Tsougrani 2000).

심각한 무릎 질환으로 여러 해 동안 그냥 창가에 앉아 지냈다는 알렉산드라 프로스피기카에 사는 94세 주민은 다음과 같이 회상한다. "그 당시(1940년대와 1950년대) 사람들은 다르게 걷고, 서로를 다르게 보고, 아침에는 인사를 나누곤 했어요"(Tzanavara 2000). 비포장도로였던 건물들 사이의 거리 중 하나를 내려다보면서, 이 노인은 전후 기간 자신의 창문을 "세계라는 극장의 개인 관람석"으로 사용하고 있었다(Benjamin 1999: 9). 이 노인에게 도시의 다공성은 공공의 거주 공간에서 쉽게 경험할 수 있는 것이 아니었다. 대신 그는 가림막 역할을 하는 현대 대도시의 창문과 달리 자신의 창문이 문턱 연결망에 통합되는 방식을 보면서 삼투적 공공 문화의 특성을 이해할 수 있었다.

1960년대 후반 이후로 이 건물들은 노후 주거지역을 정비해 공원으로 대체할 것을 공약한 역대 정부의 관심거리가 되었다. 공약은 주택 유지 관리 비용 지출에 회의적이던 주민들을 위태로운 상황으로 내몰았다. 공동의 다공성 공간, 테라스, 계단, 포장도로 등이 무너지기 시작했다. 아테네 지방정부는 단지 주변의 광대한 열린 공간을 방치하다시피 했는데, 지방정부의 유지·관리가 있었더라면 이 지역은 녹지로 변모할 수도 있었다. 대신 이 지역은 인근 병원과 단지를 마주한 대형 축구장의 비공식 주차장이 되었다. 인근의 대법원(옛 감옥 자리에 세워짐)과 다음 블록에 있는 아테네 경찰청에서 일하는 사람들도 매일 이 주차장을 이용한다.

알렉산드라 프로스피기카의 경우처럼, 건물들 사이의 형태가 없는 열린 공간은 전쟁 전 아테네에서 중요한 비공식 공공 공간이었다. 아이들은 놀이를 위해, 어른들은 산책을 위해, 청소년들은 흥미진진한 청소년기 모험을 위해 공간을 사용했다. 그러나 중산층의 도덕성에 따르자면, 그 공간들은 일종의 악마화된 공간이었다. 그 공간들을 알라나(alana)로, 그 곳을 배회하는 사람들을 알라니아(alania)로 불렀는데, 알라니아는 '방랑자'의 대명사가 되었다.

알라나는 풍부하고 다공적인 도시 공간이었다. 특히 소득이 낮은 지역에서는 알라나의 다공적 도시 공간으로의 전환이 두드러졌다. 실제로 전쟁 전 아테네에서 알라나는 커머닝의 공간이었다. 사람들은 건물 사이에 남은 공간을 비공식적으로 전유하고 임시 공동 공간으로 바꾸었다. 어떤 당국도 알라나의 비공식적 사용을 승인하지 않았으며, 따라서 그 공간들은 중산층에게 지도상의 위협적 황무지가 되었다. 알렉산드라 난민들은 가끔 떠도는 방랑자들이나 노는 아이들보다 더 체계적이고 습관적으로 건물들 사이의 알라나 같은 공간을 전유했다. 그들은 이 공간을 사이 공간의 풍부한 연결망, 즉 거주자 공동체가 공유하는 공동공간의 연결망 안으로 통합했다.

박탈당하고 소외된 사람들은 적절한 일상을 보내기에 충분한 공간을 확보하지 못한 채 열악한 환경 속에서 살아야 한다. 그들은 이러한 공간 부족을 보충하기 위해 비공식적이고 창의적인 방법을 시도한다. 니콜라스 블롬리(Nicholas Blomley)의 제안처럼, 관련 법률은 "가난한 사람들의 집단적 재산권의 가능성"(Blomley 2008: 325)에 대해 사회적 정당성을 부여해야 한다. 알렉산드라 프로스피기카 주민들에게는 이 야외 지역(그리스 국가의 재산인 거리를 제외하면 아테네 지방자치단체의 재산으로 남아 있음)에 대한 소유권이 없었지만, 주택 단지의 필수적인 일부로서 그 지역을 집단으로 차지할 정당한 권리가 있었다. 대신 그 지역이 임시 주차장이 된 것은 무주공산 상태의 지역에 대한 공격적 이윤 추구의 결과였다. 물론 이것은 지방자치단체가 그 공간을 제대로 돌보지 않았기 때문에 가능했다. 2000-10년에 주택 매각 압박이 절정에 달했을 때, 공공 공간을 관리해야 하는 당국의 의도적 태업은 주택 가격 하락을 불러온 또 다른 요인이었다. 오늘날 주차장은 열린 공간이라는 알라나의 특성을 파괴하고 열린 공간을 재미없는 도시 환경으로 변형시켰다. 사람들은 오직 차 둘 곳을 찾는 목적으로만 그곳을 오간다. 하지만 이 지역이 도심과 매우 가깝고 고층 건물들로 붐비기 때문에, 종종 그 목적을 달성하지 못해 그들은 극도로 짜증을 내곤 한다. 사실상 주차장 이용자들은 공공 공간의 개인적 전유에 참여하고 있다. 그들의 일시적 전유 실천은 공간 약탈 행위(종종 반복되는)로서, 실제로는 야외 사이 공간의 공동 이용을 차단하고 박탈한다.

우리는 이러한 공간 약탈 행위를 공공 공간을 '비우는' 행위로, 알라나 같은 공간, 즉 공공 공간을 도시 문턱으로 전환할 공간의 존립 가능성을 차단하는 행위로 생각할 수 있다. 알라나는 결코 빈 공간이 아니었다. 알라나는 다양하게 사용되는 공유 공간의 일부였다. 알렉산드라 프로스피기카의 야외 공간도 빈 공간이 아니었다. 사실 그곳은 주차된 차들로 가득 차자마자 아무도 찾지 않는 빈 공간이 되었다. '테란 바그(terrain vague)'[5]가 도시의 텅 빈 자리 이상의 공간이라면, 이 지역이야말로 테란 바그다. 이그나시 데 솔라-모랄레스(Ignasi de Solà-Morales)의 주장처럼, 이 지역은 "미래를 관망하고, 애매모호하며, 변동하기" 때문이다(Solà-Morales 1995: 122). 그러나 테란 바그는 특정 도시 용도로 "채워질" 뿐 아니라, 사람이 거

---

[5] 도시 내에서 잘 이용되지 않고 소외된 장소이지만 여러 의미와 가능성을 가진 영역을 말한다(옮긴이).

주하고 도시 문턱으로서 형성될 때만 커머닝의 장소가 될 수 있다 (Stavrides 2014:57-8).

최근 몇 년 동안 주민들은 다시 한번 두려운 타자로서 악마화되었다. 이번에는 낙인찍힌 도시의 빈곤과 소외가 타자성과 동일시되었으며, 이는 황폐하고 버려진 건물들의 이미지로 강조되었다. 주민 대부분은 매우 유리한 조건으로 국가 주택 담보 대출을 갚고 아파트의 소유자가 되었다. 그러나 그들 중 많은 사람이 임박한 강제 수용이 두려워서 자기 아파트를 공공부동산개발회사(KED)에 매각했다. 다른 사람들은 집을 버리거나, 오늘날의 이민자와 난민 또는 기타 저소득층에게 임대했다. 그러나 소아시아 난민의 후손인 일부 주민들은 여전히 그곳에 살고 있으며, 모든 고난에도 불구하고 더 나은 미래에 대한 자신의 권리를 위해 싸우고 있다. 오늘날 이 지역은 상징적으로나 문자 그대로 '병이 난' 상태로 거의 버려진 것처럼 보인다. 아테네 한복판의 이 주택 단지는 여러 사람의 과거, 즉 집단으로 억눌린 과거에 얽매인 일종의 낙후된 주거지역을 대표한다.

그러나 최근에는 황폐해진 건물들의 여기저기에 흩어져 있는 새로운 도시 다공성의 경험이 일상적으로 등장했는데, 이는 주택 단지 철거에 저항하는 사람들의 노력으로 나타났다. 소수의 단호하고 활동적인 회원들로 구성된 철거민 연합은 아테네국립공과대학교(NTUA) 건축대학의 건축가들, 교수들과 힘을 합쳤다. 2000년부터 시작된 이 투쟁에 자원봉사자와 환경 단체가 동참했다. 주민들과 좌파 반권위주의 운동 활동가들은 건물 안팎에서 벌어지는 대중적 호소, 시위, 전시, 이벤트, 토론 등을 통해 이 주거지역이 아테네의 주택 역사에 관한 반대 패러다임을 대표한다는 것을 보여주었다(Vrychea 2003). 또한 사회주택에 초점을 맞춘 수업에 참여한 아테네국립공과대학교 건축대학 학생들은 그 건물들의 역사를 존중하고 주민들의 비공식적 공간 사용에서 아이디어를 얻은 재생 계획으로 지역 부흥을 달성할 수 있음을 다양한 제안을 통해 보여주었다. 이들의 제안은 소규모 아파트를 위한 추가 공간에 형태를 부여하는 건축 언어를 제공하고, 동시에 집단적 이용과 사적 이용 사이의 삼투를 촉진한다.

2003년에는 풍부한 공간 커머닝 문화의 부활 가능성을 선전하기 위해 이틀간의 축제가 조직되었다. 당시는 2004년 아테네 올림픽을 앞두고 주민들에 대한 정부의 철거 압력이 극에 달한 때였다. 현대기념물위원회는 정부의 태도를 대변하면서 논란의 여지가 있는 결정을 내렸다. 위원회는 단지 내 8개 건물 중 2개 건물만 보존하자는 제안을 내놨는데, 이는 근대 주택 프로젝트의 사례로서 보존할 가치가 있다고 판단했기 때문이다. 물론 이러한 제안은 주택 단지의 특성과는 본질적으로 아무 관련이 없을 뿐 아니라, 도시 공간의 다공성 상태의 보존이나 헤테로토피아적인 특성의 보존과도 아무 관련이 없었다.

이틀간 열린 이 축제의 목표는 시범적 재거주 행위를 통해 알렉

산드라 프로스피기카에서 구체화되었거나 구체화할 수 있는 사회
주택의 다른 개념을 보여주는 것이었다. 젊은 활동가들과 건축학도
들로 구성된 다양한 그룹들이 정부가 운영하는 공공부동산개발회
사에 귀속된 빈 아파트에서 일시적인 무단점유를 조직했다. 아테네
의 주거 문제와 난민 정착 및 투쟁의 역사를 보여주는 전시회가 조
직되었고, 어린이 구역의 모형들과 환경 의식을 고취하는 전시회들
도 기획되었다. 공적 이용과 사적 이용 사이의 삼투 관계에 대한 전
망 역시 야외 공간에서의 즉흥 건축으로 탐색되었고, 이는 주차 사
용을 가로막고 다양한 집단적 전유와 친교 행위를 촉진했다. 동네
만남의 장소였던 버려진 작은 커피 키오스크를 임시로 재건축해 재
사용했다. 열린 공간 중 하나에 즉석 무대가 건설되었다. 무대는 이
지역을 이용하던 공연자들과 음악가들, 그리고 공공 도시 공간으로
서 이 지역이 갖는 잠재력을 알지 못했던 지역주민들을 비롯한 모
든 사람이 소통하는 장이 되었다. 축제를 통해, 남아 있던 수많은 주
민을 포함한 많은 사람이 헤테로토피아적인 공간 조직을 경험할 기
회를 가졌다. 이 모든 축제이자 시범적인 행위는 다공적 공동공간
을 재생성하려는 시도였다.

  그들은 그 건물들의 역사가 건물들을 삼투적 공동생활의 잠재적
장소로 변형시켰음을 보여주려 했다. 계단은 다시 삶의 공간이자
즉흥적인 만남의 공간이 되었다. 창문은 문으로 바뀌어 지하층 아
파트와 야외 공간 사이를 직접 연결했다. 발코니는 공공 공간에서

벌어지는 단편 연극을 내려다보는 개인 관람석으로 사용되었으며, 동시에 파사드의 균일한 외관을 차별화하는 개성 창출의 작은 무대가 되었다. 축제는 인근 병원의 환자들도 함께 즐기는 대잔치로 절정에 달했다. 활동적인 의사 단체는 빈 아파트 일부를 그리스 전역에서 공공 항암 센터로 오는 환자의 친척들을 위한 무료 게스트하우스로 개조하자는 아이디어에 지지를 보냈다. 축제는 주택 단지의 보존이 박물관 같은 형태를 취할 수 없고, 또 그렇게 되어서도 안 된다는 것을 보여주었다. 보존할 가치가 있는 것은 건물에 붙은 기억이 아니라, 이 기억을 현재와 연결할 수 있는 통로다.

다공성의 기억들

우리는 헤테로토피아적 가능성의 순간들이 부순 이 건물들의 역사를 알고 있다. 이 역사는 현재에 이르는 사건들의 연속적인 사슬이라기보다 중요한 전환점들이 영향을 끼친 불연속적인 흐름에 가깝다. 우리는 이러한 전환점들을 일시적인 문턱, 즉 과거와 미래를 단절함으로써 예상치 못한 새로운 연결을 만드는 것처럼 보이는 기간이라고 이해할 수 있다. 주택 단지는 다공성 벽을 통해 역사를 흡수하고, 기억은 흔적을 찾아 낸다. 대부분 기억은 흔적을 해석하고 재해석한다. 축제가 만들어 내고자 한 것은 바로 이 전환점들의 기억, 역사의 비옥한 불연속성의 기억이다. 알렉산드라 단지의 난민들은 문턱에 있는 사람들로서, 그들의 집과 관련한 거시 역사뿐 아니라 미시 역사에서도 문턱 순간의 역사를 목격했다. 반면 기념물들은 연속성에 집착하는 국가 서사의 징표가 되며, "영광스런 조상들"로부터 현재까지의 노정을 표시한다(Boyer 1994: 343).

이 난민 주택 단지의 역사는 그리스 역사의 서사에 파열을 낸다. 그리고 그 서사는 그리스 사회의 허구적 공동 세계 형성에 큰 영향을 끼친다. 난민들은 역사 서사의 동질화를 방해하고 갈등과 집단적 적대감을 일으켰다. 그들은 도시의 바깥, 지배적인 도시 정신의 바깥에 있었다. 그러나 그들은 결국 공간적·시간적 분리 막에 구멍을 냈다. 독일의 점령, 아테네의 해방, 뒤이은 내전은 전후 차별적 민주주의라는 지배 이데올로기가 봉합한 현대사의 주요 파열들이었다. 이러한 파열의 징표들이 남아 있는 알렉산드라 프로스피기카는 과거의 문턱을 상징하며, 대안적인 미래를 암시한다. 바뀐 환경에서 난민들이 자기 고유의 사회성을 형성할 수 있었다면, 삶은 다른 방향으로 진화했을 것이다. 그들은 풍부한 공적·사적 생활 덕분에 공통성과 차별성의 공간을 경험할 수 있었다. 이는 동질화하는 근대적 언어를 굴절시켰다. 그 건물들은 아테네의 근대 도시 개념에 대한 실험적 원형으로 남을 수도 있었을 것이다. 그러나 그것들은 공동 주택의 시장 버전인 아테네의 민간 개발 '건물들(boxes)'에 의해 지워지기만을 기다리며 무너질 수밖에 없었다.

알렉산드라 프로스피기카 주민들은 폐쇄적 공동체를 발전시킴으로써 서로를 보호하고, 위협받는 집단 정체성을 보존하려 시도할 수도 있었다. 그러나 그들은 공동체를 개방하고 타자를 환영하는 도시 커머닝의 형태를 발전시켰다. 또한 형태도 없는 가용 공공 공간을 창의적이고 끈기 있게 사용함으로써 개방된 공동공간을 만들기도 했다. 그들은 확장하는 커머닝 실천을 통해 그들만의 방식으로 이웃들, 다른 난민 단지와 정착지에서 온 친척들, 도시 전역에서 온 친구들을 포용할 수 있었다. 그들의 고국(소아시아)에서는 민족주의 이데올로기가 창궐하고 소수민족 및 종교 공동체 간 마찰과 적대감이 고조되었지만, 그들의 문화는 세계시민주의적이었다.

알렉산드라 단지에서 일어난 일은 아마도 두 차례의 세계대전 사이에 소아시아 난민이 촉발한 그리스 사회의 전반적인 변화를 대표하는 것일 수 있다. 번창하는 주요 도시에서 온 대부분의 난민은 그리스 사회로의 통합이 아테네의 다른 지역과 명확히 분리된 시골 같은 비참한 도시의 고립영토에서 이루어질 것이라는 사실을 받아들이려 하지 않았다.

공유된 문화와 공동 세계의 기억(심지어 심하게 흔들린 경우에도)은 커머닝을 실천하는 데 중요한 역할을 할 수 있다. 집단 생존을 위한 공동체의 필사적인 노력이 공동체를 폐쇄적으로 만드는 것은 아니다. 알렉산드라 프로스피기카 난민들이 우리에게 이 사실을 가르쳐주었다. 그들은 삶의 조건을 초월하는 가치와 열망을 공유하는 한, 그들이 겪는 엄청난 빈곤 상황이 오히려 커머닝 확장의 기회를 가져온다는 점을 우리에게 가르쳐주었다.

알렉산드라 프로스피기카 단지의 현 거주민들은 1922년 난민들의 경험과 행동으로부터 교훈을 얻을 수 있을까? 그럴 수 있다. 현재 거주민 중 일부는 세계 여러 지역의 이민자들이다. 그들은 빈 아파트(공공부동산개발회사가 구입했지만, 대법원의 결정으로 철거 계획이 취소된 후 사용되지 않은 아파트)를 점유하거나, 아직 남아 있는 개인 소유의 아파트를 임차함으로써 그 단지에서 피난처를 찾는다.

 일부 버려진 아파트를 무단으로 점유하는 활동가들의 참여를 통해 이민자 주민들은 공유 및 협동의 양식을 발전시켰고, 심지어 마피아와 유사한 범죄행위(마약 거래 포함)에 연루된 사람들을 단지에서 추방할 수 있었다. 그러나 불행히도 대부분의 '불법' 이민자들 사이에 퍼진 두려움의 문화뿐 아니라 주변의 적대감 때문에, 그들은 암묵적으로 발전시킨 커머닝의 실천을 확장하려고 시도하지 못한다. 관련 활동가들 사이에 존재하는 일종의 '분리주의'에 기반한 전통적이며 전투적인 신념도 커머닝의 범위를 개방하는 데 도움이 되지 않는다. 물론 그 활동가들은 (항상 주차된 자동차들로부터 되찾아 와야 하는) 야외 공동공간에서 주민 총회를 개최하고 공동 주방을 조직하는 데 크게 기여하긴 했다. 하지만, 결국 확장하는 커머닝은 항상 하나의 가능성으로서 공유된 필요와 공유된 꿈을 통해 만들어 나가야 하는 것이다.

4
주거와
도시 커머닝

도시 운동과 도시 커머닝

사회운동에 대한 논의가 한창 진행 중인데, 그것은 주로 사회운동을 규정하는 특성에 초점이 맞춰져 있다(Pickvance 1995, Giugni et al. 1999, Coy 2001, Tilly and Wood 2012). 사회운동은 특정한 집단적 수요를 통해 구성되는가? 즉 사회운동은 수요 중심적인가, 아니면 새로운 형태의 사회관계를 시험하는 사회적 실험실인가? 그러한 이론적 논의의 기저에는 중요한 정치 문제가 있는 것 같다. 즉, 사회운동은 다양한 사회 집단의 재분배 요구를 전달하기 위해 현대 사회가 발전시킨 메커니즘에 속하는가, 아니면 다른 사회를 지향하는 씨앗을 위해 비옥한 토양을 발굴하는 과정인가?

아마도 그러한 정치적 딜레마는 단순히 정형화된 추론 방법으로 해결될 수 없을 것이다. 자본주의 역사의 여러 시기에 걸쳐 사회운동은 사회의 한계를 넘어서는 집단 행위를 위한 매우 다양한 기회를 만들었다. 그러나 20세기의 마지막 10년과 21세기의 첫 10년 동안 매우 흥미로웠고 지금도 계속 흥미를 끌고 있는 점은, 사회운동이 대중 계급의 삶의 조건과 다른 미래를 향한 그들의 열망을 변화시키는 데 중심적 역할을 차지했다는 것이다. 라울 지베치는 전형적인 사회운동 행위를 넘어서는 일련의 현상을 포착하기 위해 "운동하는 사회(societies in movement)"라는 용어를 사용했다(Zibechi 2010: 11). 그는 다양한 수준의 사회생활에서 대중 계급이 발전시킨 다양한 형태의 집단 행위가 권력관계의 변화나 단절을 조장하는 방식에 대해 생각할 것을 촉구한다.

사회운동에 대한 논의는 집단적 요구를 중심으로 조직된 활동에 초점을 맞추는 경향이 있으며, 조직의 형태도 이러한 맥락에서 연구되고 분류된다. "운동하는 사회"는 종속 계급의 일상적 생존 전략들이 변화를 일으키는 힘을 획득하는 방식에 주의를 기울인다. 이러한 일은 생존 전략의 필요에 따라, 그리고 강제된 정치적 프로그램의 결과로서 조정되고 집단으로 추구되는 경향이 있을 때 이뤄진다. 이것은 아마도 사회운동과 관련한 정치적 문제에 대한 답을 줄 수 있을 것이다. 사회가 운동할 때, 여러 형태의 운동 행위는 본질적으로 정치화되는 경향이 있다. 그것은 흔히 말하듯 사람들의 의식이 사회의 메커니즘을 이해하는 수준까지 높아져서가 아니라, 다양한 가치와 사회관계가 자기 삶을 통제하고 개선할 기회를 줄 수 있음을 알게 되기 때문이다. 이러한 맥락에서 정치화는 한 집단이 연대와 유대를 통해 수평적으로 조직될 때 만들어지는 권력 인식 과정이라 할 수 있다. 운동하는 사회는 '기층 민중'의 일상을 정치화하는 운동의 발전 기반을 제공한다.

도시 운동은 도시의 요구를 명시적으로 표출하고 도시적 권리와 관련한 실천을 수행하는 사회운동이다. 따라서 도시 운동은 도시적 권리의 정의와 사용에 초점을 맞춘 의견과 열망을 형성한다. 도시 운동에 속하는 사회운동의 정치적 파급효과는 오래 지속된 논쟁 주제였다(Castells 1977과 1983, Pickvance 2003, Hamel et al. 2000). 그러나 이제 거의 명백해진 사실은 "도시 운동이 도시 내 갈등의 사회적 형성에서 핵심"이라는 것이다(Hamel et al. 2000: 1). 따라서 도시 운동을 도시 갈등과 관련한 운동으로 간주할 수 있다. 도시 운동은 역사적으로 정의된 도시 권리를 위해 투쟁하며, 그러한 권리를 설정하고 정의하며 수행하는 수단으로 도시를 이용한다. '도시에 대한 권리'에 관한 르페브르의 논의(Lefebvre 1991과 1996)를 떠올려 보면 도시가 단순히 권리의 맥락일 뿐 아니라, 공동의 세계를 집단으로 형성하기 위한 포괄적 노력의 수단이자 목표라는 사실을 알 수 있다. 그리고 우리는 그러한 사실을 드러내는 방식으로 도시에 대한 권리를 주장하는 도시 운동을 발견할 수 있다. 이 경우 도시 운동은 정치권력과 헤게모니에 도전하는 정치적 투쟁들이 결합함으로써 등장한다. 앞으로 보겠지만, 브라질의 노숙자 운동은 도시 공간 속에서, 그리고 이 공간을 통해 대도시 모델들에 도전하면서 공동체를 만들기 위해 고군분투한다는 점에서 도시 운동으로 간주될 수 있다.

브라질의 도시 운동들은 운동하는 사회에서 성장하는 운동들 가운데 영감을 주는 사례다. 그들의 요구와 특히 조직의 형태는 단순히 민중과 소외 계급의 요구를 이념적으로 표현하는 것이 아니다. 그 운동들은 사람들이 일상생활 속에서 생존을 위해 싸우는 방식으로부터 배운다. 그리고 그러한 운동들은 연대의 전통적인 관행(가족 간 상호 도움의 한 형태인 무찌라오(mutirão)에서 볼 수 있듯이)을 조직화된 집단행동으로 통합하는 경향이 있다. 그때 (미래의 해방된 사회의 핵심 요소인) 연대는 대안 가치로서 이념적으로 발견되는 것이 아니라, 크고 작은 도시 공동체의 일상적 경험에서 창출된다. 당연한 애기지만, 이러한 일상적인 생존 투쟁 속에서 연대만 자라나는 것은 아니다. 그러나 이러한 공동체에 깊이 뿌리내린 운동이야말로 지배적이고 희망 없는 원자주의(atomism)에 대항하는 연대의 행동을 잉태할 수 있다.

도시 운동은 운동하는 사회로부터 성장할 때 일시적으로 또는 영구적으로, 명시적으로 또는 묵시적으로 도시 공간을 전유하는 경향이 있다. 도시 운동은 실제로 도시의 일부를 바꾸거나 생산하기까지 한다. 그 이유는 자치적으로 건설된 정착지의 경우처럼, 도시 운동이 새로운 공간 구조를 생산하려고 노력하거나, 시위 또는 거리 행동이 특정 공공 공간의 상징이 되기 때문이다. 그러나 그러한 운동에서 더 중요한 점은 그 운동들이 어떤 면에서는 운동하는 사회의 중요한 특성, 즉 공동공간의 생성을 확대한다는 것이다. 이 공간은 해당 공동체가 만들고 관리하는 공간이다. 앞으로 살펴보겠지만, 그것들은 공동으로 생산되며 사적 공간은 물론 공적 공간과도 다르다.

피터 라인보우가 2008년에 만든 용어를 사용하자면, 커머닝은 운동하는 사회의 일상적인 전략들과 이러한 전략들을 정치화하는 운동들을 특징짓는 과정이다. 커머닝은 현대 대도시에서 발생하는 우발적인 현상이 아니다. 현대의 커머닝은 대도시 현상이다. 즉, 하트와 네그리가 "인공적 커먼"이라고 지칭한 요소들은 "언어, 이미지, 지식, 정동(情動), 코드, 습관, 관행 등에 있으며 (…) 대도시 영역을 가로질러 실행되고 대도시를 구성한다"(Hardt and Negri 2009: 250). 이러한 맥락에서 "가난한 일반 대중은 (…) 생존 전략을 고안하고, 피난처를 찾고, 사회생활의 다양한 형태를 생산하며, 광범위한 만남의 회로를 통해 공동 자원을 끊임없이 발견하고 창조한다"(같은 책: 254). 따라서 커머닝은 대도시에서의 삶을 특징짓는 가혹한 조건에 대처하려 노력하는 사람들의 지식과 경험을 생산하고 확산하는 과정이다.

커머닝은 적응적 실천의 결과로 나타나기는 하지만, 발명하는 과정 즉 창조를 포함하는 과정이자 새로운 형태의 사회생활을 생산하는 과정이다. 아감벤은 지배 권력이 통제하는 생존을 위한 삶이 아니라, 삶 그 자체를 목표로 지향하는 순수한 잠재성(potentiality)으로서 해방된 사회생활을 이론화한다(Agamben 2000). 아감벤의 용어를 빌리면, 커머닝은 심지어 새로운 "생활양식(forms-of-life)"이 출현할 기회를 제공하기도 한다. 이 추론에서 중요한 점은 커머닝이 공유 경험과 지식을 창출함으로써 자본주의적 규범을 넘어선다는 것이다. 배제되고 주변화된 대중 계급은 생존을 위한 방안을 강구해야 하며, 그 과정에서 지배적 모델에서 벗어난 사회관계의 형태를 발견한다. 예를 들어 대가족이 사회적 재생산의 핵심으로부터 연대와 공동 생산·이용의 소공동체로 전환하는 것도 이런 방식으로 이루어진다(Zibechi 2010: 39-40).

브라질 도시 빈민의 일상적 경험 수준에서 도시는 "시민의 존엄성에 합당한 일상생활을 누릴 권리를 위한 투쟁"의 기반이 된다(Holston 2008: 313). 제임스 홀스턴(James Holston)이 말한 "반란적 시민성(insurgent citizenshp)"은 현대 브라질 사회를 특징짓는 불평등과 시민권 차별에 맞서는 투쟁 성격을 갖는다. 그러나 반란적 시민성은 경합이 벌어지는 공공 공간의 재정의에 초점을 맞춘 행위와 요구에서만 모습을 드러내지 않는다. 이러한 요구는 "오이코스(oi-kos)[6]의 영역, 즉 멀리 떨어진 도시 변두리 지역의 자연발생적 거주지 주변에 형성된 가족생활의 사적 구역에서 (…) 가장 강력하고 독

6 사는 곳, 즉 집을 가리킨다(옮긴이).

창적으로” 표현된다(같은 쪽).

이러한 종류의 “오이코스의 정치화”(같은 책: 312)는 브라질의 도시 사회운동이 도시에 대한 권리에 초점을 맞춘 대중 동원을 발전시키는 기반이 된다. 운동하는 사회에서 반란적 시민성은 표적 투쟁을 통해 도시를 전유하고 이용함으로써 새로운 공간 형태를 창출한다. 반란적 시민성이 반드시 급진적 사회 변화나 집단적 해방을 지향하는 과정인 것은 아니다. 그것은 가족이라는 사적 영역의 한 가운데에 집단 행위와 커머닝의 씨앗을 심는다. 따라서 오이코스의 정치화는 요구사항을 개발하고 권리를 획득하는 수단일 뿐 아니라, 가족 관계와 집 내부의 공간 배치를 재정의하는 창발적인 과정이다. 운동은 집단적 창의성에 추진력을 부여함으로써 이 과정을 촉진했다. 그 결과 집은 더 복잡한 배치로 재구성되고, 지역 사회에 더 개방적이며 덜 위계적인 공간으로 변모했다. 브라질 사회의 주거 단지와 아파트의 배치는 사회적 불평등의 결과라는 점을 기억해야 한다. 테레사 칼데이라(Teresa P. R. Caldeira)의 관찰처럼, “폐쇄적인 콘도미니엄”은 “장벽의 도시” 상파울루의 중산층 및 상류층 주거 건물의 모델이 되었다(Caldeira 2000: 257). 그 결과로 생긴 “안전의 미학”은 도시 전체에 퍼지는 경향이 있으며, 변두리 지역의 자가 건축 주택에서도 울타리에 사회적 지위를 부여한다(같은 책 293-5).

상파울루는 양극화된 도시들 중에서도 극단적인 경우를 대표한다고 할 수 있다. 양극화된 도시는 계급, 부족, 또는 문화적 구분만

이 아니라 공간적 구분을 만드는 기초가 된다. 폐쇄형 주택 단지는 도시 중산층의 지배적 주택 형태가 되는 경향이 있다. 폐쇄적이고 통제 가능하며 '안전한' 주거지역의 형태는 중산층 또는 하층 계급의 도시 상상계(urban imaginary)에도 효과적으로 침투해 있는 것 같다. 하트와 네그리의 말을 바꾸어 말하면, 오이코스의 정치화는 "공동의 것을 변질시키는" 이러한 경향들과 암묵적으로 또는 노골적으로 충돌한다. 이러한 경향들은 접근이 통제된 고립영토의 벽 안에 도시의 공공 공간(거리와 공원)을 가둠으로써 공공 공간을 집단으로 사유화된 공간, 즉 낯선 사람을 내몰고 "운 좋은 만남"을 방해하는 공간으로 만든다(Hardt and Negri 2009: 254). 초기 자본주의적 농기업(農企業)이 설치한 공유지의 울타리를 연상시키는 방식으로, 폐쇄형 주택 단지에서 "공동의 것은 재산으로서 울타리에 가두어진다"(Hardt 2010: 349).

커머닝은 다양한 수준에서 조직화된 집단 행위로 나타난다. 브라질의 도시 운동, 특히 노숙자 운동 과정에서 이뤄진 커먼즈의 생산을 위한 첫 번째 단계는 토지 점유를 조직하는 것이다. 큰 부지를 차지하기 위해 조직된 토지 없는 농민운동이든, 사용하지 않는 빈 건물을 차지하기 위해 조직된 도시 노숙자 운동이든, 이러한 운동들은 커머닝을 지향하는 '형성 중인 공동체'를 주조한다. 이 단계에서 커머닝은 연대의 공동체를 만드는 것, 그리고 새로운 커머너 공동체가 부과한 규칙에 따라 점유한 토지를 공동 자원으로 전유하는 것과 관련이 있다. 다음 단계는 집단적 의사결정과 행위를 통해 공동거주(cohabitation, 빈 아파트에 정착하거나 아파트를 분할 거주하기) 형태를 조직하는 것이다. 이 과정에서 새로운 형태의 커먼즈가 만들어진다. 우선 공동 지식, 즉 건축 기술과 주거 요구사항 및 절차에 관한 지식이 생성되고 공유된다. 도시 운동 세력은 이것을 임시로 '집'을 만드는 데 참여하는 모든 사람의 지원과 공동거주의 실천에서 매우 중요한 점이라고 여긴다.

점유의 형태와 과정은 커머닝 실천에 직접 영향을 끼친다. 민병대(Brigadas Populares, 벨루오리존치(Belo Horizonte)의 노숙자(Sem Teto)—'지붕 없이 사는 사람'들이라는 의미—운동)의 한 대원이 관찰한 것처럼, 공동거주 공동체를 구축하는 측면에서 볼 때 토지와 건물 점유 사이에는 상당한 차이가 있었다.[7] 아파트를 점유한 사람들은 아파트 공간 구조의 특성상 자신이 차지한 아파트라는 소우주에 매몰된다. 그러면 가구들은 공동공간의 형성, 공동 방식의 공간 관리 및 유지·보수, 그리고 점유한 건물을 방어하기 위한 공동 조직 형태를 만드는 커머닝의 실천으로부터 멀어지는 경향이 있다. 이러한 문제에 대응하기 위해 토지 점유는 다른 사람들과 새로운 공동체의 도움이 필요하다. 따라서 자치적으로 건설한 정착지에서 커머닝은 이데올로기적으로 바람직할 뿐 아니라, 필요하고 도움이 되며 만족스러운 과정으로 인식된다. 커머닝의 윤리는 커머닝의 실제 실천과

7 민병대원에 대한 저자의 인터뷰는 2010년 11월에 진행되었다.

나란히 발전한다.

점유한 토지에 정착지를 만들고 배치하는 데 있어서 커머닝의 중요성에 대해 많은 이야기를 할 수 있다. 예를 들어, 상파울루 주변의 주앙 칸디도(João Candido) 정착지에 정착민 공동체가 사용할 공동 공간이 만들어졌다.[8] 이 공간은 총회를 위한 열린 공간과 이를 마주하는 커뮤니티 센터로 이뤄져 있었다. 이 커뮤니티 센터의 막사에서 정착촌의 아이들에게 수업이 제공되었고, 다양한 위원회의 회의와 총회가 열렸다. 유사한 도시 운동과 마찬가지로 치안위원회, 공동취사위원회, 보육위원회, 실업자지원위원회 등 공동체의 운영에 필요한 서비스를 전문으로 하는 위원회가 조직되었다.

주앙 칸디도의 조직화된 정착지와 조직화되지 않은 임시 정착지, 특히 상파울루 주변에 개발 중인 빈민가(favelas) 정착지의 차이는 엄청나다. 주앙 칸디도처럼 조직화된 정착지의 사람들은 그들의 '집'만이 아니라 정착지 전체를 돌본다. 집단 사용을 위한 시설들(예를 들어 물탱크, 쓰레기 수거장, 동네 난로 등)이 만들어지고, '거리'의 배치와 유지·관리 또한 커머닝의 실천을 보여준다. 거리는 '잔여적인' 필수 공간이 아니라, 집단적 결정과 집단적 작업을 통해 만들어진 공간이다.

운동의 결과로 지방정부로부터 주택 공급 정책의 긍정적 변화를

---

8 이어지는 관찰은 2009년 9월 주앙 칸디도 정착촌을 방문해 주민 및 MTST 활동가와 토론한 것을 기반으로 한다.

끌어낸 경우, 새로운 수준의 잠재적 커머닝이 만들어졌다. 상파울루 사포펨바에 있는 주타조합(União da Juta)을 예로 들어보자. 여기에서 활동하는 노숙자 운동 조직 '땅 없는 사람들의 동쪽 1번지(Sem Terra Leste 1)'의 지속적인 노력과 행동 덕분에, 상파울루 주정부는 160가구의 정착을 위한 토지 제공에 동의했다. 그러나 이 운동 단체는 지역 정부와 민간 건설업체가 시행할 사회주택 프로그램에 동의하지 않았다. 그들은 공동체 주민들을 직접 참여시키는 프로젝트의 계획, 건설 및 관리를 요구했다.

USINA(Centro de Trabahlos para o Ambiente Habitado, 주거환경작업센터)의 역할은 이러한 맥락에서 매우 중요했다. 참여 계획[9]을 전문으로 하는 USINA는 이 운동의 건축 및 도시계획 분야 협력자가 되었다. 그 과정에서 커머닝의 중요한 측면이 발전했다. 즉 USINA는 가계 간 상호 협조 형태인 무찌라오의 농촌 전통에서 착안해, 공동체 구성원들이 공통 작업과 자기 능력을 기반으로 주택 단지의 설계 및 건설에 참여하는 방법을 제안했다. USINA의 한 보고서는 다음과 같이 설명한다. "도시 '무찌라오'의 경우, 사회 변화의 교육학적 과정은 토지와 공공 자금에 대한 접근을 위한 투쟁에서 사람들의 조직화와 함께 시작된다. 그것은 프로젝트의 집단적인 정의로 계속되고 마침내 구조물로 공고해진다"(USINA 2006: 17).

9 참여 계획은 도시계획 과정에서 주민들의 적극적인 참여를 중시하고 그들의 참여를 촉진하기 위해 노력하는 도시계획 패러다임이다(옮긴이).

프로젝트는 몇 년에 걸쳐 이루어졌다(1992-98). 사람들은 이제 그들이 직접 지은 집에 살면서 집단적 결정을 내림으로써 프로젝트의 모든 단계에 참여한다. 커머너 공동체의 형태로 조직된 주민들의 연합체는 커뮤니티 센터, 60명의 어린이를 위한 커뮤니티 보육원, 커뮤니티 베이커리 등을 포함한 주택 단지의 관리를 책임지고 있다.[10]

엄밀히 말해서 도시 환경에 속하지는 않지만, 점유한 토지에 조성한 MST(Movimento dos Trabalhadores Rurais Sem Terra, 무토지농촌노동자운동) 아그로빌라(agrovilas, 농촌 마을)의 구조는 정착지를 성장시킨 커머닝 절차를 보여준다. "주택들은 각 농민의 개별 토지에 지어지는 것이 아니라 한 곳에 함께 집단화된다"(Zibechi 2007: 122). 이에 따라 공동 서비스와 자원을 갖춘 정착지가 만들어질 뿐 아니라, 공동 건물들을 정착지에 편입시킬 기회가 생긴다. MST는 구성원들에게 독특한 대안 훈련 및 교육 프로그램을 지원하고, 공동 건물들은 이러한 활동을 수용한다(지베치가 보고한 바 있는 포르투 알레그레의 비아마오 근처에 있는 '데피 아그로빌라의 아이들'의 경우처럼). 따라서 아그로빌라는 다른 사회를 지향하는 작은 커뮤니티의 실험실이 된다.

MST 경험의 영향을 받아 노숙자 운동(MTST)은 '도농 정착지(as-

---

10 2009년 9월, USINA 회원들과의 토론은 도시 운동에 대한 참여를 명확히 이해하는 데 매우 도움이 되었다.

sentamentos rururbanos)'라는 실험적 공동거주 모델을 개발했다. 마르셀로 로페스 드 소우자(Marcelo Lopes de Souza)에 따르면, "이 전략의 핵심은 도시 변두리에 도시 노동자를 위한 정착지를 건설하려는 시도다. 그곳에서 사람들은 채소를 재배하고 작은 동물을 사육해 기본적인 필수 영양을 충족함으로써 시장에 덜 의존한다"(Souza 2006: 382). 비록 실패로 끝났지만, 이 전략은 도시-농촌 간 대립을 극복하려는 시도와 커머닝의 생존 과정을 매우 흥미롭게 융합하고 있다.

우리가 보았듯이 다양한 수준의 움직임과 실천을 통해 커머닝 과정은 브라질 도시 운동을 특징짓고, 이에 상응하는 형태의 공간 생산과 사용에 큰 영향을 끼친다. 정착지의 '주택들' 사이나, 점유 아파트 또는 자주관리 무찌라오 주택 단지의 아파트 사이에 형성된 공간을 '공공 공간'이라고 설명하는 것으로는 충분하지 않다. 조직화된 '커머너들'의 건설 및 거주 실천으로부터 새로운 형태의 '수행' 및 '실천' 공간뿐 아니라 새로운 종류의 공간이 등장한다. 우리는 이 공간을 사적 공간 및 공적 공간과 구별하기 위해 '커먼(common)'이라고 부를 수 있다. 커먼 공간, 즉 공동공간에서 사람들은 단순히 당국(지방정부, 국가, 공공기관 등)이 제공한 공간을 사용하는 데 그치지 않는다. 사람들은 자기들의 집단적 필요와 열망에 따라 이러한 종류의 공간을 주조한다.

공동공간은 공유된 공간이다. 공공 공간이 당국에 의해 일정한 조건에 따라 사람들에게 '주어진' 공간이라면, 공동공간은 사람들이 '쟁취한' 공간이다. 공동공간 공동체는 공간을 점유하고 공유할 수 있는 공동공간으로 변형시키는 과정에서 발전하며, 공유가 어떻게 수행되어야 하는지에 대한 규칙은 공간을 커먼으로 생성하는 과정에서 개발된다. 그러나 이러한 규칙과 당국이 부여하는 공공공간의 규칙 사이에는 중요한 차이가 있다. 이러한 규칙은 당국의 개입 없이 다양한 그룹들과 개인들의 타협으로 만들어지고 수정되므로 여전히 다툼의 여지가 있다. 공동공간이 커먼으로서 유지되기 위해서는 용도와 성격에 대한 발전된 형태의 논쟁과 합의에 따라 권력의 축적을 방지할 수 있는 장치가 마련되어야 한다. 특히, 어떠한 형태일지라도 공간을 지배하는 권력의 축적은 반드시 막아야 한다.

이러한 운동 행위를 통해 발전하는 공동공간은 사이 공간이고 문턱공간이다. 공공 공간에는 정체성, 즉 존재(어떤 당국에 속한다(belongs to)는 의미)의 표식이 존재하는 반면, 공동공간은 그 정체성이 끊임없이 재정의되는 경향이 있다. 즉, 공동공간은 우연히 생겨나고 집단 행위를 통해 모양이 결정된다. 따라서 공동공간은 평등하다고 간주되는 구성원들의 참여 과정을 통해 조직되는 공동체가 지속해서 재창조하는 공간이다. 그러므로 공동공간은 운동하는 공동체, 즉 도시 운동의 촉매 활동을 통해 운동하는 사회에서 만들어진 공동체여야 한다. 운동하는 공동체는 고립된 소우주—설사 이 소우주가 '해방된' 거점으로 등장한다고 하더라도—를 만들고 방어하는 실천을 지향하는 공동체가 아니다. 운동하는 공동체는 "항상 깨어 있고, 공동의 것을 향해 항상 관대한 성향"을 갖는다(Zibechi 2010: 136). 정말로 깨어 있어야 한다. 커머닝의 과정을 계속 살아 있게 한다는 것은 어떤 권력 축적에도 맞서 싸우는 것을 의미하기 때문이다. 예를 들어, 다양한 무찌라오 건설 사업에서 주민 연합체는 업무 교대에 세심한 주의를 기울였다. 참여는 생산과 교육을 동시에 수행하는 과정이다. 이러한 집단 경험은 가장 어려운 목표, 즉 육체노동과 정신노동 간 차이의 철폐까지도 추구한다(USINA 2006: 33).

정말로 관대해야 한다. 커머닝은 단순히 균형 잡힌 거래 행위가 아니기 때문이다. 때때로 사람들은 받은 것보다 더 많은 것을 줘야 한다. 관대함은 공동체를 집단적 해방과 평등으로 이끄는 '커머닝으로서의 공유(sharing-as-commoning)'를 추진하는 힘이다. 커머닝이 창조하는 것은 새로운 형태의 집단적 주체화이기 때문이다. 공동공간의 창조를 통해 사람들은 자신과 그들의 공동체를 변화시킨다.

"문턱 경험에 숨은 지혜는 정체성의 경계를 개방하고, 말하자면 불확실성, 양면성, 혼종성 등의 중간 지대, 즉 절충 가능한 가치의 구역을 생성해야만 타자성에 접근할 수 있음을 깨닫는 데 있다"(Stavrides 2010b: 18). 공동공간은 차이들이 만나는 장이다. 그리고 공동공간에서는 공간의 정체성 부여와 정의를 둘러싼 권력 다툼이 허용되지 않는다. 공동공간이 공유되는 공간이라면, 이용-생산자들은 받는 것이 아니라 주는 법을 배워야 한다. 따라서 공동공간을 본질적으로 "공여된" 공간으로 묘사할 수 있다. 공간 커머닝은 상호성의 조건으로서 공유를 전제로 한다(De Angelis and Stavrides 2010: 23). 커머닝은 상호 역할 교환을 가능케 하는 공여의 한 형태라고 할 수 있다.

사회주택과 공동공간의 추구

사회주택은 공동공간이 채택할 수 있는 중요한 공동거주 양식이다. 사실 '사회주택'이라는 용어는 옥스퍼드 전자사전이 제시하는 "정부 기관이나 비영리 단체가 저소득층 또는 특별한 요구를 가진 사람들에게 제공하는 주택"의 모든 종류를 포괄하기에는 부적절한 용어다. 그러나 사회주택 프로그램이 명목상으로는 이윤 추구 논리가 아니라 사회복지 논리에 기반을 두고 있다는 점에서, 우리는 그 용어를 포괄적으로 사용할 수 있다.

적어도 근대건축 운동의 선구적인 선언(Conrads 1971) 이후, 특별히 공유 공간에 초점을 맞춘 건축 및 도시계획의 대상으로 사회주택이 어떻게 재창조되었는지 관찰하는 것은 흥미롭다. 사회주택 단지에는 공동 이용 공간이 명시적으로 설계되었으며, 그 공간이 도시 공공 공간뿐 아니라 사적 공간과 맺는 관계는 언제나 중요했다. 사회·문화적 맥락에 따라서 공동 이용 공간은 해당 단지의 계획된 생활이나 실제 생활에서 다른 중요성을 지녔다. 그러나 단지의 거주자(또는 그 하위 그룹) 사이에서 공유 공간으로 간주되는 공동공간의 사회적 의미 및 기능과 관련해, 그 결과를 이러한 공간과 도시 커머닝 실천의 연관성을 탐구하는 관점과 비교해 볼 필요가 있다.

1920년대와 1930년대는 주로 유럽에서 중요한 건축 관련 실험이 일어난 시기였다. 이러한 실험의 사회경제적 맥락이 노동자와 저소득층에 대한 지원 정책을 만드는 데 결정적인 역할을 했다. 도시 자체가 새로운 사회의 실험실로 취급되던 시대였다. 바이마르 독일의 베를린과 프랑크푸르트, 붉은 빈[11]과 소비에트 러시아의 대도시들은 새로운 건축 실험의 도가니가 되었다. 그리고 그와 같은 선구적 건축 실험의 중심에 '주택'이 있었다. 주택 건축 실험은 규모, 실용성, 추구하는 이상향의 측면에서 다양한 차이가 있었으나, 도시 공간이 다양한 '새로운 사회'를 능동적으로 형성할 수 있다는 믿음을 공유하고 있었다.

물론 내가 여기에서 모더니즘 건축의 사회적 비전에 대한 상세한 평가나, 주요 현대 도시의 형태를 형성하는 데 영향을 끼친 대량 주택 설계의 역할을 탐구하려는 것은 아니다. 이 장에서는 농촌의 전

---

11 1918-34년에 오스트리아 사회민주당이 다수당을 차지하며 장기간 통치한 빈을 가리킨 별칭이 붉은 빈이다. 사회민주당은 이 시기 총선에서 패배하고 다른 지역의 지방선거에서 다수당의 지위를 잃었지만, 수도인 빈에서는 다수당의 지위를 유지하며 사회주의 정책을 추진했다(옮긴이).

통적인 공동체와 구별되는 형태의 공동생활 확립이라는 목표에 준해 설계되고 생산된 주택 단지에서 공동공간 개념의 출현 가능성을 찾으려 노력할 것이다. 독일 건축가들은 정신적으로나 사회적으로 "새로운 공동체"를 요구했는데, 그 안에서는 "혁명 정부가 지원하는 건축이 새로운 국가의 시민들에게 강력한 교육적 힘으로 작용할 것이었다"(Miller Lane 1985: 41). 이 상황에서 공동공간은 어떻게 이해되었을까? 공동공간의 핵심 특징은 바로 공간의 형태에서 찾을 수 있다. 새로운 도시 공동체들은 그 공간 형태를 고유한 것으로서, 공동체 구성원들 사이에서 다양한 방식으로 공유되는 것으로 인식했다.

독일의 바이마르공화국 시대(1919-33)에 주택 문제와 관련한 활발한 토론과 실천에 기여한 두 가지 중요한 요소가 있다. 첫 번째는 파괴적인 전쟁 이후에 나타난 새롭고 저렴한 주택에 대한 절실한 요구였고, 두 번째는 새로 선출된 사회민주당 정부와 대중 모두에게 영향을 준 모더니스트 건축가들의 아이디어였다.

베를린 최대의 주택협동조합 중 하나의 수석 디자이너가 될 예정이었던 선구적인 모더니스트 건축가 브루노 타우트(Bruno Taut)는 자신의 수많은 출판물에서 "비정치적 의미의 사회주의, 정치를 넘어선 사회주의"의 "사회적 이상"에 대해 이야기했다(Miller Lane 1985: 48). 타우트는 건축가들에게 사람들이 미래의 이 유기적 공동체를 수용할 "위대한 건축 구조물의 유기체적 구성원(Glieder)"(같

은 책: 49)이 될 수도 있음을 깨닫도록 도와 달라고 요청했다. 바이마르의 데사우에 있는 유명한 바우하우스 건축 학교의 설립자이자 건축가인 발터 그로피우스(Walter Gropius)도 초기 저작에서 새로운 건축이 표현하고 수용할 미래 공동체를 명시적으로 언급했다. 그의 개념은 중세의 웅장한 대성당 건설에서 나타난 예술과 공예의 일관성에 크게 영향을 받았으며, 심지어 그는 "미래의 자유 대성당(들)"을 만드는 과정에서 건축이 수행할 사회적 역할을 상상하기까지 했다(같은 책: 49).

당시 바이마르 시대의 사회주택은 저렴한 주택 공급뿐 아니라 계획된 복지 도시의 모범 사례를 보여주기 위해 만들어졌다. 당시에 건설된 대부분의 주택 단지가 "영국 전원도시 운동에서 큰 영향을 받아" 독일 대도시 변두리에 있던 이유도 거기에 있다(Urban 2012: 11). 따라서 에른스트 메이(Ernst May)가 도시의 새로운 모델로 제시한 뉴프랑크푸르트는 뚜렷한 교외적 특성을 띤 대규모 주택 지구의 연결망으로 구상되었다. 그는 "트라반텐프린치프(Trabanten-prinzip, 반자치적 핵으로 분할된 도시의 개념)"(Tafuri 1990: 206)라는 계획 원리를 주창했는데, 이 원리는 주택뿐 아니라 교회와 학교 같은 중요한 공공 시립 건물과 기타 커뮤니티 시설을 포함할 미래 도시의 요소들을 생산하는 것을 목표로 한다(Miller Lane 1985: 102).

그로피우스는 베를린 외곽의 "협동조합 도시(cooperative city)"를 위한 자신의 프로젝트에서, 메이가 프랑크푸르트에서 계획하고 건설한 도시 모델을 상당한 규모의 도시계획 운동으로 정립하려는 구상을 갖고 있었다(Tafuri 1990: 222). 두 사람 모두 건설 이력이 없는 토지에 완전히 새로운 건축물로 미래의 공동체 도시(communal city)를 건설하는 것이 바람직하다는 아이디어를 주장하는 것으로 보인다. 그러나 기존 대도시 외부에 이러한 새로운 주택 지역을 만든다는 구상은 공동공간의 설계에 중요한 특성을 부여했다. 새로운 주거지역(지들룽(Siedlungen))에서 사람들은 공동체 시설과 야외 공간을 공유하게 될 것이었다. 그들이 구상한 야외 공간은 도시의 공공 공간 및 공공건물 연결망의 일부로 편입될 수 없다.

사회주택 계획의 모더니즘적 혁신 논리에서 필수 요소는 최저주거기준(Existenszminimum)에 대한 아이디어였다. 속도와 표준화에 기반을 둔 건설 기술의 개발과 비용 절감의 긴급한 필요 때문에 계획자와 건축가는 개별 주택의 공간을 줄이고 변형이 제한된 유형을 고안해야 했다. 이러한 요구는 새로운 형태의 공동체 생활 개발이라는 목표와 연계해 공동체 시설과 공동체 건물이 개별 주택의 기능 일부를 소화하는 다양한 제안을 만들어 냈다. 레크리에이션과 세탁뿐 아니라 공동 식사, 보건, 보육 등이 그 기능에 포함된다. 우리는 실제로 러시아 구축주의자들(constructivists), 독일 바우하우스 건축가들, 빈의 시립 건축가들이 따랐던 다양한 경로를 추적할 수 있는데, 그들은 일상적으로 공유하고 사용하는 공동공간을 중요하게 생각한다는 공통점을 지닌다. 중요한 차이점은 새로운 도시 주택의 구조에서 기인하는 자립의 정도였다.

뉴프랑크푸르트는 교외 지역의 핵으로서 구상되었다. 따라서 계획의 목표는 자립이었지만, 그것은 새로운 지역을 외부와 분리하는 대가를 치러야만 이루어질 수 있었다. 공동거주 공동체의 생각과 경험은 주민들의 유사한 계급적 특성과 공동 시설의 이용에 기반을 두었고, 이는 사회적 유대와 습관의 공유를 만들었다. 공동공간은 계획적으로 조성되었으며, 개별로는 해결할 수 없는 공통의 요구를 가진 거주자들을 기능적으로 결속시키기 위한 것이었다. 모더니즘의 지배적인 기능주의 논리는 공유와 필요를 거의 동일시한 것으로 보인다. 따라서 새로운 정신적·사회적 형제애는 기능적인 '전원도시'의 위생적이고 생산적인 전망에 초점을 맞춘 합리적이고 효율적인 계획의 전제조건이라기보다는 결과로 봐야 할 것이다. 그러나 이러한 종류의 공동체(와 이를 위해 생성된 공동공간)는 외부와 분리·격리된 균일한 공동체의 성격을 띠며, 다른 공동공간 및 공공 공간과 연결될 수 없는 공동체가 되고 만다.

협동조합 지들룽은 "해방된 노동"의 합리성을 표현함으로써(Tafuri 1990: 214), "자본주의 도시 전체에 대한 대안"의 이미지를 제공할 목적으로 계획되었다(같은 쪽). 그러나 지들룽 사회주택 단지는 확장하는 커머닝 연결망을 확립하지 못했으며, 불안정한 고립영토로 축소되었다. 이러한 사회주택 단지 중 일부에서 혁신적인 반(反)인클로저의 역동성이 만들어지면서 건물들 사이에 있는 열린 공간의 성격을 변화시켰다. 건물들을 거리와 나란히 배치하거나 내부의 중정(中庭) 주위에 배치한(19세기에 주로 사용한 배치) 주택 지구 모델에서 탈피해, 건물들 사이사이에 대규모 열린 공간이 자리 잡은 자유유동(free-floating) 건물(종종 키가 큰)이라는 모더니즘적 개념이 도입되었다. 이러한 종류의 계획은 단지의 공동공간에 삼투적 경계를 만들었다. 예를 들어, 건물을 주변의 거리와 수직으로 배치하는 "손가락 모양 계획"(Miller Lane 1985: 90)은 건물들 사이의 공간을 일반인들이 접근할 수 있도록 개방했으며, 이러한 공유 공간은 도시 공공 공간의 연결망에 점차 통합되었다. 전쟁 전 만들어진 사회주택 단지가 도시의 조밀한 구조의 일부가 된 현재는 그러한 특징들이 더욱 두드러지게 나타난다.

붉은 빈의 주택 단지들은 독일의 주택 단지들과 상당히 달랐다. 특히 붉은 빈은 지방정부가 사회주택 단지들에 있는 공동공간의 성격에 직접 관여했다는 점에서 달랐다. 이브 블루(Eve Blau)가 보여주듯이, 사회민주당은 "교외의 지들룽보다 도시의 공동체건물(Gemeindebauten)을 건설"하기로 결정했다(Blau 1999: 172). 따라서 붉은 빈 지방정부는 도시 외곽이 아닌 빈의 경계 내부에 주택을 짓기로 결정했다. 자립적이거나 반자립적인 고립 도시를 설계하는 대신, 빈의 건축가들과 계획가들은 기존 도시 조직에 대규모 건물 단지를 끼워 넣는 방법을 찾아야 했다. 언뜻 보기에 그들이 선택한 유형은 건물들을 내부 중정 주위에 배치한 기성 주택 지구와 유사했다. 그러나 도시건설국의 혁신적 지침은 공동공간의 용도와 형태에 결정적인 영향을 끼쳤다.

"붉은 중정(Red Höfe)"은 중정 지역에 공동체 시설이 있었고, 공동 세탁실, 유치원, 그리고 어떤 경우에는 공동 부엌과 식당을 위한 건물들이 있었다(같은 책: 213). 작은 도시 광장과 비슷한 크기의 중심부 중정은 공용 공간과 사적 공간 모두에 접근할 수 있는(같은 책: 228), 거주자들을 위한 주요 공동공간이 되었다. 중요한 점은 이 중정을 문이나 기념비적 조형물이 외부의 공공 공간과 분명히 분리했지만, "외부인들"도 중정에 접근하고 중정을 사용할 수 있었다는 것이다(지금도 여전히 그렇다). 빈의 전통적인 주택 중정과 비교할 때 이 공동공간은 외부에 더 개방적이었다(같은 책: 230). 그러나 전체적인 공간 배치가 공간화된 집단적 정체성을 기반으로 한 폐쇄형 공동체 같은 인상을 준다는 점을 부정할 수는 없다. 나치에 저항하는 노동자 거주자들은 이 주택 단지들을 '붉은 요새'로 해석했는데, 실제로 그렇게 된 때는 뒤이은 격동의 시기였다(Zednicek 2009: 15).

붉은 빈과 바이마르공화국 도시들의 공동공간은 주민들의 일상생활에 공동체적 측면을 도입하거나 장려하기 위해 계획되고 제공된 공간이었다. 공동으로 조직된 새로운 사회의 발전이라는 관점에서 이러한 계획 행위를 '교육학적'이라고 간주할 수도 있다. 그러나 거주자들은 역사적 맥락뿐 아니라 깊이 뿌리박힌 문화적 습관 때문에, 건축에 내재한 잠재적 의미를 충분히 살리지 못했다. 예컨대, 여성들에게는 가사 부담을 약간 덜어줄 수 있는 편의 시설이 제공되거나 최소한 그러한 부담을 공유할 기회가 제공되었다. 기계식 공동 세탁소는 공동공간으로서 노동자계급 여성들에게 사교의 기회를 제공하고, 스스로 (가사 노동을 하는) 노동자로서 등장할 기회를 제공함으로써 여성들의 해방을 도왔을 수 있다. 하지만 실제로는 그렇지 못했다. 블루는 공동체건물이 "공적 생활공간과 사적 생활공간 사이의 경계, 가사 노동과 집 밖에서 수행하는 노동 사이의 경계, 가족과 더 큰 공동체 사이의 경계"를 흐리게 했다고 주장한다 (Blau 1999: 215).

1917년 혁명 이후 소비에트 러시아에서 전개된 주택 정책은 훨씬 더 새로운 사회 건설과 연결되어 있었다. 혁명 직후부터 건축가, 도시계획가, 선출직 노동자 대표, 관료는 치열하게 교류하며 공산주의 사회를 예시하고, 더 나아가 그 사회를 창조할 도시와 주거 공간을 찾기 위해 노력했다. 그러나 스탈린주의의 전체주의적이며 교조주의적인 폭력에 의해, 치열한 교류가 이뤄졌던 모더니즘 예술 및 건축 생산의 격동기가 갑자기 끝나 버렸다. 1917년 이후 첫 몇 년 동안, 임시로 만들어진 주거 코뮌(housing communes)의 경험으로부터 시작해 공동거주자들의 "삶을 조직하는 새로운 방식을 시도하기 위한 시험대"로서 공유 공간의 의미와 질, 형태를 두고 거대한 논쟁이 펼쳐졌다(Khan-Magomedov 1978: 343).

도시 토지의 국가 소유와 다양한 수준에서 이뤄진 경제 및 토지 이용에 대한 중앙집권적 계획은 붉은 빈과 바이마르공화국의 주택 정책과 다른 맥락을 형성했다. 그럼에도 공동공간에 대한 혁신적이고 유망한 아이디어가 공식화될 수 있었던 것은 새로운 종류의 공동체 생활을 개발하려고 했던 공동거주자들의 다른 공동체를 향한 선구적 탐구 덕분이었다. 이러한 관점으로부터 1920년대에 개발된 중요한 새로운 주택 유형이 이른바 돔 코뮤나(dom-kommuna, 공동체 주택)였다. 아나톨 콥(Anatole Kopp)에 따르면, 돔 코뮤나는 "모든 범위의 서비스 및 시설 측면에서 자립적인 작은 코뮌으로서 기능하는 도시 요소"다(Kopp 1970: 130). 더 구체적으로 구축주의 건축가 그룹 OSA에 따르면, 돔 코뮤나는 "사회적 응축기"(Thomas 1978: 272 및 Kopp 1970)로서, 그리고 사회생활을 집단주의 조직 형태로 전환시키는 공간적 구조로서 간주되었다. 사회적 응축기라는 아이디어는 주택 생산의 긴급성, 주민들의 새로운 습관 형성, 그에 따른 새로운 건축 유형의 설계를 포괄한다. 이러한 혁신적인 디자인 제안은 기능주의적 효율성에 깊이 몰두하면서도, '새로운 사람'을 생산하는 정치적 프로젝트에 영감을 받은 건축가들이 세심하게 연구하고 심지어 '측정한' 새로운 집합적 습관을 공간적 배치로 구체화하기 위한 것이었다.

돔 코뮤나는 단순히 몇 가지 추가적인 공동체 시설을 갖춘 대형 아파트가 아니었다. 이전에는 개인 아파트의 일부로 여겨졌던 공간(주방과 식당, 세탁 장비, 휴식 공간)과 전체 도시의 공적 생활과 연결되었던 공간 및 시설(여가 활동 지역, 도서관, 보육원, 노동자 사교 회관 등)을 공유하는 건물/공동체였다. 따라서 다양한 종류와 형태의 공동공간이 존재했으며, 여러 방식으로 도시 공간 및 사적 공간과 연결되었다. 1920년대에 연구가 진행됨에 따라, 이 건축 유형은 건물의 사적인 부분을 희생시키고 건물의 공동체 또는 공동 부분을 확장함으로써 진화했다. 많은 전문가 중에서 건축가 니콜라이 세르게예비치 쿠즈민(Nikolai Sergeevich Kuzmin)은 "생활의 초집단화"를 제안했는데, 이는 매우 엄격하고 군대 같은 시공간 조직에서 공동체 주택의 일상생활이 이루어진다는 것을 의미했다(Kopp 1970: 152-5). 그러나 콥이 깔끔하게 정리했듯이, 이런 유형의 공동체 주택은 너무 "공동체적"이라서 더 이상 집이 아니었다(같은 책: 144).

돔 코뮤나 주택 유형에 대한 연구는 1930년대 초에 갑자기 멈추었을 뿐 아니라, 심지어 공산당의 결정에 따라 조롱과 비난을 받기까지 했다. 당은 돔 코뮤나가 쿠즈민과 유사한 견해를 가진 건축가들이 제안한 가장 화려하고 유토피아적인 제안과 같다고 보았다. 그러나 돔 코뮤나의 아이디어와 실험은 주택 단지에서 공적 공간과 사적 공간 사이의 관계를 재정의하는 것이 가능할 뿐 아니라, 새로운 종류의 공동체 공간을 창조할 수 있음을 보여주었다. 사회적 응축기라는 개념은 이미 공간 형태의 조직이 사회생활의 변화를 촉진하고 장려하며, 가속화하고 고취할 수 있다는 믿음을 내포하고 있다. "새로운 삶은 새로운 형태를 요구한다"(같은 책: 145). 공동공간은 이 새로운 삶을 형성하는 데 결정적인 역할을 했다. 그러나 이러한 공간이 자립적인 건물 공동체에 속해야 하는지, 아니면 기존 도시 전체로 확장되거나 새로 만들어진 도시에서 구현할 수 있는 공간 연결망의 일부가 되어야 하는지에 대해서는 논쟁의 여지가 있었다.

소비에트 아방가르드 계획가들의 실수 중 하나는 돔 코뮤나를 여기저기 복제해서 쓸 수 있는 기본 요소로 사용함으로써 새로운 도시를 설계하고 건설할 수 있다고 믿었다는 점이다. 그러나 실제로 "도시계획은 대규모 건축 이상의 의미를 지녔다"(Thomas 1978: 276). 돔 코뮤나 유형의 주택 집단주의를 옹호하는 도시계획가들의 생각이 현실화되었다면, 소비에트 도시들이 더 공동 지향적으로 되었을 것이라고 장담할 수 없다.

우리는 "근대 디자인의 패배"(Thomas 1978: 275, Kopp 1970: 235) 이후 1930년부터 줄곧, 건축이 집단적 해방 공간의 창출보다는 '사회주의 국가'의 기념비적 상징물을 생산하는 수단에 더 가까워졌다는 사실을 알고 있다. 1920년대 중반부터 새로운 주택 모델이 등장하기 시작했다. 셀림 오마로비치 칸-마고메도프(Selim Omarovich Khan-Magomedov)가 관찰한 것처럼, 공동체 주택이라는 폐쇄적인 시스템은 조립식 주택, 상점, 어린이 시설, 매점 등으로 구성된 대규모 주거 단지로 대체되고 있었다(Khan-Magowedov 1978: 346). 이때부터 소련의 마지막 날까지, 도시 환경의 모습을 결정한 도시계획의 긴 여정이 이어졌다(일부는 새로운 모델 도시로 제시됨). 1930년대 도시계획의 중대 전환은 공공 공간과 공공시설의 디자인을 지지함으로써 잠재적인 공동체 공간을 희생시키는 결과를 낳았다. 공공 공간은 대규모 단지의 거주자들이 사용하게 되어 있었지만, 그 공간은 거주자들의 잠재적 공동체보다는 국가와 더 밀접히 연관되었다.

러시아의 초기 모더니즘 건축가들이 이해하지 못한 것은, 공동공간은 새로운 사회관계를 위한 촉매제이지 사회관계를 주조하는 거푸집이 아니라는 사실이었다. 1945년 이후 개발과 동서 대립의 시대로 접어든 소련의 도시계획가들은 국가가 통제하는 생산 기구를 지원하는 기능적인 도시 환경을 구축하는 데 전념해야 했다. 공동공간은 섬세하고 맥락 의존적이기 때문에, 어떤 탈자본주의 사회에서 실험 기간에 건축가들과 활동적인 거주자들이 창조하는 매우 중요한 이론적·경험적 발명품일 수 있다. 그럼에도 '사회적 응축기'와 '돔 코뮤나'의 원형들은 공동공간의 속성과 특성을 탐구하고, 집단으로 조직된 공동생활을 지향하는 주거 실천 탐색의 귀중한 실험이자 아이디어다.

이러한 맥락에서 붉은 빈, 바이마르공화국의 도시들과 초기 러시아 도시 실험들은 유사성을 지닌다. 사람들 사이에 새로운 공동체적 연결을 지향하는 삶에 대한 탐색은 그 지향성을 장려하고 지속하며, 심지어 생성하기 위한 건축적 제안들과 연결되었다. 모든 경우에 중요해 보이는 것은 건축적 해법을 고안하고, 이용 및 집단적 전유를 통해 공동공간을 변형하는 과정에서 주민들의 참여가 부족했다는 것이다. 공동공간은 사람들이 적극적으로 모습을 결정짓고, 또한 그들이 공동공간으로부터 영향을 받을 때만 존재할 수 있다. 또한 사람들이 공동공간 안에서나 공동공간을 통해서 공유 실천을 계속 창조할 때만 존재할 수 있다. 공동공간은 원하는 공동체의 모습을 결정할 그릇이라기보다 공유를 통해 나타날 수 있는 일종의 공간성이다. 이 공동체를 강제로 존재하도록 만들거나 새로운 공동체에 공간적 경계를 부여하는 공동공간은 새로운 형태의 인클로저의 기반이 될 수밖에 없다. 건축적 해법은 공동공간 생성의 동학에 엄청나게 기여할 수 있다. 그러나 건축만으로는 설계된 공간이 공동의 공간, 즉 커머닝의 공간과 커먼즈로서의 공간이 되도록 보장할 수는 없다.

스스로를 재창조하는 도시 공동체

최근 아테네에 건설된 사회주택 단지의 현황과 공간 특성에 관한 연구를 통해, 우리는 공동공간 조성 계획과 설계의 측면에서 흥미로운 점을 발견할 수 있다. 이 연구는 공적 공간과 사적 공간 사이의 다양한 형태 관계, 그리고 이러한 관계가 어떻게 발전해 왔는지를 고찰했다.[12] 그리스의 사회주택은 다른 유럽 및 라틴아메리카 국가

12 연구 프로그램(NTUA 자금 지원, 2009-11): 그리스 도시에 건설된 사회주택 단지에서 공

의 유사한 프로젝트와 구별되는 두 가지 특징이 있다. 첫째, 단지의 많은 부분을 1922년의 대규모 인구 교환 이후 그리스계 난민을 위해 설계했다. 둘째, 모든 거주자를 (국가의 사회복지 기구로부터 아파트를 임차하는) 세입자가 아니라 자가 소유자가 되도록 설계했다. 1920년대에 이 프로그램들을 시작할 때부터 지원 대상 자격을 갖춘 사람들은 저가의 아파트를 저리(低利) 대출을 통해 구입하는 조건으로 재산권을 부여받았다.

은연중에 이 두 가지 특성은 아주 작은 아파트에서 제한된 시설로만 살아야 하는 주민들의 창의성을 촉발했다. 난민들은 대부분 소아시아의 도시민 출신으로서, 도시의 공적 생활로부터 얻은 풍부한 문화를 가지고 있었다. 따라서 그들은 빈곤과 부도덕한 행동이 만연한 지역으로 낙인찍힌 사회주택 게토(공공 문화와 일상적인 사교 습관 측면에서 아테네인들은 난민들에 비해 다소 보수적이었음)를 풍부한 공동체 생활 지역으로 변형시켰다.

난민 지역은 특히, 긴밀한 주민 간 교류 연결망을 통해 창의성을 커머닝하는 지역으로 발전했다. 허숀이 관찰한 것처럼, 이 연결망은 "내재적 모순을 가지고 있었다. (…) 왜냐하면 주고받는 행위는 지위의 불평등을 수반하지만, 이웃 관계는 평등주의적이고 보편적이었기 때문이다"(Hirschon 1998: 172). 사적 영역의 경계를 흐트러

공-민간 공간 관계의 변화. 연구팀: S. 스타브리데스(책임 연구원), M. 코파나리, P. 쿠트롤리쿠, F. 바트발리, C. 마라투, V. 지젤리.

뜨리지 않으면서도 이웃과의 연대와 상호 지원을 유지하는 사람들은 주로 여성들이었다(같은 책: 173). 커머닝은 공유와 뚜렷한 공유 습관을 지닌 지역을 만든 다차원적이고 다면적인 과정이었다. 또한 그 지역은 폐쇄적 공동체가 아니라 문턱공간, 즉 타자와의 교류와 열린 공공성을 창출할 수 있는 공간이었다. 난민들은 게토의 경계 너머로 그들의 세계시민주의적 도시 문화를 확장하면서 아테네의 공공 생활에 영향을 끼쳤다.

노동자주택기구(OEK, 국가의 복지 조직 중 하나)가 건설한 사회주택 아파트 거주자들은 기존 지역주민과 이주 난민을 막론하고 모두가 자가 소유자였으므로, 그들은 주택 단지 공간을 즉흥적으로 개조할 수 있었다. 아파트 공간을 확장하는 방식은 풍부하고 다양한 특징을 가지고 있었다. 예를 들어, 발코니를 여분의 방으로 변형하거나 일상생활의 일부를 복도나 안뜰, 테라스와 같은 공동 이용 장소에서 영위했다. 그 결과는 벤야민이 나폴리에 대한 그의 유명한 에세이에서 언급한 것과 유사했다. 아파트는 "사람들이 피해서 들어가는 피난처가 아니라, 그로부터 사람들이 흘러나오는 고갈되지 않는 저수지"다(Benjamin 1985: 147).

물론 커머닝의 실천은 종종 개인의 이익과 충돌한다. 특히 문화적 동질성이 결여된 노동자주택지구의 단지에서는 계급적 동질성만으로 공동공간의 변형 및 유지를 위한 주민의 연대 또는 공동 행동을 창출하기가 쉽지 않았다. 앞서 언급한 연구에서 발견할 수 있듯이, 커머닝은 '이방인'과 '타인'을 배제함으로써 공동체의 공동 재산을 보호하고 유지하는 실천으로 변질되는 경향이 있다. 공동공간(또는 커먼으로서 이해되는 어떤 재화)이 폐쇄적 공동체와 연결될 때 커머닝은 집단적 사유화의 실천으로 변질된다.

커머닝은 공동공간을 만드는 동시에 공공 공간을 변형시킨다. 커머닝은 개인 주택 공간의 형태에 직접 영향을 끼친다. 도시 운동의 발전과 함께 나타나는 잠재적인 사회 변화는 가구(家口)들이 변화하는 방식에서 관찰할 수 있다. 가구들은 내부적으로는 커머너들의 소공동체가 됨으로써 변하고, 외부적으로는 가구들과 공동체 조직 사이에 새로운 종류의 관계를 발전시킴으로써 변한다. 변화하는 여성의 역할은 이 과정에서 핵심이다(Zibechi 2007: 246). 지베치에 따르면, 여성은 종종 노골적인 지도자로서가 아니라 이웃하는 가구 간 일상 교류로 만들어지는 기존의 협력 연결망을 지원하고 확장함으로써 대중 투쟁에 영향을 끼친다. 이처럼 일상적으로 정보와 서비스를 교환하는 행위는 사회성의 구조를 직조하는데, 그 과정에서 여성은 중심 역할을 한다. 이러한 맥락에서 "공적인 것도 아니고 사적인 것도 아닌 새로운 어떤 것인 가구 공간을 창조하는 데" 기여하는 새로운 가족 형태가 등장한다(Zibechi 2012: 39).

이미 언급한 소아시아 난민 정착지에서 발전한 일상적 연대 연결망에서와 같이, 라틴아메리카의 여성들은 특정 공공 공간(예컨대 노천 시장)에 자리를 잡음으로써 반체제 행위들과 운동 방안들의 연결망을 강화하거나 심지어 새로 구축하기까지 했다. 그렇게 그들은 오이코스의 영역과 관련한 책임과 권리를 여성에게만 부여하는 지배적이며 젠더화된 역할 분류에서 해방되었다.

이러한 맥락에서 칠레의 자치적 도시 정착지와 이를 대체한 사회 주택 단지의 공간 논리(Zibechi 2007: 209-11에서 언급됨)를 비교하는 것은 의미가 크다. 그 정착지 사람들은 그곳에 거주함으로써 그들의 공간을 생산했다. 더욱이 그들은 집단으로 그들의 공동 구역을 다공성의 공간으로 인식해 개인 주택과 공동공간 사이의 삼투를 허용했다(그러나 정착지의 외부 경계는 다소 단단했고, 공동체 권력이 미치는 범위를 나타내는 것으로 인식될 수 있었다). 그 사람들은 새로 지은 사회 주택 단지로 강제 이주하게 되었을 때 공동체에 대한 소속감을 잃었다. 공간은 파편화되어 있었고, 정확히 계측한 사적 용도와 공적 용도의 지역으로 명확히 구분되어 있었다. 후안 카를로스 스케웨스(Juan Carlos Skewes)에 따르면, 이것이 바로 연구자 지베치가 언급한 "여성 영역으로부터 남성 세계로의 이전"이 효과적으로 강제되는 방법이다(같은 책: 211). 민중은 위기의 시기나 국가가 그들을 돌보지 않을 때, 생존을 위해 가구나 가족 연결망의 즉흥적 창의성에 의지한다. 그리고 때때로 '기층민' 투쟁의 창의성을 지원하는 것도 이러한 연결망이다.

커머닝은 행위의 주체를 창조한다. 잘 알려진 것처럼, 단순히 행위가 행위자를 정의하는 방식이 아니다. 커머닝은 집단적 정체성을 구성하고 수행하는 방식을 변화시킨다. 사람들은 집단으로 커먼즈를 생산함으로써 자신을 창조한다. 집단적 정체성은 소속 공동체의 정체성이 아니다. 여러 커먼즈를 발명하고 실험하는 '운동하는 공동체'가 공간과 제도를 발명하면서 자신을 만들어 나가는 한, 이 공동체는 형성 중인 공동체가 된다. 그것을 하나의 이름이나 하나의 정체성으로 요약할 수 없다.

그러한 공동체는 공동의 것을 생산하고 확산한다. "우리가 함께 생산한 것을 집단으로 전유하는 조직적 힘이 커먼즈의 제도"라면 (Roggero 2010: 370), 운동하는 공동체는 끊임없이 조직되는 과정에 있다. 조직의 형태는 시험되는데, 이는 혁신이나 효율성을 추구하기 때문이 아니라 수단이 항상 목적에 맞춰져 있기 때문이다. 중요한 것은 고정된 정체성이 아니라, 평등, 연대, 공동 책임 같은 강력하게 옹호된 집단 가치들이다. 그리고 이러한 가치는 실제로 운동하는 사회의 일상적인 실천으로부터 성장한다.

시험, 실험, 그리고 형성 중인 정체성과 같은 커머닝의 동학을 포착할 수 있는 용어가 있는데, 바로 '창의성(inventiveness)'이다. 커머닝의 공동체에 참여하는 사람들, 커머너로서의 사람들은 생존의 양식을 발명해야 한다. 사람은 살아야 하고, 품위 있는 삶이 거부되더라도 살고 싶어 한다. 이 활력이 사회의 운동을 창조한다. 하지만 이것으로 충분하지 않다. 사람들은 살 방법을 고안해야 한다. 사람들은 도움을 찾으려 하고 가능한 모든 수단을 이용하려 한다.

힘없는 사람들의 전술에 대해서는 오랜 논의가 있었다. 미셸 드 세르토(Michel De Certeau 1984)는 이러한 전술에 대해 설명하기 위해, 공간과 시간을 활용하는 방법으로서 공유된 실용적 지혜 또는 고대 그리스 용어인 메티스(metis)를 채택한다. 예를 들어 이 용어는 선원, 사냥꾼, 운동선수 등이 어려움과 기회를 대면할 때 그들이 갖는 노련함과 연관 있다(Detienne and Vernant 1991). 리처드 세넷(Richard Sennet)은 주택 지구를 둘러싼 공공 공간을 적절하게 이용하고 변형하는 주민들의 실천을 관찰하면서 다음과 같이 제안한다. "사람들은 즉흥적으로 거리 질서를 만드는 작업을 통해 그들의 공동체에 연결된다"(Sennett 2009:236).

가난한 사람들의 이러한 기술은 운동하는 공동체의 실천에 깊은 영향을 끼쳤다. 사람들은 이 지혜와 가용 자원을 활용해 임기응변할 수 있는 능력을 공동체의 운동에 불어넣었다. 이 창의성은 비공식적 의사소통 채널을 통해서, 즉 행위 모형과 실천 방식(브리콜라주(bricolage)[13]나 재활용 등에 중점을 둔 건축 기술, 재활용 등)을 만들어 내는 소문과 암묵지(暗黙智)의 확산을 통해서 대도시 전체에 전달된다. 그리고 사람들은 항상 모형을 수정하는 방법, 뚜렷한 동기에 따라 임기응변하는 방법, 발견하고 수정하는 방법, '더 잘 만드는' 방법 등을 배운다. 이러한 종류의 지식과 경험의 공유는 커먼즈의 출

---

13 브리콜라주는 사물을 원래 의도와 다른 목적이나 방식으로 활용하거나, 일반적인 맥락에서 떼내서 다른 맥락에 놓는 현대미술의 기법을 말한다(옮긴이).

현을 지원한다. 지식과 경험은 커먼즈의 형태가 된다.

공동의 것을 지향하는 '운동하는 공동체'는 창의성을 집단으로 실행할 때 발전한다. 무찌라오 전통은 필연적으로 이러한 종류의 창의성과 연결된다. 사람들은 자원을 공유하고 서로를 도우면서 자기 능력을 증대시킨다(예를 들어, 농작물을 수확하거나 집을 지을 때 모두가 한 번에 한 가족을 돕는다).

공동으로 발명하는 사람들은 발명된 공간을 창조하고 이용하고 거주한다. 파라낙 미라프타브(Faranak Miraftab)는 "발명된 공간은 (…) 풀뿌리에 의해 점유되고 그들의 집단행동으로 차지되지만, 당국과 현 상태에 직접 대항하는 공간"이라고 주장하는 데까지 나아간다(Miraftab 2004: 1). 이러한 맥락에서 창의성을 공공 공간의 생산 및 이용 규칙으로부터 해방된 일종의 창조라 말할 수 있다. 종종, 국가 또는 지방 당국은 시민이 발명한 공간을 범죄화하는 경향이 있다(Miraftab and Wills 2005). 직접적이든 아니든, 억압은 종종 이러한 행동을 '초대된' 참여의 합법적 행위(대부분 이미 결정된 정책의 정당화를 목표로 함)와 분리하는 경향이 있다.

커머닝의 실천을 통해 사람들은 말 그대로 공동체를 공존의 한 형태로서 재창조한다. 볼리비아의 아이마라 운동에 대한 분석에서 지베치가 설명하듯이, "아이마라족은 단순히 농촌 지역에서 엘알토로 이주한 후에 '공동체 의식'을 '되살린' 것이 아니다. 반대로 그들은 또 다른 유형의 공동체를 만들었다. 그들은 공동체를 재발명하고 재창조했다"(Zibechi 2010: 18-9).

운동하는 공동체는 기존 농촌 공동체의 복제품이 아니며, 가족적 사회 유대를 이용하지도 않는다. 물론 그 유대가 참여하는 사람들의 경험을 일부 형성하는 것은 사실이지만 말이다. 평등주의적이고 커머닝하는 사회조직으로서의 공동체는 지속해서 만들어지고 있다. 창의적인 커머닝의 행위에 의해서, 그리고 이를 통해서 만들어진다. 일상적 생존 투쟁을 하는 사람들은 실제로 공동 이용 공간을 재발명하고, 다른 사람들과 그 공간을 공유하며, 유능한 도시 장인으로서 그 공간을 창조한다. 집단적 창의성은 운동하는 사회에서 번성하지만, 그 창의성이 해방 사회를 지향하는 삶의 형태를 발전시키는 힘을 획득하는 것은 운동하는 공동체 안에서 이뤄진다. 공동의 것의 생산을 확장하고 재전유하면, 커머너들의 공동체는 형성 과정에서 힘을 얻는다.

5
경쟁 공간으로서의
대도시 가로(街路)

합리화된 교통에 대한 모더니즘의 꿈

19세기 중반에 이르러 도시의 가로는 대도시를 변형시키는 도구, 즉 정치적 개입의 도구가 되었다. 개입은 교통 혼잡의 해소, 원활한 상품유통과 유동 인구의 순환이라는 미사여구를 동반한다. '순환'이라는 단어가 불러일으키는 은유는 그러한 공공 개입을 정당화하고 개입을 지지하는 조작된 집단의식을 형성한다. 혈액 순환이 가장 중요한 생명 유지 조건이듯, 순환은 도시 생활 유지를 위한 전제조건으로 보인다. 그리고 혈액 순환이 인체 전체에 혈액을 분배하는 혈관의 계층 구조로 특징지어지는 것과 마찬가지로 도시의 가로도 그렇다. 도시의 가로들은 주 간선도로와 보조 간선도로로 나뉘어 도시의 모세혈관 역할을 한다. 그 모세혈관들은 도시 유지를 위한 공급망이 된다(Sennett 1994: 324-38).

이 유기체적 은유는 도시가 병들었고 '치료적' 개입이 시급하다는 대중의 감각과 완벽히 일맥상통한다. 이러한 도시 치료 논리는 현대 도시설계와 그와 관련한 공공 개입의 담론 및 개념을 지배했다. 그러나 "도시 치료 논리"(Donald 1999)는 의학의 치료 행위와 차이가 있다. 일상적인 의료 행위에는 즉흥적 처치의 중요 사례들이 포함된다. 예컨대 의사들은 증상을 탐색하고 시행착오를 동반하는 실험을 하며, 궁극적으로 환자의 특성에 맞는 고유한 치료법을 시행한다. 이러한 행위들은 종종 의료 지침의 규범을 벗어나는 것으로 여겨지지만, 항상 존재한다. 의료 지식은 결코 절대적이지 않으며, 맥락과 상관없이 존재하지 않기 때문이다. 이와 대조적으로 도시 치료적 개입에서 소환하는 이미지는 의학 지식에 대한 무한한 믿음을 가진 자신감 넘치는 의사의 이미지였다. 그는 이미 무엇을 해야 할지 모두 알고 있다.

이 이미지에 기반을 둔 도시계획의 개입에서는 도시가 인체만큼 복잡하며 예측 불가능한 요소를 내포하고 있는데도, 도시에 대한 진단과 도시 치료 방식에 대해 거의 의문을 제기하지 않는다. 도시계획은 두 가지 의미(설계와 정책·사업 개발)에서 모두 도시의 '기능'을 합리적으로 제어해 도시 생활을 치유하는 공정으로 간주되었다. 이러한 도시계획은 모든 질병에 대한 절대적 지식이 가능한지에 대해 항상 의문을 제기하는 의료 행위의 지혜로부터는 교훈을 얻지 못했다. 도시 '건강'의 주요 특성을 표현할 수 있는 보편타당한 언어를 찾는 과정에서 도시설계와 도시계획을 지배한 것은 바로 이러한 확신이었다. 그리고 이 보편타당한 언어는 기하학에서 발견(또는 다른 역사적 맥락에서 재발견)되었다.

조르주-외젠 오스만(Georges-Eugène Haussmann) 남작은 파리에서 수행한 그의 유명한 도시적 개입을 통해서 도시 치료적 상상과 도시 배치의 기하학적 합리화를 도시 치료의 한 형태로서 구체화했다. 그의 전체 과업에서 드러난 세부 사항을 보면, "실제 가로를 계획대로 만들기 위해 오스만은 높은 나무 탑을 건설한 후 그의 조수(오스만이 "도시기하학자"라고 불렀음)가 올라가 도시의 오래된 성벽까지 곧게 뻗은 가로를 컴퍼스와 자를 이용해 측정하도록 했다"(Sennett 1994: 330). 기하학은 담론 실천과 도시 개입의 작업 방법 모두에 들어 있었다.

벤야민에 따르면 오스만은 동시대인들로부터 "예술가-파괴주의자"(Benjamin 1999: 128, E3,6)라는 별명을 얻었고, 그의 작업은 "전략적 미화(strategic embellishment)"(같은 책: 12)로 불렸다. 두 용어는 수단과 목적 사이의 대조를 나타낸다. 그는 단호하고 정확한 방식으로 도심의 프롤레타리아 지역에 대한 정밀 타격과 도시 미관을 위해 일했다. 이는 생-시몽의 유토피아적 주장과는 미묘한 차이가 있는, 사람들이 갈구하던 도시 통합이라는 명목 아래 이루어졌다(Donald 1999: 46). 오스만식의 도시 질서 유토피아는 공공 공간을 재설계하는 공정으로서 형성되었으며 부르주아 헤게모니의 재생산 과정에 기여했다.

모두가 넓은 대로(boulevard)변을 걸을 수 있어야 했다. 그리고 누구나 도로변 카페를 이용할 수 있어야 했다. 그러나 이 새로운 공적 무대를 지배하는 것은 사회적 불평등이었다. 부유한 사람들은 우아한 공적 무대의 주연이었고, 가난한 사람들은 공연을 보고 감탄하는 구경꾼에 불과했다. 보들레르의 시 〈가난한 자의 눈〉에서처럼, 보고 보여지는 이러한 상호 행위에는 사회적 지위의 비대칭이 담겨 있다. 마샬 버만(Marshall Berman)이 묘사한 근대의 "원시적 장면"은 중대한 모순을 포함하고 있다. "도시의 모든 인류를 거대한 '눈들의 대가족'으로 만드는 설정은 또한 가족의 버려진 의붓자식을 낳는다"(Berman 1983: 153). 누구에게나 열려 있는 새롭고 포용하는 공간이라는 환상 뒤에는, 즉 가시성과 노출을 기반으로 하는 민주주의의 새로운 배경 뒤에는 비참함을 숨길 수 없는 사람들을 배제하는 헤게모니 프로젝트가 있다. 익명성의 민주주의 안에서 가난한 사람들에게는 사회적 신분 상승이라는 공상이 제공되었다. 그 대안은 자신의 계급적 처지에 대한 자기기만의 도구였다.

대로는 새로운 종류의 공공 공간이자 의례를 위한 탁월한 공간이었다. 부와 권력의 과시가 공간 배치에 투영됨으로써 도심의 부르주아적 재생의 정점을 이루었다. 과시는 사회적으로 효과가 있었다. 귀족들이 아주 드물게 대중 앞에 모습을 드러내는 방식으로 지배를 재현할 수 있었다면, 부르주아지는 일상적으로 대중에게 자신의 경제력을 노출함으로써 지배를 정당화할 필요가 있었다. 그러나 이러한 정당화를 위해서는 '기회 평등'이라는 형식 민주주의의 무대 역시 필요했다.

대로는 의심할 여지 없이 새로운 공공 문화를 표현하고 있었다. 그리고 이 문화는 민주적이고 포용적인 것으로 제시되었다. 심지어는 자연스럽고 명백하며 논쟁의 여지가 없는 것으로 제시되기도 했다. 대로는 개인들의 집합체였으며, 집합 속의 개인들은 개별적이고 익명적이었다. 이 과정은 가로의 경험을 '탈정치화'한다. 대로는 사회적 적대감이 표현되고 요구가 집합으로 이루어지는 공공 공간이 아니라, 희망과 평화로운 진보로 가득 찬 완전히 새로운 세계를 보여주는 주마등(phantasmagoria)이 될 것이었다. 대로에서 공간을 공유한다는 것은 항상 더 나은 미래를 지향하는 행복의 환상에 참여하는 것을 의미했다.

공공성과 공적 삶의 양식이 대로의 헤게모니 공정을 통해 만들어졌다. 그 헤게모니 공정은 영원한 진보라는 모더니즘적 꿈에 기초해, 분열된 사회를 통일된 사회로 제시하려는 목적으로 진행되었다. 이러한 이데올로기적 맥락에서, 도시 질서의 개념이 이동성에 대한 효과적 통제 형태로 구축되었다. 평온한 도시라는 꿈은 이 시기부터 줄곧 합리적이고 원활한 교통 통제와 연결된다. 사회적 혼란은 오늘날에도 여전히 무질서한 도시 순환 시스템으로 묘사되고 있다.

도시 질서는 "재화, 사람, 돈, 군대의 순환을 가장 효율적으로 가능하게"(Donald 1999: 46) 하는 기하학적 가로 배치의 형태로 표현된다는 환상, 그것은 오스만의 환상이자 근대 도시계획의 꿈이기도 하다. "르 코르뷔지에는 파리의 간선도로 혼잡을 제거하려 노력한 외과의로서 오스만을 존경했다"(같은 책: 57). 이 환상이나 이상 (도시 현실을 변화시키기 위한)에서 일관되어 보이는 것은 동선을 완전히 분리한다는 개념이다. 보행자는 차량과 완전히 분리[14]되어야 했다.

1차 세계대전과 2차 세계대전 사이, 르 코르뷔지에는 도시의 미래에 대한 근대건축의 비전을 명확히 하는 데 결정적으로 기여했다 (Le Corbusier 1970; 1987). 그는 가로의 역할을 재개념화하는 데 중요한 결과를 가져올 진술에서, 근대의 가로는 "일종의 확장된 작업장"이라고 주장했다(Le Corbusier 1987: 167). 엔지니어가 기계 작동에 관한 문제를 정식화하고 해결하는 방식으로부터 건축과 도시계획을 배워야 한다고 주장했던 르 코르뷔지에는, 그 견해와 정확히 일치하게도 가로를 효과적이고 빠르며 정확한 순환 조절을 위한 기계라고 주장했다(같은 책: 131). 르 코르뷔지에의 비전에 따르면, 차량 순환을 위한 간선도로는 매우 넓고 반듯한 격자로 배치되어야 한다. 가장 중요한 간선도로를 지상 위에 설치함으로써 보행자의

---

14 보행자의 안전과 차량의 원활한 통행을 위해 차량을 보행자로부터 분리하는 도시계획 원칙을 보차분리(步車分離)라 한다(옮긴이).

움직임과 완전히 분리해야 한다(같은 책: 168). 그는 오래된 도시에서 나타나는 장소 고유의 불규칙한 가로 패턴과는 대조적으로 직선의 가로 디자인을 선호했다(같은 책: 207-11). 그의 꿈은 지리적·역사적 특수성이 없는 평평한 장소에서 미래 도시를 건설하는 것이었다(같은 책: 220).

1890년대에 독일어를 쓰는 건축가들과 계획가들 사이에 전개된 도시 가로의 성격에 대한 중요한 논쟁이 직선 가로의 합리성과 효율성에 대한 모더니즘적 예찬을 이미 예견하고 있다는 점은 흥미롭다. "구불구불한 가로"의 옹호자들은 "편안함"과 "친밀함"의 느낌을 만들어 내는 "조화로운 도시 경관"의 가치를 높게 평가했고, "직선 가로"의 옹호자들은 "익명성", "무관심", "통일성"을 추구하는 "재미없는" 가로를 만들려 한다는 비난을 받았다. 직선 가로는 "추상적 대중"에 속하는 "기하학적 사람"에나 적합할 것이었다(Frisby 2003: 76). 이 논쟁에서 가로 형태와 사회적 상호작용 양식 사이의 관련성은 분명하다. 그 당시에도 중요했고, 20세기 모더니즘에서도 계속 중요했던 것은 개인이나 대중, 공동체가 가로를 전유하는 형식이다. 이 전유는 그들이 공공 공간이나 공동체 공간(오스만주의적 사업들이 공격했던 폐쇄적 근린 공동체와 연결됨), 또는 공동공간으로서 가로의 성격을 다투는 과정에서 나타난다.

모더니즘 프로그램에 기반한 보행자 세계와 차량 세계의 분리는 보행자들에게 안전한 도시를 약속하는 것처럼 보였다. 보행자와 차량의 분리는 도시-기계의 작동을 최적화하는 합리적 논리에 의해 지지되었을 뿐 아니라, 방해받지 않는 이동의 자유로 표현되는 자유의 이데올로기에 의해서도 지지되었다. 다음 장에서 우리는 이 이데올로기가 해방의 상상계에 얼마나 깊이 영향을 끼쳤는지 보게 될 것이다. 이번 장에서는 모더니즘적 가로의 배치가 충돌을 완전히 배제한 정돈된 가로 경관의 이미지를 제공했다는 점에 주목하는 것이 중요하다. 그러나 가로를 생동감 넘치는 공공 공간으로 만든 것은 이러한 상이하고, 충돌하며, 융합하는 흐름이었다. 교차로는 교통 체증과 순환의 단절이 일어날 수 있는 지역이라는 점을 차치하면, 상업과 교류의 거점으로서 많은 사회적 가치를 창출하는 곳이었다. 비공식적 또는 공식적으로 조직된 실천들은 움직임들이 교차하고 다양한 형태의 만남이 빈번하게 이뤄지는 곳으로 모인다. 차량과 재화의 흐름과 직접 연결되는 보도와 보행자 구역은 도시에 대한 상반된 해석과 활용을 허용하는 다양한 활동이 펼쳐지는 공간이다. 따라서 "사람들이 필요할 때마다 가로지르는 공유 공간으로서 보도는 배제와 불평등을 타파하는 장을 제공했다"(Loukaitou-Sideris and Ehrenfeucht 2009: 85).

보행자 집단에 더 많은 야외 지상 공간을 제공하게 될 것이라고 르 코르뷔지에가 제안한 도시공원 속 고층 건물은 '특성 없는 도시'(로베르트 무질(Robert Musil)의 '특성 없는 남자'에 비유해서)라고 묘사할 만한 것을 만들었다. 그러한 도시에서는 경합이 이뤄지는 지역도, 예측할 수 없는 교차점도, 통제되지 않은 우연한 만남도 없을 것이다. 순환은 도시 질서에 관한 모더니즘적 요약이라 할 수 있는 아테네 헌장(Conrads 1971)에 따라 도시의 네 가지 기본 기능 중 하나로 정의되며, 그것은 불연속적이고 국지적이며 수리가 가능한 도시-기계(city-machine)의 한 부분으로 간주된다(Mumford 2000: 90).

가로에 도시 질서의 규제자 역할을 부여하는 이러한 논리로부터 어떤 종류의 극단적인 결과가 나올 수 있는지를 보여주는 사례로는 전쟁 전 이탈리아 무솔리니 파시스트 정권의 도시 개입을 들 수 있다. 주요 도시에 거대한 기념비적 도로를 건설한 것은 차량들과 보행자들에게 방해받지 않는 분리된 이동을 보장하기 위한 것일 뿐 아니라, 정권이 조직한 퍼레이드, 기념행사, 대중적인 구경거리 등의 배경을 만들기 위한 것이었다(Atkinson 1998: 24). 보행자들의 움직임을 규제하려는 시도는 거의 터무니없는 수준에 이르러서, "무단횡단이 불법화되었고 경찰은 로마 중심부의 좁은 포장도로에 일방통행 시스템을 도입했다"(같은 책: 19).

'정돈되고' 질서정연한 도시 환경으로서의 도시라는 오스만의 이상, 완벽한 도시-기계에 대한 르 코르뷔지에의 환상, 무솔리니의 발작적인 도시 독재는 모두 같은 계보를 공유한다. 그들 모두에게 도시의 가로는 통제되어야 하는 사회적 무질서의 세계를 나타낸다. 그 통제는 잠재적 공동공간으로서 가로를 전유하는 실천들과 충돌하는 과정에서 계획 정책과 권위주의적 개입을 통해서 이루어진다.

젠트리피케이션의 수사와 '공유 공간' 접근

현대의 도시 및 교통 순환 문제는 자본주의 사회의 중요한 구조적
전환을 따라 변화했다. 세계화와 글로벌 도시로의 진전은 복잡한
경제 및 문화 현상들의 집합으로서, 근대성과 모더니즘의 위기를
나타내는 용어들(포스트 근대성, 슈퍼 근대성 등)이나 산업사회와는 다
른 사회를 지칭하는 용어들(탈산업화, 포스트 포디스트 등)을 통해 개
념화되었다. 관련 논의에 대한 비판적 평가는 이 장의 범위를 벗어
난다. 그러나 이러한 구조적·문화적 전환이 모더니즘적 상상계를
심각한 위기에 빠뜨렸다는 점을 명심하는 것은 도시계획 개입의 이
상과 실제의 중요한 변화를 이해하는 데 도움이 된다.

　도시는 고칠 수 있는 비정상적 세계가 더 이상 아니었다. 오히려
도시는 상황별 개입 전술이 필요한 다층적 갈등의 집합현실로 여겨
졌다. 이러한 관점에서 공공 공간, 특히 가로는 도심 지역에서 이뤄
지는 중요한 개입의 무대가 되었다. 개입은 도시 쇠퇴라는 이데올
로기적 진단으로 뒷받침되었다. 이러한 개입은 도시에 대한 모더니
즘적 상상계뿐 아니라 도시 기능들의 합리화에 관한 담론과 결을
달리한다. 모더니즘 계획가들은 그들이 도시 카오스(urban chaos)
로 묘사한 현상에 근거해 조직적·규제적 도시 개입의 필요성을 당
연시했지만, 후기 모더니즘 계획가들은 다양성과 놀라움이 도시 환

경의 새로운 특성이라고 강조했다. 도시 기능의 합리화, 구획화, 명확한 가독성 대신에 잘 정리된 우연성, 혼합적 토지 이용, 풍부한 의사소통 중심의 도시 경관이 찬사를 받았다.

앞으로 보겠지만, 이러한 접근 방식의 변화는 공공 공간과 가로의 의미 및 역할의 재정립 측면에서 적어도 두 가지 도시 정책을 형성하는 데 도움이 되었다. 첫 번째 정책은 두 번째 정책에 비해 훨씬 더 지배적이며, 이미 전 세계 중요 대도시에 그 흔적을 남겼다. 이 정책은 황폐한 도시지역에 대한 통제권 회복, 소비 보호, 사적 이익 창출을 목적으로 대중의 이용 공간을 재정의하며 개입하는 특징이 있다. 우리가 이미 보았듯이, 지방 당국이나 국가는 이들 지역을 도시 고립영토주의 논리에 따라 재정의하는 과정에서 중요한 역할을 한다. 첫 번째 정책, 즉 젠트리피케이션 개입은 주로 도시 공공 공간의 특성을 재정의하고 공공 공간의 암묵적·명시적 사유화를 확장하는 정책이다.

두 번째 정책은 첫 번째 정책에 비해 덜 야심차고 영향력이 덜하긴 하지만, 도심에 '공유 공간'을 만들려는 새롭게 떠오르는 정책 및 아이디어와 관련이 있다. 이러한 종류의 공공 공간은 근대 도로 설계의 정수로 강조되었던 '교통 분리'의 초기 주류 모형에서 의도적으로 이탈한다. 포용적인 공공 공간과 용도의 혼합을 강조하는 '공유 공간 접근'에는 젠트리피케이션 계획가들과 마찬가지로 차이와 다양성을 촉진함으로써 공공 공간을 재정의하려는 의지가 있고, 매스컴 전략이 오늘날의 도시 경관을 근본적으로 결정짓는다는 예리한 인식이 있다.

두 가지 접근 방식 모두 시장경제 활동을 직간접으로 지원할 수 있는 도시 장소의 정체성을 확립하거나 강화하는 수단으로서 도시 이미지를 비판하거나 구축한다. 그러나 이 두 접근 방식은 공간 공유의 양식에서는 크게 차이가 난다. 젠트리피케이션은 (공간을 통한 소비뿐 아니라) 공간의 집합적 소비를 계획함으로써 종종 공동공간의 모조품(simulacrum)을 생성하는 반면, 공유 공간 접근은 일정 종류의 공간 커머닝를 생성한다. 물론 그러한 커머닝은 집단적 창의성과 협업보다는 개인적 책임에 기반을 두고 있다.

그렇다면 먼저 젠트리피케이션 논리를 살펴보자. 닐 스미스(Neil Smith)의 "보복주의 도시(Revanchist city)"(Smith 1996) 개념은 개발된 도시에 대한 지배 엘리트의 지배적인 접근 방식을 포착한다. 그것은 도시의 중요한 공공 공간들, 특히 도심에 대한 지배 엘리트의 통제권을 되찾기 위한 노력으로 특징지어진다. 스미스에 따르면, 그러한 정책은 공공 통제 방식에서 일탈 행동과 소수자에게 비교적 관대했던 자유주의적 자본주의 정치를 신자유주의적 무관용으로 대체하는 것을 목표로 한다. 사실 이러한 전환은 이른바 진보의 시기에 대중운동 투쟁을 통해 권리를 쟁취한 모든 사람에 대한 일종의 보복이 될 수 있다. 그러나 여기에는 이윤 원천의 회복, 안전한 도시 소비 등 중산층의 이익을 위해 도시를 재개발하려는 신자유주의 정부의 공공 공간에 대한 재정의 작업도 포함된다.

젠트리피케이션은 다양성과 다원성이라는 수사로 홍보되기도 하지만, 본질적으로는 공공 공간 사용에 대한 엄격한 규칙을 설정하는 선별적인 개입의 조합이다. 젠트리피케이션은 궁핍이나 "무질서한" 행동으로 낙인찍힌 모든 사람, 특히 부동산 투자자의 이익을 위해 "개발"되어야 하는 지역 거주민을 대상으로 한 강제 이주(displacement) 행위와 연결되어 있다. 따라서 젠트리피케이션은 공격적으로 동질화된 도시 질서이자, 이윤 추구의 기회 보장과 안전한 소비라는 수사로 포장된 세계이며, 보복주의 도시의 모습을 만드는 구체적 정책들이다.

의심할 여지 없이 도심의 개조는 예측 불가능한 대중 행동의 장을 생성할 수 있다. 이러한 행동은 공공 가로 공간의 특정 부분을 잠시나마 전유함으로써 공동공간을 만들 수도 있다. 그러나 젠트리피케이션 사업의 주된 특징은 보행자 구역의 조성이 아니다. 젠트리피케이션 정책은 안전한 소비문화를 위한 최적의 도시 환경을 구축하는 데 그 목적이 있다. 지속적인 감시는 젠트리피케이션 환경에 필수다. 그것을 통제 메커니즘뿐 아니라 공간 배치의 형태를 통해서도 달성할 수 있다. 미로같이 배치된 오래된 "당나귀 거리"(Le Corbusier 1987: 6-12)에 대한 르 코르뷔지에의 저주는 완전한 가시성(따라서 통제)에 노출된 가로의 설계에 대한 모더니즘적 기여 중 하나일 뿐이다. 젠트리피케이션 건축은 르 코르뷔지에가 "도시의 중심부에 적절한 것"(같은 책: 10)이라고 생각한 직선만을 사용하지는 않았다. 경치 좋은 배치와 그림 같은 구불구불한 도로는 젠트리피케이션 지역에서 도시적 용도들을 조직하고 규율하는 도구가 되었다. 공간 형태는 이러한 용도의 충돌을 해결하고 질서정연한 공간 소비에서 예상치 않은 것들을 제거하는 수단이 된다. 다양성의 중첩을 선호하거나(Sennett 1993: 166 및 202) "공간에 서사적 속성"을 부여하는 계획(같은 책: 190)은 당연히 순치되고, 예측 가능한 공공 생활로 연출된 스펙터클을 창조해 낼 것이다. 이러한 접근 방식은 필연적으로 "인간적인 도시"(같은 책: 202)로 연결된다는 세넷의 제안과는 정반대로 말이다.

막대한 이윤 추구를 목적으로 하는 젠트리피케이션 사업은 '일탈적' 이용자의 공간 이용과 전유를 허용하지 않는다. 무허가 노점상인들, 걸인들, '불법' 이민자들, 또는 스케이트 타는 사람들, 그래피티 '악당들'은 경찰의 통제, 시설물, 조명 등에 의해 젠트리피케이션 지역에서 추방당한다. 아무도 잠을 자지 못하게 만드는 구부러진 벤치, 노숙자들의 임시 공간을 빼앗기 위해 수시로 이뤄지는 잔디 물주기, 위험이나 일탈로 의심되는 모든 행위를 감시 카메라에 담기 위한 조명 등은 추방을 위해 사용되는 수단 중 일부일 뿐이다. 마이크 데이비스(Mike Davis)는 그러한 환경을 "가학적인 거리 환경"으로 설명하기까지 한다(Davis 1992: 232-6).

젠트리피케이션 사업들은 매우 다양하게 이루어지는데, 지배계급은 공공의 안전을 위협하고 풍부한 이윤 투자를 가로막는 지역에 대한 통제권을 되찾기 위해 젠트리피케이션 사업을 지원한다. 그 대표 사례가 뉴욕의 루디 줄리아니(Rudy Giuliani) 시장(市長) 정부가 보여준 '무관용' 정책이다. 이 정책은 이후 많은 대도시 시장의 꿈이 되었다. 예를 들어 멕시코시티의 A.M. 로페스 오브라도르(A.M. López Obrador)는 도심의 공공 가로 사용 규칙을 완전히 바꾸었다. 오브라도르 재임 기간에 수백 년간 가난한 사람들의 중요한 생계 수단이었던 노점이 철거되었으며, 노점 영업은 불법화되었다.

대체로 집단적·개인적 정체성은 젠트리피케이션이 일어난 공공 공간, 또는 유사 공공 공간에서 정형화된 행위를 재생산하고 강화하는 방식으로 형성된다. 많은 연구자가 보여주듯이(Zukin 1995, Sorkin 1992, Smith and Williams 1986), 이미지 조작에 의존하는 정책을 통해 도시 공간에서 젠트리피케이션이 촉진되고 확립된다. 공공 공간은 시장성 있는 도시의 정체성과 연결된 이미지를 통해 이용, 인식, 감상할 수 있도록 설계된다. 그 결과 나타나는 공공 문화의 시각화는 마주침의 우연성과 도전성을 제거한 채 도시 거주자들의 정체성을 형성한다. 젠트리피케이션 사업은 공간뿐 아니라 '젠트리피케이션을 당한' 공간 사용자들의 집단적 정체성에도 영향을 끼친다. 젠트리피케이션 사업은 도시를 집단적 정체성과 연계된 장소로 재정의하는 배타적 도시 환경 내부로 사람들을 편입시킨다. 사회적 적대감이 끊임없이 만들어 내는 불온함이 제거된 이 정체성은 널리 알려진 이미지를 응축한 것이다. 젠트리피케이션 사업이 공동공간 창출과 거리가 멀다는 것은 분명하다. 그런데도 젠트리피케이션 사업들은 자주 공공 공간은 품위 있고, 법을 준수하며, 창의적이지만 욕심이 좀 많은 이용자-소비자가 되찾아서 이용하는 것이라는 이상한 수사(修辭)를 동원한다.

다양성, 이동의 자유, 개성을 아무리 강조하더라도, 결국 젠트리피케이션은 폐쇄적 정체성을 만들고 집합적 소비를 위한 폐쇄형 도시 환경을 정의한다. 젠트리피케이션 개입은 가공된 '도시 애국심(city patriotism)'을 만들고 이를 통해 도시 브랜드를 구축하며, 도시 공동체 내부의 다양한 차이들을 무해한 변이들로 축소해 버린다. 이와 관련해서 1992년 바르셀로나 올림픽은 귀중한 사례를 제공한다. 많은 공공 공간의 건설 및 재설계와 대규모 도시 재생 개입이 지방 당국의 대중적 수사와 결합해 진행되었다. 그 수사에 따르면, 도시는 시민들이 자랑스러워해야 하는 집단적 정체성의 상징 장소이자 거주 장소였다. "바르셀로나, 모두의 목표"와 "바르셀로나, 그 어느 때보다" 같은 캠페인 구호는 수사적 의미를 응축해서 보여주는 수단이었다(Albet i Mas and Garcia Ramon 2005: 236). 이른바 바르셀로나의 성공 신화 뒤에는 정교한 디자인이 만들어 낸 활기찬 공공 공간의 변질, 해변 근처의 판자촌 강제 이주, 해변 주거지역인 바르셀로네타의 급격한 변화, 여가 활동 구역 지정으로 사라진 다채로운 항구의 일상 같은 부작용이 숨어 있다. 해변 개발이 도시의 많은 주민과 관광객을 바다로 이끈 것은 사실이다(Busquets 2005: 392-5). 그러나 도시 애국심이 강요된 집단적 환상으로서 우세해지자, 날로 확장되는 관광용 볼거리를 위해 문화적·사회적 다양성은 사실상 무시되었다.

'공유 공간' 접근은 애초 교통과 관련한 문제, 특히 교통이 다양한 형태의 공적 이용 공간으로서의 도시 가로의 특성을 파괴하는 방식에 관한 집중 연구를 통해 정립되었다. 이 접근에 따르면, 교통 관련 문제들에 대한 해결책은 "교통을 건조 환경(built environment)의 사회적·문화적 구조에 통합시키는 방식"에 크게 의존한다(Hamilton-Baillie 2008a: 169; Hamilton-Baillie 2008b도 참조). 이러한 관점은 효율성이 뛰어난 도로 계획 수립을 추구하는 기술적·경험적 탐색에서 비롯되었지만, 다양한 교통 관리 모델의 사회적 의미가 무엇인지에 대한 명확한 견해를 가지고 있다. 자동차와 보행자를 완전히 분리해야 한다는 "보차분리 원칙"(같은 책: 164)에 정면으로 반대하는 이 견해는 도시 교통의 창조 과정에서 여러 실험을 한다. 되찾은 가로 및 광장 공간의 용도를 결정하는 과정에서 운전자와 보행자가 활발하게 얽히도록 조장하는 혼합적 토지이용의 경관과 계획 수단들을 실험하는 것이다. 이 견해는 분리 대신 다른 형태, 속도, 수단 등 여러 이동의 세계를 통합한다(Methorst et al. 2007, Moody and Melia 2013).

공유 공간 아이디어의 이면에는 자유로운 상호작용을 통해 가로 이용자들은 공존하는 법을 찾을 수 있다는 논리가 작동한다. 이러한 접근법은 분리와 통제의 수단이 되는 표지판이나 공간 배치를 제거하고, "건축 환경에서 유래하는 단서들이 촉발한 비공식 규약 및 인간 상호작용을 통해 잠재적 갈등"을 해결하는 것을 목표로 하는 계획들을 제안한다(Hamilton-Baillie 2008: 171).

아마도 이러한 아이디어는 "교통 정온화(traffic calming) 장치들"(같은 책: 167과 Vahl and Giskes 1990)을 발명하려는 시도들과 계보학적으로 연결되지만, 그것을 훌쩍 뛰어넘는다. 그것들은 "비공식적 사회 규약"의 이용과 협상을 우선시하는 인간 상호작용에 관한 구체적인 접근을 통해 만들어진다(Hamilton-Baillie 2008: 166). "공유 공간의 근거는 누구도 접근 또는 이용의 우선권을 갖지 않는다는 것이다. 공유 공간은 평등주의적 공간이다"(Jensen 2013: 15). 이 접근 방식에 따르면, 사람들은 분리와 통제 대신 자유로운 절충 과정을 통해 다양한 우선순위와 이해관계를 처리하는 방법을 찾는다.

이러한 절충의 실천을 통해 만들어지는 공유 공간은 어떤 공간일까? 우리는 이러한 실천에서 일종의 '교통 커머닝'을 보고 싶은 유혹을 받는다. 결국, 절충된 횡단이 이루어져 교통을 함께 결정하는 것 아닌가? 그렇기는 하지만 우리는 공간과 차량, 보행자의 흐름이 사람들 자신이 아니라 계획가들이 결정한다는 것을 잊어서는 안 된다. 사람들에게 허용된 것은 (운전자로서 또는 보행자로서) 일반적인 분리 및 통제 패러다임보다는 이동을 덜 제약하는 공간 이용법을 배움으로써 이 공간에서 이동하는 것뿐이다. 사람들은 공간의 물질적 구조에 개입할 수 없으며, 교통의 사회적·문화적 통합과 관련한 이해관계를 현장에 맞게 정의하는 데 (지역 공동체로서) 참여할 수도 없다. 공유 공간에 소환되는 공동체는 비공식적 규약의 추상화와 마찬가지로, 실제 공동체들에 대한 다소 모호한 추상화에 불과하다. 실제로 기존의 공동체들은 공유되는 우선 사항들과 기술들을 개발할 뿐 아니라, 도시공간 이용에 대한 상반된 접근 방식(랑시에르의 표현을 빌리자면, 공동의 것에 대한 논쟁)을 발전시킨다.

자유로운 절충에 기반한 공유 공간 접근은 사용자들을 책임감 있는 개인들로 간주한다. 그들은 위험을 계산하고 여정을 최적화하는 능력과 예의를 바탕으로 절충을 실천한다. 그리고 이러한 모든 속성과 잠재 능력은 사회·문화적 맥락에서 개발된다. 이러한 관점은 북서부유럽 유형의 사회(및 사회성)에 적합한 패러다임이다. 하지만 패러다임이 실제로 작동하는지, 나아가 비공식적 규약의 재생산에 기여하는지는 아직 검증되지 않았다. 결국 비공식적 규약은 실천 속에서, 그리고 그것을 통해서만 존재한다.

또한 사람들이 '자유롭게' 절충한다고 가정하는 것은 그들이 동등하게 위험을 평가할 수 있는 위치에 있다는 것을 가정하는 것이기도 하다. 그러나 보행자, 자전거 운전자, 자동차 운전자 등은 같은 위험에 직면하지도 않고, 모든 견해가 평등하다고 간주되는 이상적인 민주주의의 숙의와 같은 협상에 참여하지도 않는다. 대도시 맥락에서 공유 공간 접근 방식은 무의식적으로 약육강식의 길거리 법칙을 지지할 위험이 있다(Methorst et al. 2007: 12).

서양인들이 교통의 카오스라고 일컫는 현상이 일어나는 도시 환경에서, 매우 독창적인 절충의 정신이 발전하는 장소 및 사회에서 발견되는 즉흥적 관리의 사례들과 공유 공간의 사례들을 비교해 보는 것은 흥미롭다. 예컨대 카이로, 나이로비, 뭄바이에서 우리는 '자유로운 절충'의 사례들을 발견할 수 있다. 그곳에서는 신호등이나 횡단보도 또는 도로 표지판이 없어서가 아니라, 그것들이 있는데도 사람들은 자유로운 절충을 통해 길을 만들어 간다.

이러한 맥락에서 마타투(matatu)를 운전하거나 사용한 경험과 실천은 시사하는 바가 크다. 소형 개인 밴을 의미하는 마타투는 나이로비(케냐)에서 인기 있는 저렴한 교통수단이다. 나이로비에는 특히 청소년 하위문화로부터 영향받은 독특한 마타투 문화가 있다(Wa-Mungai 2010: 376). 거리의 마타투는 교통수단 이상을 의미한다. 대부분의 가난한 사람들은 정기적으로 마타투를 이용하며, 마타투 승무원들(운전자와 매우 활동적인 보조 운전자로 구성되는데, 보조 운전자는 승차권을 받고 고함을 지르거나 휘파람을 불면서 호객 행위를 한다)은 나이로비 젊은이들의 패션 흐름을 만들기도 한다(같은 쪽).

마타투는 개인 미니버스 형태의 이동 수단이다. 동시에 마타투는 그 내부와 외부에서 공동공간을 만드는 촉매제다. 사용 규칙이 존재하지만, 당국이 강요하는 규칙은 아니다. 그 규칙들은 마타투 공동체를 구성하는 운전자, 보조 운전자, 승객, 보행자 간 절충이 누적된 결과다. 이 공동체 안에서 서로 다른 역할들은 교차하거나 쉽게 용인된다. 이렇게 느슨하게 정의된 공동체 안에서 소공동체들이 만들어질 수 있다. 예를 들어 특정 마타투 라인을 정기적으로 이용하는 공동체, 또는 동일한 서비스 및 주차 정류장을 공유하는 운전자 공동체가 만들어진다.

사람들이 집단으로 공유의 규칙을 만들어 가는 과정은 곧 마타투를 공동공간이나 커머닝의 촉매로 만드는 과정이기도 하다. 도시의 일상과 관련한 실천 및 행위를 정의하는 마타투 문화 용어들의 집합도 있다(Wa-Mungai 2009: 273). 공유 공간 접근 방식에서 공동공간은 위로부터 공여되는 것처럼 보인다. 게다가 계획가들은 집합체를 사회적으로 의미 있고 구속력 있는 추상 조건이라고 가정하지만, 사람들은 그 가정과 달리 집합체로서 행동하지 않는다. 공유 공간은 자유로운 개인들 간의 절충이 만든 자유주의적 유토피아에 가깝다. 거기서 개인들은 자유의 윤리적 우월성으로 인해 최선의 결정을 내리고 손해를 피한다.

공유 공간 접근 방식은 규칙의 내용뿐 아니라 규칙의 생성과 실행의 양식에 따라 발생하는 차이점들을 비교함으로써 공간의 공유적 이용 행위들을 평가하는 귀중한 시험대다. 그 자체로 위태롭기도 하고 값지기도 한 공동공간은 당국이 사람들에게 제공할 수도 없고 계획할 수도 없다. 공동공간은 사실 커머닝의 실천을 통해 전개되는 공간 창조의 과정이다. 그리고 이러한 실천들이 자본주의 사회의 경계를 뛰어넘어 지속되려면, 창의적이어야 하고 항상 새로운 사람들을 환대해야 한다.

잠재적 커머닝 현장으로서의 가로

대부분 중산층과 상류층을 위해 실행되는 도시 재생의 정치와 대조적으로, 가난한 사람들을 위한 생계 수단으로 가로를 사용하기 위한 투쟁들이 발전하기도 한다. 전 세계적으로 이러한 실천들은 가로, 보도, 교차로, 고속도로 주변 및 아래의 유휴 공간과 도시 주변의 잉여 공간에 대한 '무허가' 사용과 맞닿아 있다.

압두말리크 시몬(AbdouMaliq Simone)이 설명하듯이, 현대 아프리카에서 도시 통제는 난민 관리와 흡사한 방식으로 이뤄진다. 정부 정책은 "도시에 거주할 권리는 보장하지만, 도시에 대한 권리 즉 구체적 열망을 실현하고/하거나 변형하는 장으로서 도시를 이용할 권리를 보장하지는 않는 경향이 있다"(Simone 2008: 114). 이러한 맥락에서 "아프리카 도시 생활의 명백한 즉흥성"(같은 책: 104)이 "사회적 공간, 시각 영역, 상징 자원, 구체적 사물, 언어적 자료 사이의 관계를 조작함"으로써 거래와 교류를 위한 도시의 흐름과 도시의 교차 지점들을 활용하는 실천들에서 나타난다(같은 책: 105). 약자들과 빼앗긴 자들의 이러한 실천들이 커먼즈에서 개발되고 있는가? 일상적인 임기응변의 재주가 개인의 행동 궤적이나 협력 전술을 만들어 내는가? 이러한 질문들은 가로의 실천들이 임시 공동공간을 만드는 여러 방법을 이해하는 데 중요한 역할을 한다.

가로는 공동공간이 될 수 있다. 특히, 노상 거래 또는 근린 시장이 공동생활의 조건을 만들어 낼 때 그렇다. 그 공동생활 안에서 개인의 생존을 위한 실천들이 뒤섞이며 공식적 또는 비공식적 연결망을 형성한다. 이러한 맥락에서 근린은 재화와 서비스의 교환이 공간화되는 중요한 집단적 준거 지점(같은 책: 109)이 될 수 있다. 도시 공동체는 전통적인 공동체와 다르다(우리가 보았듯이, 이것은 볼리비아의 아이마라 도시 공동체에도 해당한다). 그러나 아프리카에서는 남반구의 많은 도시에서와 마찬가지로 도시의 근린 가로들이 지면을 제공할 뿐 아니라, 행동 방식, 습관, 의사소통 양식을 표현하고 지원하며 재생산하는 상징적 이미지를 제공함으로써 중요한 커머닝 공간으로 발전한다. 이러한 맥락에서 가로는 사람과 재화의 순환을 공간적으로 지원하는 것 이상의 의미가 있다. 공유된 습관, 일상적인 리듬, 규제 양식 등은 절충과 개별 책략에 따라 달라지기는 하지만, 그 모습을 가로가 결정한다. 커머닝 규칙과 제도는 '아래로부터의' 끊임없는 재절충을 통해 미묘하게 만들어지는데, 이는 다양한 수준의 비공식성이 뒤섞이고 얽힌 많은 시장의 거리에서 이뤄진다. 공식적인 규칙과 계획 정책들은 많은 경우에 이렇게 새롭게 등장하는 공동공간의 가능성을 직접 겨냥한다. 대개 그 규칙들과 정책들은

"정치인들이 꿈꾸는 깔끔하고 현대적인 도시 이미지"(Brown et al. 2010: 677), 즉 사실상 통제할 수 있는 공공 공간의 구축을 목적으로 한다.

"아프리카에서 유대적 삶은 상호성을 결정하는 겹겹이 쌓인 의무, 책임, 관습, 전통 등을 중심으로 구축된다"(같은 책: 678). 많은 정부가 (범죄화하거나 직접적이고 잔인하게 억압함으로써) 근절하려고 하는 노상 거래는 사실, 가로를 생계 자산으로 취급하는 일련의 실천들이다. 그와 동시에 노점상들은 가로 안팎에서 공동의 필요, 열망, 가치, 습관 등에 근거를 제공하고 지원할 수 있는 연대 및 집단 문화의 중요한 연결망을 형성한다.

물론 사회적 맥락은 다르지만, 전 세계 많은 곳에서 가족 관계와 친족 관계는 아프리카 노상 거래와 마찬가지로 "공간 및 기타 자원들에 대한 접근을 확보하기 위한 중요한 메커니즘"이다(Brown 2006: 52). "가나에서는 여성이 다른 가족 구성원으로부터 노상 거래 공간을 '상속'받는 것이 일반적이었다"(같은 책: 185). 노상 거래는 오늘날 전 세계 모든 대도시권 지역에서 나타난다. 이는 대도시가 제1세계에 속하든, 제2세계에 속하든, 아니면 제3세계에 속하든 관계없이 나타나는 현상이다. 그리고 노상 거래는 공공 공간을 일시적으로 전유하는 실천에만 관련되는 것은 아니다. 종종 의사소통과 교류의 숨겨진 연결망은 가난한 가구들의 사적 영역을 전유된 공공 공간과 상호 연결해 상인 공동체와 이웃 공동체가 겹치거나, 심지어 일치하도록 한다. 노점상들이 축적하고 공유하는 사회적 자본은 공동의 생계 전략에 도움을 줄 뿐 아니라, 공동의 세계와 공동의 주장 및 투쟁을 만들기도 한다. 가족, 친족, 종교적·민족적 또는 직업적 연결망을 비공식적 유대와 '공식화된' 유대 관계로 표현할 수 있다. 이러한 모든 유대 실천의 공통점은 특정 공간 및 공간 궤적을 반드시 고수한다는 것이다. 공간 특히 거리는 그러한 실천들이 일어나는 장소이자, 그 실천들의 표현 수단이며 목표다.

따라서 길거리 커머닝(street-commoning)을 다양한 종류의 유대적 공동체가 만들어 낼 수 있다. 그들 중 일부는 다른 것보다 훨씬 더 폐쇄적이고 침투하기 어려울 수도 있다. 예를 들어, 요하네스버그 도심의 길거리 경제는 위계적 지원 연결망으로 조직된 나이지리아인을 중심으로 돌아간다. 나이지리아인들의 연결망은 다양한 형태의 "해적 경제(pirate economy)"에 참여하기도 한다(Simone 2008). 나이지리아인들은 도시에서 공동의 사회성을 창출함으로써 민족 집단으로서 존재를 강화할 수 있고, 더 중요하게는 비공식 거래와 공식 거래 사이, 합법 행위와 불법 행위 사이에 존재하는 다층적 공동체로서 공동의 경로를 모색할 수도 있다(같은 책: 362). 요하네스버그에는 위계적으로 조직된 노점상 공동체를 기반으로 한 또 하나의 통제된 거리 커머닝이 있는데, "비공식적으로 도심 도로를 통제"하는 소위 요하네스버그의 "구역 대장들"이 관리하고 있다 (Brown 2006: 51).

길거리 커머닝은 지배적인 사회 역할 분류를 강화할 수도 있고, 정규 질서에서 벗어날 수도 있는 여러 유형의 주체화를 지원한다. 전 세계의 많은 사람은 상인으로서, 거리 사용자로서, 동네의 구성원으로서 거리에서 타협을 배움으로써 생존하는 방법뿐 아니라 존재 방법, 자신을 표현하는 방법, 사회적으로 의미 있는 정체성을 갖거나 잃는 방법을 배운다. 대도시 거리의 복잡한 세계와 접촉하지 않고 도시 상공을 날거나(상파울루에서와 같이 헬리콥터를 타고) 무장한 차량의 보호를 받으며 여행하는 부유한 도시 엘리트를 제외하고, 모든 사람은 거리의 행위들에 대해 다양한 방식으로 대처해야 한다.

노점상과 행상인이 독창적인 이유는 기회를 포착하고, 유리한 시점과 장소에서 사람들의 관심을 끌며, 자산과 도시 생활에 대한 지식을 최적화하는 능력에 따라 그들의 생계가 달려 있다는 사실 때문이다. 따라서 노점상들은 길거리에서 절충하는 방법을 발전시킬 뿐 아니라, 잠재적 구매자 및 잠재적 경쟁자와의 관계도 발전시켜야 한다. 세계 대도시의 젠트리피케이션이 진행된 거리에서는 사회적 적대감을 없애거나 은폐하기 위해서만 다양성을 인정한다. 그러나 도시 정상화를 목표로 엄격하게 통제된 고립영토 밖에서 가로는 경합의 장이 된다. 우리는 도시들에 관한 집중 연구를 통해서, 도시 혁신의 공간에 부과된 규칙들과 이러한 규칙들을 변형하고 구부리며 거부하는 실천들(이는 격렬한 정치적 또는 사회적 투쟁의 전 기간을 통해 나타남) 사이의 복잡한 관계를 밝힐 수 있다. 크리스티나 히메네스(Christina Jimenez)는 멕시코 도시 모렐리아(Morelia)에 관한 모범적인 연구 사례를 보여준다. 그녀는 19세기 노점상들이 가로 공간을 확보하기 위해 자신들의 주장과 협회를 조직한 방식을 추적했다. 그녀가 보여주듯이, 노점상들은 국가 및 지방 당국과의 협상에서 가로와 도시의 현대화라는 수사뿐 아니라 혁명 이후 초기 정부의 지배적 담론을 동원했다(Jimenez 2008).

아나스타샤 루카이투-시데리스(Anastasia Loukaitou-Sideris)와 레니아 에렌포이흐트(Renia Ehrenfeucht)는 미국 5개 주요 도시에서 보도의 역사와 삶을 주의 깊게 연구해, "공공 공간에 대한 갈등과 협상"을 유지할 필요가 있다는 주장을 뒷받침하는 증거를 제공했다(Loukaitou-Sideris and Ehrenfeucht 2009). 치안 및 '동질화' 정책으로 축소되고 있는 집단과 개인의 권리에 초점을 맞추면서 그들은 이렇게 결론 내린다. "우리는 거주자이자 도시설계가이고 도시계획가로서, 보도가 접근 가능하고 열린 상태로 유지되도록 더욱 깨어 있어야 한다. 비록 이것이 잠재적인 위험과 갈등을 의미하더라도 말이다"(같은 책: 272).

어떻게 어디에 있어야 할지를 아는 것은 규칙과 예절 준수를 넘어서는 예술이다. 길거리 사람들은 길거리에 걸맞은 또 다른 자아를 연기해야만 한다. 길거리는 약자들의 비공식적 연극(Stavrides 2002a), 즉 구매자들이나 행인들의 관심을 끌기 위한 조작이 이루어지는 무대다. 접근, 공격, 유혹 또는 탐색의 공연이 길거리 무대에서 펼쳐진다. 이렇게 사람들은 잠재적 공동 세계뿐 아니라 자기 자신을 재편한다.

아테네의 나이지리아 노점상 한 명을 관찰해보자. 그는 값싼 전자제품을 팔며 자신을 현대적인 청년으로 소개한다. 그는 알아차리기 쉬운 홍보 문구들, 되도록 영어로 된 문구들을 사용하고, 청년들이 흔히 가진 첨단 기술에 대한 열정을 보여줌으로써 청년들을 응대한다. 고국에서 가져온 '전통' 공예품을 판매하는 그를 보라. 그는 자신의 '이국적'인 모습을 과장하고, 운세나 건강 또는 전설적인 아프리카 미인에 대해 이야기하면서 아프리카 '신비주의'를 불러일으킨다. 이 모든 것은 이민자가 다른 나라에서 살아가는 방법을 찾는 과정에서 만들어진 자기 변화의 실천과 표현의 집합체다. 협상해야 하는 마주침에서는 정체성 그 자체가 만남의 장소이자 거래의 목표가 된다.

전쟁 동안 나폴리에서의 삶에 관해 이야기하면서 발터 벤야민(그 자신이 아샤 라시스(Asja Lacis)와 함께 썼다고 한 작품에서)은 "어떤 대가를 치르더라도 공간과 기회가 보존되어야 함을 요구하는 즉흥 공연(improvisation)에 대한 열정"을 관찰했다(Benjamin 1985: 170). 팀 에덴서(Tim Edensor)는 인도 시장에서 펼쳐지는 행동 방식을 설명하기 위해 "즉흥 공연"이라는 동일한 단어를 사용한다(Edensor 2000: 136). 그가 제안한 것처럼, 현대 도시는 다양한 역할을 수행할 수 있지만 다양성이 무제한으로 가능하지는 않은 무대를 제공한다. "대부분의 공연은 '규제된' 즉흥 공연이다"(같은 책: 124).

현대 대도시의 길거리에서 즉흥 공연의 실천들은 일상적인 역할 수행에 필수다. 그러나 그러한 실천들이 집단으로 조직된 길거리 공동공간을 구축하는 수단이 될 때, 우리는 공동의 정체성을 형성하는 커머닝의 양식에 관해 이야기할 수 있다. 우리는 이미 존재하는 정체성의 안정에 영향을 끼치고, 새로운 정체성의 생성에 기여할 수 있는 과정으로서 공동 세계의 건설과 커머닝 실천들의 전개를 이해할 필요가 있다. 서로 다른 사람들 사이에 절충적 만남의 공간을 만드는 이러한 (적응적이든 반체제적이든) 행위를 대중 공연의 연극성(theatricality)이라고 묘사할 수도 있다. 연극성이 단순히 속임수나 모방을 위장하는 기술이 아니라 타인이 되기 위해 사회적으로 학습된 기술이라면, 연극성을 통해 사람들은 타자와 연결되는 다리를 만들 수 있다(Stavrides 2010b: 81-91).

공동공간은 과연 무대의 특성을 획득할 수 있을까? 그렇다. 사람들이 이미 존재하는 공동체적 느낌이나 공동체적 일체감으로부터가 아니라, 다른 집단들이나 개인들 사이에서 공유 가능성을 발견하는 과정을 통해 공동공간을 만들려고 한다면 그렇다. 다음 장에서 살펴보겠지만, 2011년의 광장 점령이 그러했다. 타인에게 다가가서 공통의 기반을 마련할 수 있으려면, 자신을 표현하고 타인들의 표현을 이해하는 방식에서 창의적이어야 한다. 형성 중인 정체성의 흉내 내기가 아닌 확장 및 변형으로서의 자아, 즉 중간적 자아의 구축을 통한 타자성 탐색은 커머닝을 탐색하고 확장하는 관점에서 볼 때 가치가 있다. 커머닝을 동질화 과정으로 제시하는 관점으로부터 우리는 확실히 거리를 둘 필요가 있다. 커머닝이 모든 종류의 인클로저를 넘어서는 역동적인 실천으로 남아 있으려면 타자성에 개방적이어야 한다. 사람들이 타자성에 굴복해 자신을 잃지 않으면서 타자가 되는 법을 배우기 때문에 공동공간은 타자성으로 가는 교량과 타협이 발전하는 무대가 될 수 있다. 따라서 복잡하고 창의적인 스타일의 길거리 타협의 경우처럼, 타자성의 탐색은 속임수 전술이 아니라 정체성 형성에 대한 적극적인 기여가 된다. 이러한 관점에서, 공유한다는 것은 이미 확립된 공동의 정체성을 공간 안에 가두는 것이라기보다 타자성으로 가는 교량과 문턱을 만들 수 있다는 것을 의미한다.

그러한 일상의 창의적인 연극성은 "타자의 가상공간"(Féral 2002: 98)을 만들어 냄으로써 공동공간의 출현에 기여한다. 이 공간은 사이 공간성(spatiality of in-betweeness)을 구체화한다. 그리고 이러한 문턱공간(Stavrides 2010b: 90-1)은 형성 중인 공간 즉 공간의 가능성으로서, 그 안에는 다른 것들이 서로 접근하는 몸짓을 주고받을 수 있는 무대가 있다. 가상성(virtuality)은 이 과정의 가장 중요한 특질을 나타낸다. 만남이 일어날 수 있고, 다른 것들이 만날 수 있다. 그러나 더 중요한 것은 이러한 교류와 만남의 가능성을 뒷받침하기 위해서는 공간이 가상성의 역동적인 상태에 머물러 있어야 한다는 점이다. 가상성은 실제로 기존 커머너 공동체의 경계를 넘어 확장하는 쪽을 지향하는 공간 커머닝의 역동적인 특성에 해당한다. 새로운 사람들에게 개방되기 위해서는 커머닝이 항상 경계를 시험하고, 그러한 '타자의 가상공간'을 생성하거나 활성화하거나 활용함으로써 경계를 초월해야 한다.

우리는 일상적인 만남에서 나타나는 연극성의 수행에서 볼 수 있는 개인의 전술과 기술에 집중할 수 있다. 그러나 일상적인 행위자들이 공연하는 무대를 집단으로 구성하는 조건에 초점을 맞출 수도 있다. 그러한 무대를 구성하거나 정의하는 행위를 의식적이거나 고의적이라고 가정할 필요는 없다. 집단적 준거 틀은 집단으로 인식할 수 있는 행동 양식을 발전시키는 경향이 있는 무수히 많은 개인의 미세 행위를 통해 만들어진다. 우리는 이 과정이 실천 규범(practice codes)의 형성으로 이어진다고 가정할 수도 있다. 예를 들어 엘리야 앤더슨(Elijah Anderson)은 소외된 청년들이 존중과 보호를 얻기 위해 사용하는 일상적인 전술을 추적하기 위해 필라델피아 도심에 있는 흑인 동네의 "길거리 규범(code of the street)"을 연구한다(Anderson 2000). 우리가 보통, 행동 규범에 속한다고 보는 형성적·명시적인 규칙들 너머에는 그러한 규범의 모습을 결정짓는 자기 표출적이고 창의적인 개인과 집단의 실천이 있다. 따라서 이러한 종류의 규범들을 공동공간을 뒷받침하고, 또 공동공간이 뒷받침하는 공동 세계로 간주할 수 있다. 그리고 이러한 규범들은 폐쇄적인 커머너 공동체에서 개발한 규칙들과 제도들만큼 엄격할 수 있고(다소 위계적이든 아니든), 자주관리 과정 자체를 재조정하거나 재구성해야 하는 확장하는 커머닝 공동체의 규칙들과 제도들만큼 개방적일 수 있다.

작은 무대로서 공동공간의 구축을 비개방적인 공동체가 더 많이 규제할수록, 이 과정은 실천과 습관의 인클로저로 진화하는 경향이 있다. 반면에 커머닝을 확장하는 행위는 전혀 예상치 못한 것이 아니고 완전히 혁신적인 것도 아니다. 그것들은 오히려 세넷이 제안한 것처럼, 음악 앙상블 안에 있는 한 음악가의 즉흥 공연과 같은 특성이 있다(2009: 237).

뉴욕 로어이스트사이드에 있는 연립주택 건물 현관 계단의 시각적(그리고 기능적) '혼란' 뒤에는 숨은 질서가 있다. 사람들이 계단을 사용하는 방식은 이 숨은 질서를 따라 발전한 즉흥적인 행동과 몸짓을 기반으로 한다. "즉흥 공연은 이용자의 기능이다"(같은 책: 236). 이 기능은 공유되며 공유할 공간을 계속 생성한다. 그러나 우리가 개별 이용자-장인(匠人)보다 이용자 공동체에 초점을 맞추면, 그러한 공동체가 어떻게 다양한 소공동체의 때로는 우발적이고, 때로는 습관적인 집합으로서 나타나는지 관찰할 수 있다. 즉흥적 행위의 기저에 일종의 공식 규칙과 일관성이 있어야 한다는 관념을 포기하는 경우에만, 우리는 확장하는 커머닝 과정의 타협 가능한 특성을 포착할 수 있다.

광장 운동을 살펴볼 다음 장에서 보겠지만, 소공동체는 그 안에서 전개되는 실천들을 조정할 수 있을 뿐 아니라 상대적 독립성을 유지하는 실천들이 만든 경계와 기회를 탐색할 수도 있다. 때때로 전체적 통합이라는 관념은 외부로부터 도입되어 정치적 실험(광장의 경우)이나 미시적 전술을 통해 진화하는 과정 안으로 들어온 질서처럼 보일 것이다. 행상인의 호객 행위(같은 책: 237)와 마타투 운전사의 즉흥 행위로부터, 공동공간이 질서 있는 공간이 아니라 창의적인 행위자들이 재구성한 질서 조각들이 언제나 새롭게 결합해 만들어지는 패치워크라는 사실을 알 수 있다. 확장하는 커머너 공동체는 계속 개선되는 기능 안으로 새로운 부분을 통합할 수 있는 잘 조직된 기계라고 생각할 필요가 없다. 오히려 사람들이 계속 수정하고, 심지어 그러면서 즐기고, 그들의 필요와 꿈에 따라 형성되고 사용되는 집단적인 브리콜라주(bricolage) 기술이라고 이해할 수 있다.

6
광장 점령,
운동하는 사회

정당성 위기?

2011년을 기점으로 전 세계에서 거의 예기치 않게 분출된 일련의 현상에 대해 우리는 아직 어떤 이름을 붙여야 할지조차 합의하지 못하고 있다. 그것은 광장 점령 운동, 또는 시민 불복종의 세계적인 집단행동, 또는 비민주적 정권에 대한 연속 봉기, 또는 단순히 부당한 경제 정책에 대한 대중운동이었는가? 이러한 현상에서 공통 원인이나 공통 열망을 추출하기에는 아직 이르다. 그보다는 이러한 현상을 자본주의 세계를 휩쓸고 있는 사회경제적 위기의 결과이자 한 측면으로 보는 것이 중요하다. 이러한 현상이 분명히 보여주는 것은 자본주의가 더 나은 미래를 만들어 나갈 동력을 잃었다는 사실이다. 그리고 정확히 이것은 지배 엘리트들이 자본주의 유토피아의 천국에 도달했다고 생각했을 때 일어났다. 항상 문제를 일으키는 생산 과정에서의 방해뿐 아니라, 말 안 듣고 종잡을 수 없는 진짜 사람들의 방해도 받지 않고 돈이 돈을 낳는 그 천국 말이다. 은행가들과 주식중매인들의 오만과 권력은 그러한 발작성 유토피아주의 (paroxysmal utopianism)의 증상이다. 발작성 유토피아에 사로잡혀 '기층민들' 없이도 잘 해낼 것이라고 믿었던 체제 안으로 기층민들을 다시 통합시켜야 한다. 하지만 많은 사회적 분출과 통계가 보여주듯이, 부의 재분배 기구임을 자임하며 거기에 누구든 접근할 수 있다고 주장하는 체제에 대해 사람들은 신뢰를 잃고 있다.

실망은 폭동의 형태로 표현되거나 고독한 우울증으로 표현되기도 한다. 둘 다 통치 가능성에 대한 새로운 문제를 제기한다. 통치 엘리트들 앞에 두 가지 중요한 과제가 놓여 있는 것 같다. 첫 번째는 개인을 경제적 주체로서 취급하는 사회적 유대 관계(social bonds) 속에 묶어 두는 것이다. 경제적 주체는 행동과 동기가 분석, 전달, 예측되고 경제적 매개변수 및 수단에 의해서만 통제될 수 있는 주체다. 두 번째 과제는 사람들이 다른 사람들과 어떤 형태의 연결이나 제휴 없이도 계속해서 행동하고 꿈을 꾸도록 하는 것이다. 집단 행위와 집단적 염원, 특히 공동공간 만들기를 차단해야 한다. 위기의 시대에 대중 통치 방식의 이 두 가지 우선 사항은 다른 사람들과 공유하는 것이라고는 오직 두려움밖에 없는 개인의 생산을 목표로 한다.[15] 그 두려움이란 생활 조건과 계획을 계속 불안정하게 만드는

15 "두려움은 경험을 혁명으로 전환하지 않고 경험을 불확실하고 위태롭게 만들 뿐이다.

모든 것에 대한 두려움이다. 동시에, 사람들은 '할 수 있다'는 믿음을 가져야 한다. 그리고 그러한 믿음은 기회를 독점할 때만 가질 수 있다.

균열과 파열은 통치 모델의 야심 차지만 불안정한 조직 체계에서 종종 격렬하게 나타난다. 분노하고 반항하는 사람들이 다시 정치의 영역에 뛰어들어 가시성과 권력을 획득하며 정책을 변화시킨다. 그리고 이러한 집단 행위로부터 공공 공간은 새로운 의미를 획득한다. 이는 마치 사람들이 공간을 개척해 반체제 행위의 장소를 만들고, 허울뿐인 참여를 위한 언론 매체 공간과는 구분된 장소를 만드는 것과 같다. 또한 이는 명시적이든 암묵적이든 공간 공유와 공공성의 의미를 재정의하는 것과 같다.

놀라운 속도로 위기의 심화 조짐이 확산되고 있지만, 지배적인 정책들이 돌이킬 수 없는 위기에 빠졌다고 하기에는 아직 이르다. 그러나 세계 여러 곳에서 우리가 정당성의 위기라고 진단할 만한 것에 영향을 끼치는 상호 연결된 두 가지 현상을 관찰할 수 있다. 첫 번째 현상은 체제에 대한 신뢰를 불안정하게 만드는 정보 통신의 역할이다. 라틴아메리카의 운동과 봉기(아르헨티나조 또는 상파울루의 대규모 시위)에서 아랍 혁명(특히 튀니지와 이집트의 혁명)에 이르기까지, 또한 유럽 도시의 '분노한' 광장 점령 운동과 북미의 월가

(…) 두려움의 바탕에는 세상에 완전히, 그리고 돌이킬 수 없이 노출되는 경험이 있다"(Carolis 1996: 43-4).

점령 운동을 포함해 소셜 미디어와 쌍방향 통신 장치를 통한 소통 및 정보 교환은 집단 행위를 형성하는 데 매우 중요한 역할을 했다. 두 번째 현상은 공동체를 지향하거나 공동체에서 영감을 받은 행위들이다. 이 행위들은 종종 신공동체주의적 신보수주의 이데올로기와 구별되며, 형성 중인 공동체들을 창조하거나 심지어 재창조하기도 한다. 이 공동체들은 종종 불안정하지만, 항상 전이되고 확장되는 운동하는 공동체다. 두 가지 현상 모두 공공 공간을 재정의하고 재전유하는 실천들로 수렴되며 공동공간의 출현에 기여한다. 그리고 혼성교배(hybridization)의 양식, 즉 양립할 수 없고 종종 반대되는 요소들을 혼합해 '허가되지 않은' 조합을 만드는 것을 특징으로 한다.

호미 바바(Homi Bhabha)에 따르면, 혼종성은 "서발턴 주체(sub-altern agency)"[16]의 행위에서 드러나는 특징이다. 그가 제안한 것처럼 "서발턴은 이전(relocation) 및 개각(改刻, re-inscription)으로서 출현한다"(Bhabha 2004: 227). 우리는 이 두 가지 특성, 즉 개각 및 이전(이를 은유적일 뿐 아니라 설명적인 용어로도 이해함)을 공공 공간을 집합적 공동공간으로 재창조하는 데 초점을 맞춘 실천들의 결과로 볼 수 있다. 서발턴의 특징이라 할 수 있는 이러한 실천들은 앞서 언

---

16 서발턴은 안토니오 그람시가 하층 계급을 가리키기 위해 처음 사용한 용어다. 세계 곳곳에 흩어져 자본의 논리에 의해 지배받고 억압받지만, 저항할 수단이 없어 무시되는 존재 혹은 그들의 작은 실천을 의미한다(옮긴이).

급한 새로운 통신 매체를 통해 정보를 생성, 사용, 유포하지만, 그 것은 단지 정보 교환의 실천만을 의미하지 않는다. 이러한 실천들 은 정보 교환을 통해 도시에 '징표'를 남긴다.

'개각'은 도시의 몸체에 이러한 실천들의 결과물을 남긴다. 도시 의 몸체에 새긴 비문은 정보 확산의 수단일 뿐 아니라(벽 낙서나 그래 피티와 같이), 민중이 공유하는 기준점을 만든다. 2008년 12월 아테 네에서 일어난 청년 봉기는 그 대표적 사례다.[17] 이때 '이민자' 스텐 실 그래피티[18]가 도심 전체에 퍼져 봉기의 메시지를 상징적인 이미 지로 압축했다. 실제로 개각 과정은 운동하는 도시, 혼란에 빠진 도 시의 느낌을 효과적으로 전달한다. 유사한 개각 행위가 2010-12년 튀니스와 카이로의 아랍 봉기, 그리고 2011년 바르셀로나, 아테네, 마드리드, 기타 유럽 도시의 '광장 운동'에서도 나타났다.

'이전'은 정보 유포의 매우 중요한 특성과 관련 있다. 새로운 도시 적 실천인 공공 공간의 전유 및 집단적 항거는 정보 교환에 참여하 는 사람들을 조정·통합한다. 정보의 교환은 일방적 메시지 전달에 그치는 것이 아니라 참여를 끌어내는 상호작용을 만들어 낸다. 그 러한 실천의 초기 사례 중 하나는 2004년 3월 13일, 바르셀로나와

---

17 아테네 12월 봉기에 대한 자세한 평가에 대해서는 Stavrides(2010a), Memos(2010), Sotiris(2009), Mentinis(2009)를 참조하라.

18 이민자 스텐실 예술은 이민자를 옹호하는 메시지를 담은 벽화로서, 판화의 일종인 스 텐실 기법으로 제작해 동일한 작품이 빠르게 퍼져 나갈 수 있었다. '얼굴 없는 예술가' 로 알려진 뱅크시(Banksy)의 작품들이 특히 유명하다(옮긴이).

마드리드에서 발생한 '파살로(pasalo)'[19] 운동이다. 'SMS(휴대전화 단문 메시지)의 밤' 동안 사람들은 인터넷과 SMS를 통해 정부를 전복시킬 메시지를 교환했다. "거짓말쟁이 살인자들. 당신의 전쟁은 우리의 죽음이다. 파살로." 이 메시지는 총선 전날 유포되었으며, 200명이 사망한 교외 열차 폭발의 진실을 정부가 숨기고 있다고 비난했다. 대규모 시위대가 바르셀로나와 마드리드의 중앙 광장들을 점령했으며, 광장은 만남의 장소가 되었다.[20]

이 과정에서 ('정부가 우리에게 거짓말을 하고 있다'라는) 정보는 잠재적 행위자들에게 전달되어 공유와 참여 과정을 통해 그들을 동원하는 힘을 얻는다. 도시는 단순히 정보 전달의 배경이나 매개체가 아니라 정보를 호출로 변환시키는 능동적 공간이다. '만남의 장소'들은 도시의 몸체를 구분하며 공동의 목적과 행동 의지로 연결된 연결망을 조직한다. 드 세르토의 아름다운 문구를 빌려 맥락에 맞게 각색하면, "이동성이 있는 도시 또는 은유적인 도시는 계획적이고 가독성 있는 도시의 명확한 텍스트로 스며들어 간다"(De Certeau 1984: 93). 이 과정을 사회운동의 확대를 뒷받침하는 일련의 이전 행위로 묘사할 수 있다. 공간과 행위들은 새로운 방식으로 연결되어

19 '전달하라'는 의미의 갈리시아어다(옮긴이).

20 "중요한 것은 대부분의 메시지가 매우 유사했지만, 발신자는 수신자의 휴대폰 주소록에 등록된 지인이었다는 점이다. 따라서 확산 연결망은 동시에 기하급수적인 속도로 증가했지만, 잘 알려진 '작은 세계' 현상에 따르면 원천의 근접성을 잃지 않았다"(Castells et al. 2007: 201). Cué(2004)도 참조하라.

재정의된다. 유사한 도시의 독창적인 조정 양식이 아테네의 12월 튀니지 '재스민 혁명', 그리고 광장의 '분노한 사람들(indignados)' 행동 기간에 개발되었다.

전통 사회에서 소문과 가십은 정보 교환의 한 형태로서, 사회적·개인적 관계의 재생산 또는 개조에 일조했다. 그 관계는 면대면 쌍방향 '미디어' 이전에 존재한 공동체적 관계였다. 그러나 공동체의 가치나 계층 구조에 대해서는 거의 의문을 제기하지 않았다. 그와 대조적으로, 현대 사회에서는 쌍방향 기술이 집단적 행위를 위한 공동체의 생성을 중재한다. 그렇게 만들어진 공동체가 반드시 공동의 정체성이나 공동 가치를 공유하는 사람들의 공동체인 것은 아니다. 이러한 집단적 행위 공동체는 운동하는 공동체, 즉 공동 행위와 새롭게 부상하는 공동공간의 공유를 통해 발전한 공동체다.

2011년 아테네의 신타그마 광장 점령 운동은 스페인 광장 점령과 아랍 봉기 소식으로부터 영감을 받았다. 점령 운동 과정에서 대안 미디어의 역할은 결정적이었다. 고작 5명의 젊은이가 소셜 미디어 메시지를 통해 3만 명의 시위대를 신타그마 광장으로 불러냈다. 2011년 5월 25일, 수천 명의 사람들이 그리스 전역 38개 도시의 중앙 광장들로 몰려들었다. 이 모든 일이 페이스북을 이용한 정보의 전달과 공유, 그리고 호출 과정을 통해 급속도로 진행되었다. 이는 급진 좌파가 3개월 전에 시도했지만 실패한 일이기도 했다.

쌍방향 미디어가 기회를 만드는 것이 아니다. 개각과 이전의 과정을 통해 공유된 정보와 공유된 만남의 장소가 사람들을 결속시킨다. 정치의 재영토화가 탈영토적 통신 기술을 매개로 해서 일어난다는 사실은 기묘한 반전을 보여준다. 공동체는 자기 주변의 환경을 재정의하고 재전유함으로써 도시 공간에서 발전한다.

광장의 공동공간

운동하는 공동체들은 마치 달팽이와 조개껍데기가 물질을 분비해 자신의 '집'을 만들 듯이 스스로 공간을 '분비'한다. 이 공간은 지배권력이 자기 정당성을 확인할 목적으로 대중에게 제공하는 공간이 아니다. 또한 제한된 사람들만이 통제하고 사용하는 사적인 공간도 아니다. 운동하는 공동체들은 공동공간[21]을 창조한다. 그 공간은 공동체가 결정한 조건에서 사용된다. 또한 함께 결정한 규칙들을 수용하고 공동 행동에 참여하는 누구에게나 개방한다. 공동공간의 사용, 유지, 생성은 단순히 공동체의 고정된 정체성을 반영하는 것이 아니다. 공동체는 공동공간에 중점을 둔 실천을 통해 형성되고 개발되며 재생산된다. 이 원칙을 일반화하면, 공동체는 커머닝

---

21 마르셀 에나프(Marcel Hénaff)와 트레이시 B. 스트롱(Tracy B. Strong)에 따르면, '공동공간'은 어떠한 "기준도 인정하지 않는다. 그 공간은 모두에게 같은 방식으로 열려 있다. 그것은 소유되거나 통제되지 않는다 (…) 모든 이들이 거기에 있는 것을 추출하기 위해 거기에 갈 수 있다"(Hénaff and Strong 2001: 4). 이것은 사회적 용도(잠재적 인클로저를 포함)보다 먼저 존재하는 것으로서 공동공간을 이해하는 것이지만, 우리가 지금까지 보았듯이 공동공간은 기본적으로 그리고 필연적으로 공간 커머닝의 실천을 통해서 창조되는 사회적 인공물이다.

을 통해, 공동의 것의 생산을 지향하는 행위와 조직 형태를 통해 개발된다.

운동하는 공동체의 생성과 지원을 위한 공간 커머닝의 중요성을 더욱 명확하게 이해하기 위해 신타그마 광장 점령 사례를 자세히 살펴보자. '멀리서 보면', 이 점령지는 국회의사당 바로 앞에서 정부의 가혹하고 부당하며 비민주적인 긴축정책을 규탄하는 시위대의 만남 장소로 보인다. 물론 이 시각이 잘못된 것은 아니다. 단지 새로운 사실을 놓치고 있을 뿐이다. 신타그마 광장은 마이크로-광장들의 연결망으로 발전했다는 사실을 놓치지 말아야 한다. 각각의 마이크로-광장들은 고유의 성격과 공간 배치를 지니고 있었으며, 중앙 아테네 광장 지역에 포함되어 있거나 다소간의 자기 영토를 가지고 있었다. 마이크로-광장의 거주 집단들은 각자의 텐트에서 생활하며 자신들의 미세 도시 환경을 구축했다. 즉 어린이 놀이터, 무료 독서 및 명상 공간, 노숙자를 돕는 캠페인의 모임 장소, '타임 뱅크'(돈과 이윤을 없앤 서비스 교환 형태), '우리는 돈을 안 내요(we don't pay)' 캠페인의 모임 장소(교통 요금과 도로 통행료에 대한 보이콧을 조직하는 데 초점을 맞춤), 응급 처치 센터, 멀티미디어 도우미 센터, 통번역 지원대 등이 만들어졌다. 마이크로-공동체들은 다양한 차원의 연결망을 만들었으며, 동시에 총회의 규칙과 결정을 따라야 했다. 그러나 공간 배치의 선택과 표현 매체(배너, 플래카드, 스티커, 이미지, '예술 작품' 등) 사용의 차이는 분명했다. 비록 공동의 목적과 공동의 공격 대상(국회)을 공유한다는 공감대가 점령지의 정체성을 형성했지만, 각각의 마이크로-광장은 점령 기간에 다른 일상과 다른 미적 감각을 확립하고 서로 다른 마이크로 이벤트를 조직했다.

벤치는 예술가들의 전시 공간이 되었고, 잔디밭은 침낭과 텐트로 가득 차 있었다. 나무는 확성기와 현수막의 거치대, 중앙 분수는 최루탄을 씻어내는 수조가 되었으며, 포장 구역은 모두를 위한 훌륭한 좌석이 되었다. 이렇게 만들어진 공동공간은 운동하는 사회의 상호 연결성과 상호작용의 결과였다(Galatoula 2013).

공간 커머닝이 중앙 집중적 절차를 밟는 것은 아니지만, 집회와 집회 장소는 상징적으로나 기능적으로 중심 역할을 했다. 오히려 공간 커머닝은 집중-분산의 변증법을 특징으로 하는 즉흥적인 과정으로서 실천되었다. 그리고 이 과정은 분산된 활동과 마이크로 이벤트뿐 아니라, 통합 조정된 활동을 통해 진행되었다. 이렇게 통합 조정된 활동 중 가장 중요한 것은 6월 28일과 29일에 광장에서 대규모 시위를 조직하기로 한 총회의 결정과 관련한 활동이었다. 대규모 시위는 정부가 국제통화기금, 유럽연합(EU), 유럽중앙은행(ECB)과 체결한 '중기재정조정전략 2012~2015를 위한 긴급 실행 조치'라는 파괴적 협약에 대한 국회 비준을 저지하기 위해 국회의 사당을 에워싸기로 했다.

신타그마 광장에 결집하거나 도로를 가로막은 대규모 군중들이 참여한 이 운동 세력은 시위대에 대한 전례 없는 화학전을 감행한 매우 공격적인 경찰 진압 부대와 맞서야 했다. 그 과정에서 광장 안팎의 사람들은 흩어지지 않고 평화롭게 광장으로 돌아오는 데 성공해, 경찰의 저지를 뚫고 기념비적인 즉흥 콘서트를 조직했다. 또한 '실질적 민주주의', '공공 부채 및 긴축정책', '공교육' 등에 대해 대규모 공개 토론을 조직해 광장 점령자들의 협력 정신을 보여주었다. 사람들의 참여 열기는 놀라울 정도였으며, 공간에 대한 집합적 관리 방식은 민주적이고 평등주의적인 현대판 아고라(공공 집회에 사용된 고대 그리스 시장)를 연상케 했다.

시위대는 경찰의 공격이 임박했는데도 바리케이드를 치지 않았다. 모든 광장에서 벌어진 활동과 사업 덕분에 광장 공간은 개방되었고, 외부와의 연결이 유지되었다. 아테네 한복판에서는 지하철역으로 향하는 끊임없는 보행자 흐름에 영향받은 공공 공간 대신에 풍부한 공동공간이 만들어졌다. 또한 광장의 상황을 알리는 메시지의 지속적인 흐름 덕분에 이 공간은 도시의 많은 장소와 연결되었다. 점령된 마드리드의 솔 광장(Puerta del Sol)의 경우처럼,

창조된 시공간은 하나의 강박관념을 갖는다. 그것은 바로 연속성의 관념이다. 역설적으로 이것은 간헐성을 통해서, 즉 솔 광장에 물리적으로 드나듦을 통해서만 유지될 수 있다. 당신이 현장에 없더라도 현장 경

험은 생생하게 유지되어야 한다. 이러한 이유로 (그리고 다른 많은 이유로) 솔 광장의 캠프를 사회관계망 없이는 이해할 수 없다. 경험의 연속성은 경험의 탈영토화를 통해 달성된다(Kaejane 2011).

2010-12년 봉기로 재전유한 광장에서의 공간 커머닝은 사이 공간의 생산과 사용을 포함한다. 공동공간은 문턱공간으로서 출현한다. 공공 공간은 공간을 정의하고 그 사용을 통제하는 지배적인 권위의 표식을 지니지만, 공동공간은 열린 공간, 다시 말해 '신참자'를 향해 개방되는 과정에 있는 공간이다. 랑시에르의 "도래할 민주주의"에 대한 이해와 유사하게, 공동공간의 특징은 "타자 또는 신참자에 대한 무한한 개방성이다"(Rancière 2010: 59). 공동공간은 다공성의 공간, 즉 운동의 공간이자 통로로서의 공간이다.

마이크로-공동체(또는 실제로 마이크로-광장)의 생성에 필요한 공간의 분할은 공간의 구획화로 이어지지 않았다. 마이크로-광장은 그 자체로 다공성이었고, 통로 공간(sapces-as-passages) 연결망은 미니어처 도시, 즉 야외 공간이 있는 미니어처 천막 도시와 유사한 공간 구조를 만들었다. 이런 식으로 확장하는 공간 커머닝은 모든 광장 점령 캠프의 특징이었다. 타흐리르 광장에서는 "담요만으로 시작된 숙소용 막사가 가로등으로부터 몰래 끌어온 전기와 텐트, 어린이 보호 막사 등을 갖춘 캠프장으로 진화했다"(Kamel 2012: 38). 그리고 대중적으로 사용하는 구역 및 시설로 야전병원 한 곳과

야전 약국 여러 곳, 대중 연설을 원하는 사람이 사용할 수 있는 마이
크가 있는 무대(같은 쪽), 따뜻한 식사를 준비하는 주방, 예술가 코너
(Alexander 2011: 56) 등이 있었다. 투쟁의 중요한 전환점에서 광장
은 심지어 "신의 계시 공간", 또는 "제2의 수도"(같은 책: 55)가 되기
도 했다. "공동체적 분위기"(같은 책: 57)로 인해 광장은 "살아 숨 쉬
는 소우주"로 바뀌었다(같은 책: 56). 평화로운 순간이나 경찰 및 무
바라크의 깡패들과 대치하는 순간에도 협동을 통해 잘 조직된 마이
크로-도시가 만들어졌다. 그 도시는 공동의 필요와 열망에 따라 생
성되고 배치된 공동공간을 갖추고 있었다(Abul-Magd 2012: 566).

2013년 이스탄불에서 발생한 게지(Gezi) 공원 점령에서도 공공
공간은 공동공간의 연결망으로 바뀌었다(Postvirtual 2013). 그 연결
망에서는 점령한 공원에서 야영하는 사람들의 준사적(準私的) 공간
과 공적 용도를 위한 공간 사이에 경계가 뚜렷하지 않았다. 중고 재
료와 물건이 뒤섞여서 쓰임새가 모호한 무질서한 다양성이 만들어
졌다. 서로 다른 공간들의 배치에서 집단적 정체성이 강조되었다.
하지만 이러한 문화적·종교적·정치적 구분은 서로 다른 집단들 사
이에 장벽을 세우는 것이 아니라, 오히려 서로 적대적이었던 집단
들 사이에서도 다양한 형태의 만남과 협업을 확립했다. 케말주의자
와 무슬림 활동가, 게이 활동가와 훌리건 팬, 가족 가치에 헌신하는
종교인과 페미니스트, 아나키스트와 좌파, 쿠르드인과 투르크인은
공존과 협업을 통해 예상치 못한 공통점을 발견했다(Bektaş 2013:

14-5).

  광장 운동이 점령한 공공 공간에서, 공동공간은 일시적이기는 하지만 도시의 생생한 문턱공간이 되었다. 그러한 공간은 그 공간을 사용하는 사람을 정의하지도, 그 사람에 의해 정의되지도 않는다. 그 공간은 오히려 공유하는 공간의 의미와 용도에 대한 사람들 간의 타협을 가능하게 한다. 따라서 공동의 문턱공간은 광장의 경험을 특징짓는 정체성 개방의 과정에 조응한다. "문턱의 도시"(Stavrides 2010b)의 형태로 등장한 미니어처 도시에서는 우연한 만남과 분산 활동이 연대와 상호 존중을 기반으로 하는 협상과 삼투의 공간을 만들어 냈다.

  신타그마를 비롯한 '반란의 광장들'을 점령했던 운동하는 공동체들은 의사결정의 중심이나 중심 공간의 절대적인 우위를 전제로 하는 조직적 계획을 통해 만들어지지 않았다. 의사결정뿐 아니라 공간도 분산, 재집중되었다. 끊임없이 재창조되는 공동체에 형태를 부여하는 사회적 유대를 형성하는 과정도 마찬가지였다.

커뮤니티 재창조

분산-집중의 변증법으로서 이해되는 커머닝 절차는 차별화된 활동과 개별적 창작을 보장한다. 자연 발생적 행위와 조직적인 행위 사이, 개별적 행동과 집단적 행동(저항 정치의 '수호자'를 자처하는 아나키즘 운동과 좌파가 종종 벌이는 행동) 사이의 대립으로 묘사되는 것은 대부분 이러한 변증법의 결과였다. 모든 사람이 집회에 참여하기 위해 신타그마에 온 것은 아니었다. 많은 사람은 단지 소리를 지르고 분노와 불만을 표출하기 위해 왔다. 어떤 이들은 심지어 레이저 빔 포인터를 사용해 현대적인 부두 주술[22]을 시연하기도 했다(공격적인 몸짓을 상징하듯, 그들은 국회의사당의 '몸통'에 바늘을 꽂듯이 레이저 빔을 집중시켰다). 또한 어떤 이들은 일요일마다 '다른' 공공장소의 공기를 즐기기 위해 자녀들을 데리고 왔다.

이 모두를 포괄할 수 있는 정체성의 연원을 찾으려는 필사적 시도는 심각한 실수였고, 지금도 마찬가지다. 종종 그러한 시도로 인해 좌파 활동가들은 광장 참여자들의 동기, 실천, 표현을 완벽히 오해했다. 중요한 방법론적 문제는 신타그마 광장의 경험에서 비롯된 딜레마에 대한 설명과 해석에서 다시 나타난다. 이러한 현상, 행위, 말, 표현에 숨은 통일적 연원을 반드시 찾아내 그 의미를 명확하게 인식해야만 하는가? 해석은 이러한 사건의 형식에 내재한 논리를 드러내는 과정이어야 하는가? 아니면 우리는 반체제 정치와 행동하는 공동체를 재정의하는 과정에서, 사회적 사건과 집단적 주체화의 형태를 이해하는 우리의 범주화 방식을 재고해야 하는가?

한 가지 예를 들어보자. (신타그마, 튀니스, 바르셀로나, 기타 지역에서) '자신의' 국기를 들고 있는 사람들은 민족주의자였는가? 따라서 그

---

22 부두 주술은 사람 모양을 한 인형에 바늘을 꽂아서 그 사람을 저주하기 위해 행하는 주술을 의미한다(옮긴이).

들은 위기의 시대에 재부상하는 위험한 공동체였나? 만약 그랬다면, 광장은 폐쇄적이고 배타적인 민족주의 세계로 변모할 위험이 있는 공간이 되었을 것이다. 그러나 그런 일은 일어나지 않았다. 국기는 민족주의와는 거리가 먼 국가적 상징일 뿐이었다. 광장에서 사람들은 민족주의적 어휘와 거리가 먼 다양한 방식으로 국가 상징들을 사용했다. 아테네에서 한 사람은 (과연 말 그대로) "나라를 팔아먹은" 자들에 대항하기 위해 방패처럼 깃발을 '착용'했다. 다른 참가자들은 손상된 존엄성에 다음과 같이 호소하기 위해 깃발을 흔들었다. "일어나시오", "깨어나시오", 스페인 사람들이 그들의 광장에 있는 것처럼, 이탈리아인, 프랑스인 등도 그런 것처럼 "우리가 여기 있소이다"라고 말이다.

한 가지 예를 더 들어보자. 유럽의 광장 경험 전체에 걸쳐 지배적이었던 실질적 민주주의 또는 직접민주주의(집회뿐 아니라 소규모 위원회나 단체에서도 나타났던)는 다양한 방식으로 이루어졌다. 관찰자들이 뭐라고 하든, 여성들이 카이로의 타흐리르 광장 운동에 참여한 것은 민주적 공간으로서의 공동공간을 실제로 실천하는 것이었다. 그리고 광장의 사람들은 경찰의 공격으로부터 자신을 방어하고 결정을 내리는 방법을 고안했다. 이를 통해 그들은 새로운 형태의 평등주의적 직접민주주의를 확립했다.

아테네에서 6월 15일 경찰이 사람들을 쫓고 구타하고 최루탄을 쏘았던 잔혹한 사건 직후, 사람들은 산티그마 광장을 평화롭게 재

점령했다. 그런 다음 사람들은 긴 인간 사슬을 만들어 광장의 유독한 최루 가스 잔류물을 세척하기 위해 작은 물병들을 손에서 손으로 운반했다. 집단적 창의성(물 부족을 만회하기 위한)은 민주적·평등주의적 연대를 창출했다. 긴급 상황에 대처하기 위해 급조된 인간 사슬은 행동하는 '실질적' 민주주의를 재창조한 운동하는 공동체를 상징한다. 때때로 그 인간 사슬은 승리를 축하하기 위해(무바라크의 몰락 발표 후 타흐리르에서처럼), 또는 두려움을 없애기 위해(경찰이 질식용 가스 수류탄으로 '폭격'할 때 사람들이 광장에서 춤을 추었던 신타그마에서처럼) 춤추는 원형의 형태를 취했다.

담론, 실천, 표현 형식 등은 운동하는 행위로 해석될 수 있고, 그렇게 해석되어야 한다. 그것들은 종종 일치성을 강화하지만, 우리는 그것들의 공통 기반을 이루는 기존 패턴을 연역적으로 추론해서는 안 된다. 불일치, 모호성, 모순은 행동하는 잠재적 공동체의 필수 요소다. 공동체의 다양한 구성원들은 서로 다르지만, 형성 중인 공동공간의 공동 생산자로 자신을 인식한다. 그 사람들은 누구였을까? 하나의 사회적 정체성에 그 모두를 포함시킬 수 있을까? 공동의 이데올로기가 그들을 설명할 수 있을까? 그들의 행위 패턴으로 그들의 집단적 실천의 가능 범위를 결정할 수 있을까?

국적이 다르고 세계 경제-사회 위기와 관련한 자국의 상황이 다르다 할지라도, 사람들은 수많은 독창적인 표현으로 권력을 조롱하고 권력의 상징에 맞서 그들의 분노를 표출했으며, 지도자들을 조롱했다. 모든 국가에서 기존의 사회적 합의는 심각한 위기에 처한 것으로 보인다. 위선적이며 형식적인 사회적 합의에 의존하는 사회, 혹은 완전히 '독재적인' 사회 모두 오늘날 심각한 정당성의 위기에 빠져 있다. 공포와 국가 테러만이 반체제적 인사들이나 분노하고 실망한 사람들을 통제하는 유일한 수단이다.

'우리'와 공간 커머닝

광장에서는 특이한 '우리(we)'가 나타났고, 봉기를 통해 모호한 '우리'가 응축했다가 분출했다. 그 '우리'는 새로운 정치적 주체의 출현을 의미하는가? 즉, 그 '우리'는 이전에는 끼지 못했지만 참여하기를 요구하는 사람들의 출현을 나타내는가?(Rancière 2010: 32-3)

다음은 광장에 적힌 글 몇 가지다. "우리는 평범한 사람들입니다. 우리도 당신처럼 공부하거나 일하거나 직업을 찾기 위해 매일 아침 일어나는 사람들이고, 가족과 친구가 있는 사람들입니다. 우리 주변 사람들에게 더 나은 미래를 제공하기 위해 매일 열심히 일하는 사람들입니다"(바르셀로나).[23] "우리는 실업자, 노동자, 연금 수급자, 학생, 어린이, 농부, 이민자이며, 우리를 무시하며 우리의 삶을 약탈하고 결정하는 모든 사람에게 분노합니다"(그리스 헤라클리온). 그리스 파트라스에도 유사한 문구가 적혀 있었다. "우리는 노동자, 실업자, 청년 등 모두에게 요청합니다. 우리 사회 모두가 파트라스의 성

---

23 http://www.democraciarealya.es/manifiesto-comun/manifesto-english/

조지 광장을 가득 채울 것을 촉구합니다. 우리의 삶을 되찾읍시다."
마지막으로 신타그마에도 이렇게 적혔 있었다. "오랫동안 우리를
빼놓고 우리를 위한 결정이 내려졌습니다. 우리는 우리의 삶과 미
래를 위해 싸우고 투쟁하기 위해 신타그마에 모인 노동자, 실업자,
연금 수급자, 청년들입니다."**24** "우리는 하찮은 사람들입니다"(신타
그마 광장 익명 현수막).

　이것이 바로 서민(common people)으로 구성된 '우리', 삶과 정의
를 요구하는 포용하는 '우리'다. 이름을 짓거나, 구별하거나, 장벽을
세우지 않는 '우리'다. 가장 중요한 것은 이것이 통치 엘리트와 주
류 언론이 강요하는 '국가적' 또는 '세계시민주의적'인 '우리'와 완
전히 반대되는 형태로 형성된 '우리'라는 점이다. "우리 책임이 아니
라, 당신 책임이다", "우리는 당신이 진 빚을 갚을 필요가 없다", "우
리는 당신의 전쟁을 위해 대신 싸울 필요가 없다"(파살로 동원 운동).
"우리는 당신이 아니다"라는 구호에서 드러나듯이 명확한 외부, 즉
미래를 파괴하는 사람들을 포함하는 외부와는 달리 다면적인 '우
리', 즉 굴절로 가득 차 있고 다름을 항상 새롭게 배열하는 과정에

---

24 http://aganaktismenoihrakleio.blogspot.com/(헤라클리온 총회 블로그)에서 찾을
　수 있다. '파트라스시의 분노'는 총회 결정과 토론 내용을 다음 사이트에 업로드해
　놓았다. http://patras-democracy.blogspot.com/(인용한 부분은 여기에 있다. http://
　patras-democracy.blogspot.com/search/label/%CE%A3%CF%85%CE%BD%CE%AD%CE%
　BB%CE%B5%CF%85%CF%83%CE%B7). 여기에서 언급된 것을 비롯한 신타그마 광장
　점령 운동 총회의 의결 사항들은 여기에 있다: http://real-democracy.gr/content/
　poioi-eimaste-1.

열려 있는 만화경 같은 '우리'가 있다.

그 '우리'가 다중(multitude)이라는 '우리'인가? 이질적 다중성이 다중의 특징이라면 그렇다고 할 수 있다. 그러나 자본주의의 현 단계에서 군중을 다중으로 묘사하는 이면에는 다른 논리가 작동한다. 그 논리는 생명정치적(biopolitical) 생산의 시대에는 다중이 생산력으로 간주된다는 관점에 서 있다. 하트와 네그리에 따르면, 다중은 "공동의 생명정치 분야에서, 생산하면서 동시에 생산되는 다수의 특이한 개인들이다"(Hardt and Negri 2009: 165).[25]

광장과 2010-12년 봉기에서 다중은 자신을 생산력의 관점에서 정의하지 않았다. 비록 하트와 네그리처럼 생산이라는 용어가 거의 모든 형태의 인간 활동을 포함하도록 허용해도 그렇다. 자본주의는 모든 인간 활동에서 경제적 가치의 생산과 이윤의 생산 기반이 되는 생산력을 추출하려고 시도한다. 그러나 광장에 있던 사람들은 생산하기보다 창조하는 사람들이었다. 하트와 네그리는 오늘날 "노동은 임금 노동에 국한될 수 없으며 아주 일반적 의미의 인간 창조적 능력을 가리켜야 한다"라고 분명히 주장한다(Hardt and Negri 2005: 105). 파올로 비르노(Paolo Virno)는 "일과 실천(poiesis and praxis) 사이의 구분 선이 (…) 이제 완전히 사라졌으며"(Virno 1996:

---

25 '민중' 및 '대중'과 분명히 구별되는 다중은 "복합적이고 내부적으로 다르지만, 공동으로 행동할 수 있고 따라서 자신을 지배할 수 있는" "활동적인 사회적 주체"다(Hardt and Negri 2004: 100).

190), "노동을 나머지 인간 활동과 구별하는 어떤 것도 더 이상 존재하지 않는다"라고 믿는다(Virno 2004: 102). 그러나 자본의 논리가 창조적 행위를 계속해서 포위하는 것에 반대하는 운동이 있고, 이는 광장의 커머닝 경험에서도 확인할 수 있다. 존 홀러웨이(John Holloway 2010: 245-9)가 이론화한 "존엄의 반정치(anti-politics of dignity)"라는 맥락에서 "행함(doing)"의 일시적 해방에 대해 말하는 것이 아마 더 적절할 것이다. 행함의 이러한 불안정한 해방은 기존의 사회 질서에 맞지 않는 주체로서 '정치적 주체'의 출현과 직결될 수 있다. 랑시에르가 주장하듯이, 정치는 지배적인 사회 질서(치안(police))가 와해되어 재정의될 때 '발생'한다. 정치는 창조적인 것으로 간주할 수 있는 행위를 통해 일어나는데, 창조적인 것은 무언가(유형적이든 아니든)를 생산하기 때문이 아니라 행위 주체의 창발적인 주체성을 형성하기 때문이다. "주체화의 정치적 과정은 (…) 계속해서 신참자들을 **창조**한다"(Rancière 2010: 59, 강조 추가).

대중들 사이에서 다양한 양식의 공유와 만남은 수행되면서 만들어진다. 이러한 양식들을 지배적인 기관이 조작하고 착취의 메커니즘으로 전환해 시장이 전유할 가능성을 완전히 배제할 수는 없다. 하지만 가능성의 관점에서만 판단해서는 안 된다. 현재 우리가 아는 한, 다양한 형태의 커머닝은 지배 정치권력의 주요 목표들에 반대하며, 위기와 일상 시기 모두를 장악하고자 하는 헤게모니 프로젝트에도 반대한다.

정치를 재정의하려는 다른 시도(아감벤과 랑시에르를 포함해)와 함께 다중 이론이 우리에게 제시할 수 있는 것은 정치가 집단적 주체화의 과정과 연결되어 있다는 점이다. 이러한 이론이 재고하려는 것은 단순히 정치적 주체의 정의 변화에 관한 것이 아니라, 집단적 주체가 구성되는 과정에 관한 것이다. 아감벤은 미래 공동체의 주체성을 설명하기 위해 "임의적 특이성(whatever singularities)"이라는 용어를 사용하고,[26] 랑시에르는 "민주적 실천은 몫 없는 사람들—이는 '배제된' 사람들이 아니라 그 누구든지를 의미한다—의 몫을 각인하는 것"이라고 설명한다(Rancière 2010: 60). 하트와 네그리는 다름을 제거하는 것이 아니라, 특이성 사이에 공통 기반을 만드는 과정으로서의 다중 '만들기'를 주장한다.[27] 따라서 정치적 주체화는 집단적 정체성의 구축과 통합된 사회조직의 건설을 향한 것이 아니라, 커머너들의 열린 공동체를 만드는 커머닝 실천에 기반한 새로운 형태의 조정과 상호작용으로 나아가는 과정이라고 생각할 수 있다.

그러나 이러한 이론화는 평등주의적이고 해방적인 사회관계를

---

26 아감벤의 이론은 '주체 없는 공동체'를 지향한다. 그 공동체에서 인간은 '고유한 존재-따라서 정체성이나 개인의 특성이 아니라 정체성 없는 특이성, 즉 공통적이고 절대적으로 노출된 특이성을 만드는 데' 성공해야 한다.

27 하트와 네그리는 '정체성'이라는 용어 대신 '특이점'이라는 용어를 선호한다. 그들에게 특이점은 다중성에 의해 정의되고 다중성을 지향하며 "항상 달라지는 과정에 관여"한다(2009: 338-9). 그들은 또한 공동체를 정체성으로 이해하는 지배적인 이해에서 벗어난 "공동 소속"에 대한 이해를 아감벤과 공유한다(Stavrides 2010b: 125 참조).

예시할 수 있는 집단 행위의 형태에 대한 아이디어를 발전시킴으로써 다른 미래 사회의 가능성을 암시할 수 있을 뿐이다. 이것으로 충분할까? 그렇지 않다. 현대의 운동을 이해하고 그들의 행위, 담론, 조직 형태로부터 배우는 것이 시급하다. 우리가 이미 알고 있는 한 가지는 이러한 운동들이 절대주의 체제의 사회에도 있었다는 사실이다. 또한 이러한 사건은 사람들이 집단 행위로 되돌아갔음을 나타내는 징표다. 혜택받지 못하고 소외된 사람들이 광장이나 봉기에 가담했다고 하더라도, 그 집단 행위를 한 사람들이 가장 혜택받지 못하고 소외된 사람들이라고 단정할 수는 없다. 광장에 있는 모든 사람을 포괄할 수 있는 공통의 경제적 또는 사회적 정의(定意)를 찾을 수 없다. 권력 정당성의 위기와 정의(正義)의 부재에 대한 '공유된 감정'이 그들을 하나로 단결시켰다. 모든 사람은 자기 삶으로부터 이처럼 만연한 불의를 입증하는 경험을 끌어낸다.

튀니지 봉기에서는 이러한 공유된 감정이 수년 동안 튀니지를 지배한 부패한 정권에 대한 반란으로 표현되었다. 2008년 12월 아테네 봉기에서는, 경찰관이 어린 소년을 살해한 사건이 청년들을 적대와 실망이 예정된 미래에 가두는 모든 정치와 정책, 지배 이데올로기들을 압축해서 보여주는 하나의 행위였기 때문에, 이러한 감정이 청년들의 모든 행동에서 발견되었다. 그리고 광장에서는 이러한 감정이 경제적 불의(이는 긴축 조치를 통해 강제되거나 다소 가속화됨)에 대한 집단적 인식의 형태로 나타났다. 이러한 감정은 2011년 영국 폭동의 배후에도 있었던 것 같다.

이 모든 사건은 사회가 운동하고 있음을 보여준다. 그리고 이 운동은 이익 추구를 목적으로 다양한 사회 집단이 표출하는 특정 요구의 응집을 넘어선다. 집단적 창작과 집단적 창의성의 실천 속에서 공동공간이 만들어지고, 그곳에서 사람들은 분노와 필요를 표출할 뿐 아니라 여러 양식의 공동생활을 발전시킨다. 사실 그러한 공동생활 양식은 이념적 전제나 가치의 관점에서 보면, 깨지기 쉽고 불안정하며 일시적이고 때로는 모순적이다. 그러나 이러한 공동공간 생산은 반체제 정치를 재창조하고 사회적 역할의 경계를 뛰어넘는 실천에 새로운 양식을 부여한다. 홀러웨이의 용어를 사용하자면 공간 커머닝 실천은 "행함의 운동(movement of doing)"을 회복하고 있으며, "죽은 행함(dead doing)"을 "정체성의 틀이나 역할 또는 캐릭터 가면의 틀로" 제한하는 지배적인 분류법에 반대한다(Holloway 2002: 63).

공유와 연대는 이념적으로 승인된 정언명령 또는 가치로서 도입되는 것이 아니라, 실제 문제를 해결하며 저항을 집단으로 조직하는 과정에서 경험된다. 이러한 맥락에서 국가의 공격에 대한 방어를 조직하는 연대와 점령한 광장의 쓰레기를 수거하기 위해 조직된 연대 사이에는 차이가 없다. 연대는 단순히 국가 세력과의 충돌에서 사람들을 지탱하는 힘이 아니다. 연대는 과거에도, 현재에도 '창조하는 힘'이다. 에이브럼 노엄 촘스키(Avram Noam Chomsky)

의 말에 따르면, "점령 운동의 가장 흥미로운 측면은 여러 결사체, 유대, 연결, 연결망의 구축이 곳곳에서 일어나고 있다는 것이다"(Chomsky 2012: 45). 위기의 시대에 연대는 윤리적으로 만족스러울 뿐 아니라 효과적이기도 하다. 사람들은 위기에서 살아남는 방법을 고안하고, 창조하고, 발견한다. 그리고 광장의 경험을 통해서 집단적 창조의 실천은 사회적 실험의 형태를 획득한다.

지배적인 도시 통치 모델에 대항할 수 있는 가장 시급하면서도 전도유망한 과업은 공동공간의 재창조다. 공동 영역은 국가가 통제하는 '승인된' 공공 공간과 끊임없이 대결하면서 나타난다. 아르헨티나조 봉기를 광범위하게 연구한 마리나 시트린(Marina Sitrin)은 점령 운동의 전략에 대해 언급하면서 다음과 같이 제안한다. "우리의 기준은 항상 서로여야 하고, 직접민주주의 공간의 창조여야 한다. 그러나 우리는 우리의 의제를 유지하면서 제도 권력의 문제들을 극복할 방법을 찾아야 한다"(Sitrin 2012: 7). 그러나 이러한 수준의 극복은 커머닝 운동 내부에서나 커머닝 운동 과정에서 발생하는 권력 축적 방지를 위한 커머닝 제도의 발전에 전적으로 달려 있다. 목적만이 아니라 수단도 정당해야 한다. 평등주의 사회를 향한 투쟁의 승리를 위해 불평등과 인클로저 형태의 수단을 동원해서는 안 된다. 그것이 때때로 불가능해 보일지라도, 우리의 공동 세계와 공유하는 실천이 지배적인 양식의 위계적 협업 및 통제된 분배에 대한 끊임없는 투쟁으로 형성될 때 우리는 평등사회에 다가갈 수 있다.

　광장 운동의 경험에서 알 수 있듯이, 공동공간의 생성은 모순으로 가득 차 있고 예측하기 어려운 과정이다. 그러나 그러한 과정은 자본주의적 지배를 넘어서기 위해서 반드시 필요하다. 운동하는 공동체가 만들어 낸 공동 영역에서 사람들은 자신의 꿈과 필요를 비교하고, 연대를 재발견하며, 지배적인 정책이 강제한 파괴적인 개인화에 맞서 싸울 공간을 발견한다. 정의와 존엄에 대한 다방면적이고 다원적인 요구 뒤에서 해방을 위한 새로운 길을 시험하고 창조한다. 그리고 사파티스타민족해방군의 표현을 인용하자면, 우리는 걸어가는 동안에만 이러한 길을 만들 수 있다. 그러나 우리는 먼저 운동이 걸어가는 길을 보고 듣고 관찰하고 느껴야 한다.

3부

공동공간 상상하기

7

훼손하기 실천

커먼즈의 재발견으로 가는 문턱

집단 기억에 대한 도전?

보통 우리는 집단 기억이 특정 장소와 연결되어 있고, 그곳에서 회상할 가치가 있는 과거 사건들의 흔적을 인식한다고 이해한다. 따라서 집단 기억은 공간을 일종의 의미 저장소로 사용하며, 그 공간은 사회적 표지를 통해 저장소를 찾아가는 방법을 아는 사람들에게 개방되어 있다. 하지만 공간과 기억의 관계를 이렇게 이해하는 것은 단편적이다. 무엇보다 이러한 이해는 사회 구성원 또는 사회 집단을 단순히 표지판을 읽는 사람으로만 규정한다. 이에 따라 집단 기억은 교육과 기념 의례를 통해 집단으로 인식된 과거에 대한 의미 있는 참조물(references)을 개발하고 축적하는 과정으로 간주된다.

우리가 집단 기억을 항상 변화하는 것으로 이해하고 사회적 적대감이 표출되는 결정적인 영역으로서 항상 경합하는 것으로 이해한다면, 우리는 그러한 역동적 과정에서 공간이 사용되는 다양한 방식을 찾아내려고 노력해야 한다. 마르크 오제(Marc Augé)는 망각에 관한 연구에서 매우 명쾌한 공간 모델을 사용해 기억과 망각 사이의 관계를 설명한다. "바다가 해안선을 그리듯, 망각은 기억을 만든다"(Augé 2004: 20).

이 공간 은유는 기억과 망각을 항상 분리되고 차별화된 것으로 설명하는 것 이상을 말해준다. 만약 우리가 해변의 공간을 해안선을 결정하기 위해 바다와 육지가 계속 다투는 중간 공간으로 본다면, 망각과 기억은 고정된 두 영역이 아니라 계속되는 과정의 산물이다. 게다가 기억과 망각이 사회적으로 공간과 연결되려면, 그 공간은 사회적 행위자들이 의미 있는 과거를 포착하기 위해 서로 경쟁하듯 정의하고 주조하고 창조하는 과정에 있는 공간이 되어야 할 것이다. 그런 의미에서 우리는 공간과 기억의 관계를 오제의 은유를 사용해 설명할 수 있다. 이 은유에는 흥미로운 지식이 숨어 있는데, 그것은 기억이 공간을 사용할 뿐 아니라 공간을 변형시킨다는 점이다. 기억과 망각 사이의 다공성 경계가 결국 투쟁으로 정의된다면, 공간도 윤곽선(outlines)의 역할에 대한 의식을 통해 만들어진다. 여기에서 윤곽선은 공간을 점유하고 사용하고 평가하는 실천 속에서 계속해서 새로 정의된다. 그리고 공간 윤곽선의 의미는 공간적 중간 영역뿐 아니라, 시간적 중간 영역(오제의 이미지에서 해안선과 같은)에서도 결정된다.

아래에서는 그러한 중간 영역의 정의를 둘러싼 투쟁에 형식을 부여하는 구체적 기억 메커니즘의 내부 논리를 살펴볼 것이다. 공간은 사용 과정에서 사회적 의미를 가진다(Massey 2005: 189). 따라서 기억은 단순히 공간에 축적되는 것이 아니라, 공간 지각에 직접 영향을 줌으로써 능동적으로 공간을 재구성한다. 이 특별한 메커니즘은 공공 공간(집단 기억의 중요한 구성 요소)의 지각에 영향을 미치는 이미지를 조작해 공공 공간의 의미에 개입하는 행위와 제스처(gestures)¹를 포함한다. 이러한 동작은 공간의 특성 중 일부를 숨기거나 건물, 부지 또는 장소의 외관을 완전히 변형시킴으로써 공간 이미지를 왜곡한다. 그러나 이러한 동작과 행위는 단순히 변화를 일으키는 데 그치지 않는다. 그것들은 의도적이든 아니든, 원래부터 볼 수 있었던 것과 이러한 행위의 결과로 볼 수 있게 된 것 사이의 대조를 보여주는 토대를 제공함으로써 기억 충격을 일으키기도 한다. 어떤 경우에는 집단 기억이 커먼즈로서의 공공 공간을 되찾는 실천을 통해 상연(上演)되고 표현되는 것을 볼 수 있다.

이 특별한 메커니즘을 기술할 때 '훼손하기(defacement)'라는 용어를 사용할 수 있다. 훼손하기란 어떤 사물 또는 사람의 외모를 구성하는 핵심 요소인 '얼굴 면(face)'을 왜곡하거나, 얼굴 면의 특징

---

1 제스처는 예술적인 아이디어나 의미를 표현하기 위한 행위, 몸짓, 동작 등을 총칭하는 용어다(옮긴이).

을 일부 숨김으로써 그것을 파괴하는 행위를 말한다. 훼손하기 동작에는 항상 일종의 잠재적 폭력이 내재해 있다. 그리고 항상 외관, 정체성을 드러내는 이미지와 대결한다.

공간 특히 공공 공간은 지배적인 문화 형성 매체를 통해 유통되고, 현장 경험을 통해 실체화하는 정형 이미지 형태로 주로 지각된다. 이러한 이미지는 특정 건물이나 도시 현장의 외관을 결정하며, 해당 공간의 정체성과 강하게 연결된다. 이 이미지는 공간을 식별할 수 있게 한다. 따라서 공공 공간의 외관을 훼손하는 행위는 이미지를 생성하는 공간의 인지적 특성을 표적으로 삼는다. 훼손 행위는 친숙한 공간이 갑자기 낯설어지는 기억 충격을 일으킨다. 훼손하기는 도시 기억에 파열을 가져온다. 기억은 사회적으로 만들어진 공공 공간의 이미지와 연결되어 있기 때문이다.

훼손하기의 의례적 의미를 문제로 설정한 인류학자 마이클 타우시그(Michael Taussig)는 다음과 같이 제안한다. "농담이 언어에 작용하는 것처럼, 훼손하기는 사물에 작용해 그 사물에 내재한 마법을 선명하게 드러낸다. 그 사물이 일상화되고 사회화되었을 때만큼 명백하게 이런 일이 벌어지는 때는 없다"(Taussig 1999: 5). 이 내재한 마법은 바로 훼손 행위로 갑자기 시야에 들어오는 의미, 즉 실현되지 않았거나 더 중요하게는 억압된 사물과 공간의 의미다. 이는 훼손하기가 단순히 왜곡하거나 숨기는 행위가 아니라, 드러내는 행위임을 의미한다. 훼손하기는 단순히 숨은 것을 밝은 곳으로 끌어내는 순진한 계몽 프로젝트가 아니라, 계시와 심지어 비신화화를 수행하는 행위다. 신화는 현실을 직접 결정하거나 변형시키는 방식으로 현실을 은폐한다. 따라서 비밀로 유지된 것을 비신화화하거나 계시한다는 것은 훼손하기가 다소 정교하고 영민한 절차를 수행할 수 있음을 의미한다. 그 비밀은 현실에 대한 변혁적 힘을 잃지 않으면서 드러나야 한다. 타우시그는 비밀을 정당하게 평가함으로써 비밀을 계시해야 한다는 벤야민의 촉구를 종종 언급한다(Taussig 1999: 2, 160, 167, 194). 벤야민의 말에 따르면, "진리는 비밀을 파괴하는 폭로의 과정이 아니라, 그것을 정당하게 평가하는 계시다"(Benjamin 1990: 31). 그러한 독특한 비신비화 과정에서 비밀은 "비밀의 내재한 신비함, 즉 신비로서의 존재를 그러한 계시를 우선 가능케 하는 필수 구성 요소로 취급함으로써" 조명된다(Surin 2001: 213).

우리는 타우시그의 주장을 재구성해 집단 기억의 역할을 강조할 수 있다. 훼손하기는 특정 '얼굴 면'의 과거와 현재 상태 간에 비교를 만들어 내고, 그 비교는 과거와 현재 모두에 대한 새로운 해석을 창조할 수 있다. 따라서 훼손하기는 꼭 그렇게 하려는 의도가 있지 않더라도 벤야민이 불렀던 것처럼(Benjamin 1985: 227) 일종의 "불경한 계시"을 생성할 수 있으며, 그것은 현재와 과거의 새로운 별자리(constellation)를 형성한다. 과거는 현재에 발생하는 행위로 재조명되는 것이 아니다. 과거는 현재와 연결된 과거로서 나타난다. 이

때 과거는 과거를 회복하고 호출해 의미를 부여하는 현재와 연결된 과거다. 이 과정은 저장하고 검색하는 능력이라기보다는 연결하고 비교할 수 있는 공유된 능력으로서 집단 기억과 관련이 있다. 그것은 단순히 시야에서 숨어 있는 것을 일시적으로 회상하는 문제가 아니라, 억압된(적극적으로 잊힌) 여러 층의 집단적 경험을 불러내고 훼손된 장소와 연결된 지식을 활성화하는 방식이기도 하다.

훼손하기 메커니즘의 논리는 집단 기억과 공공 공간에 내재한 경합적인 성격에 그 바탕을 둔다. 마르셀 에나프와 트레이시 스트롱이 주장하듯이, "공공 공간은 (…) 항상 경합적이다"(Hénaff and Strong 2001: 4). 훼손하기 메커니즘은 시간과 공간에서 형성되는 특정한 권력관계의 영향을 받는다. 예를 들어 모리스 알박스(Maurice Halbwachs)는 초기 기독교 공동체의 집단 기억의 역사를 추적하면서, "(공동체의 기억이 스며든) 이 장소들을 훼손하고 그 장소를 가리키는 표지판들을 파괴하려 한" "신흥 기독교의 적들"의 행위에 주목한다(Halbwachs 1992: 202). 누가 어떤 상황에서 무엇을 훼손하는지가 중요하다. 우리는 다양하게 수행된 훼손하기를 비교함으로써 도시적 집단 기억의 반체제적 활용, 심지어 공동의 것의 장면을 재연하는 행위(랑시에르의 표현을 빌리자면)를 추구하기 위해 훼손하기를 사용할 가능성을 발견할 수 있다. 이러한 맥락에서 시간과 장소를 비교하는 독창적인 능력으로서 기억을 이해하는 것이 중요하다.

집단 기억은 커머닝의 수단일 뿐 아니라 중요한 목표가 될 수 있다. 집단 기억과 커머닝 관계의 가장 명백한 측면은 집단 기억이 공동체 구성원들에게 공통의 과거로 인식되는 사건에 형식과 내용을 부여하는 힘을 가지고 있다는 것이다. 그러나 이로부터 분명해지는 사실은 오제의 이미지에서 이미 예시된 것처럼, 공유 기억의 선별적 특성이 강력한 수행적 결과를 가진다는 것이다. 한 집단의 구성원이 공통의 과거로 인식하는 것은 집단으로서의 정체성에 결정적으로 기여한다. 집단 기억은 "감각적인 것의 분배(distribution of the sensible)"(랑시에르의 용어를 빌리자면)를 형성하고 공동체를 특징짓는 공동 세계에 형태를 부여한다.

　나중에 보겠지만, 훼손하기는 공동 세계의 토대에 숨은 모순을 불러일으켜 집단 기억에 갑작스러운 충격을 가한다. 훼손하기는 반체제 의식이 폭발하는 순간을 공동 세계에 도입해 과거에 대한 공동 신념을 불안정하게 만들 수 있다. 그러나 훼손하기는 공적인 제스처 즉 공개적으로 행해진 제스처이며, 확립된 공동 세계의 확실성을 지지하는 지배적인 이미지를 향한 동작이다. 따라서 훼손하기 행위는(부르디외의 제안을 빌자면) 재현을 둘러싼 투쟁의 장에서 이루어진다. 훼손하기는 새로운 공유 지식에 근거를 제공하는 해석 실천을 불러일으킬 수 있다. 훼손하기를 통한 비신화화 및 계시 행위는 기억의 커머닝과 기억을 통한 커머닝 모두에 갑작스러운 충격을 일으키며, 이 충격은 집단 기억이 자신을 재창조하고 변형하고 확장하고 경합에 노출시킬 수 있게 한다. 훼손하기를 통해 공공 공간,

특히 당국이 승인한 기념물들은 자기규정의 안정성을 잃고 때로는 지배적 권위의 통제에서 벗어난다.

훼손하기가 여러 형태의 집단적 재해석을 촉발하는 경우, 훼손하기는 일시적으로나마 공공 공간을 공동공간으로 전환할 수 있다. 훼손하기와 지배적 이미지 간 충돌의 격렬함 자체가 훼손하기 행위에 공동 세계의 자족성과 '명백함'에 도전하는 힘을 줄 수 있다. 중요한 과거 사건들의 안정적 이미지를 확보하고 재생산하기 위해 지정된 기념물들을 통해 공동 세계를 아무리 민주적으로 표현하더라도 상관없다. 훼손하기는 반체제적 '예술'일 뿐 아니라, 평등한 사람들의 열린 공동체를 창조하고 상시 개방된 과정으로서 커머닝(재현 속에서나 재현을 통한)을 구상하는 '예술' 중 하나일 수 있다.

당국의 훼손 행위

1995년 베를린에서는 당국에 의해 독일 근현대사에서 매우 중요한 전환점이 된 훼손 행위가 일어났다. 독일의 '민족 통일' 5주년을 기념하는 엄청난 규모의 제스처가 집단 기억과 공공 예술의 역할에 대한 공개 토론을 불러일으켰다(Hanssen 1998). 유명한 포장(包裝) 예술가인 크리스토 자바체프(Christo Javacheff)는 전 세계 유명 건물이나 유적지를 포장하는 행위 예술로 큰 명성을 얻었다. 이번 작품의 소재는 베를린 독일 국회의사당 건물이었다. 다음 해에 건물 보수를 앞두고 이뤄진 포장 작업은 독일 역사에서 독일 국회의사당이 차지하는 역할에 대한 제스처라는 점에서 논란이 되었다. 1918년 바이마르공화국이 그곳에서 선포되었고, 악명 높은 독일 국회의사당 방화 사건은 나치가 권력을 장악하는 계기가 되었기 때문이다.

독일 국회의사당 포장을 훼손 행위로 간주할 수 있다. 건물은 완전히 사라지지 않았지만, 효과적으로 숨겨졌다. 건물의 윤곽은 거기 그대로 있어서 알아볼 수 있었다. 포장된 건물은 거대하고 기이한 오브제로 격렬하게 축소된 이미지, 즉 왜곡된 이미지였다. 이 제스처는 공유된 기억에 대한 공격이라고 볼 수 있었다. 포장으로 건물을 일시적으로 숨기는 것조차 기억의 장소를 백지상태로 환원시키는 효과와 더불어 일종의 기억 삭제 효과를 낳는다. 그것은 탁월한 모더니스트 제스처였을까? 그렇다. 그러나 안드레아스 후이센 (Andreas Huyssen)의 해석을 빌자면, 그것은 매우 미묘하고 모호한 모더니스트 제스처였다. 그의 견해에 따르면, 크리스토는 "순간적이고 일시적인 현시(顯示)라는 모더니스트 정신에 감화되어 영속성과 파괴 없이도 존재할 수 있는 기념비성"을 창조했다(Huyssen 2003: 46). 따라서 그 사건의 일시성은 "기억과 망각 사이의 빈약한 관계"를 암시했을 수 있다(같은 책: 36).

이 훼손 행위가 촉발한 것은 아마도 과거에 대한 반성적 태도일 것이다. 역사적 기념물의 생성은 선별적인 행위이며(Boyer 1994: 144), 기억할 가치가 있는 것과 잊어야 할 것을 정의한다. 반면, 크리스토의 포장은 일종의 모순적인 기념비성을 창조한다. 건물 포장 행위는 낯익은 이미지의 일시적 부재를 통해 사람들이 그 이미지를 생각하게 만들 수 있으며, 일종의 기억 충격을 일으킴으로써 더 이상 존재하지 않는 것을 보게 할 수도 있다. 고통스러운 집단 회상의 흔적을 제거한 전형적 이미지로 덮인 한 건물에 집중함으로써 기억이 활성화된다. "크리스토의 베일 씌우기는 그것이 보일 때 숨어 있던 것을 보이게 하고, 노출시키고, 드러내는 전략으로서 기능했다"(같은 책: 36).

그 포장 사건은 독일 국회의사당에 대한 집단으로 억눌린 이미지를 뒤흔들었다. 그 건물은 단지 의례를 위한 장소나 박물관으로서만 기능하고 있었다. 여전히 대중적으로 해석 차이가 존재하는 독일 역사의 충격적인 사건들과 그 건물을 어떻게 연결할 수 있을까? 그리고 누가 해석의 주체가 될까? 집단 기억이 집단적 죄의식과 집단적 기억상실 사이의 투쟁을 어떻게 수용할 수 있을까?

건축 기념물은 독특한 존재감 때문에 기억을 가두는 역할을 한다. 어쨌든 건물은 눈에 띄는 장소가 되고, 공식 역사는 특정 과거에 대한 단 한 번의 신화적인 평가에 그 건물을 고정하는 실들을 엮어서 그 장소 주위를 에워싼다. 기념물들은 이러한 평가를 해석이라고 표현하지도 않는다. 기념물들은 오히려 자신의 존재를 통해 단호하게 그 평가를 자명한 진리로 바꾼다. 기념물들이 과거를 '자연법칙화'하는 힘을 갖는 까닭은 도시에 거주하는 사람들의 시야에서 변하지 않는 그들의 존재감 때문이다. 기념물은 독특해서 두 번 다시 없는 것으로 간주될 때 어떤 아우라, 즉 인간의 작품(또는 인간의 시선이 포착할 때 만들어지는 자연의 작품)을 특징짓는 아우라를 획득한다. "그 아우라는 그것을 불러일으키는 것이 아무리 가까이 있어도 멀리 있는 것처럼 보인다"(Benjamin 1999: 447).

포장된 독일 국회의사당은 저명한 공공 건축 작품으로, 도시에서 갖는 독특한 존재감에서 비롯한 아우라를 잃었다. 포장이라는 제스처가 사물을 공통의 반복적 모양들로 환원한다. 크리스토의 포장은 국회의사당의 고유한 특성을 줄이거나 없애기까지 했지만, 예술적 제스처로 홍보되었다. 포장은 의미 있는 제스처로 해석되어야 했다. 이처럼 기념비적이고 장소 맞춤형의 의미심장한 제스처는 독특한 오브제를 창조한다. 그렇게 탄생한 새로운 오브제인 포장된 독일 국회의사당은 루츠 케프닉(Koepnick 2002: 111-2)의 제안처럼 "일시적인 아우라"라는 고유한 아우라를 지닌 독특한 작품으로 베를린 사람들의 시야에 등장했다. 이 특별한 아우라는 건물의 존재를 기억과 해석에 대한 도전으로 만들었다. "그 프로젝트의 아우라는 과거와 현재의 경합적인 이미지를 불러일으켜서 역사, 진실, 정체성이 만들어진다는 사실을 명확히 보여주었다"(같은 책: 112).

훼손하기는 집단 기억에 다시 주목했다. 훼손하기는 집단 기억에 과거의 의미에 대한 풀리지 않은 질문들을 다시 제기했다. 누가 어떻게 이 과거의 약속과 죄의식을 물려받았는가? 건물은 어쨌든 무엇을 나타냈는가? 그리고 누구를 위해? 기념물을 일부 감추는 행위, 즉 그 기념물의 '얼굴 면'을 뒤틀어서 과거의 많은 갈등과 딜레마에 대해 침묵했던 이미지로 인식시키는 포장 행위는 갑자기 건물에 대한 해석적 관심, 기념물의 상징성과 공공 가치에 대한 대중적 담론을 촉발했다. 누가 현재의 이미지를 형성할 권리를 갖는가? 훼손하기를 통해 생성된 기억 충격은, 과거는 끝나지 않았으며 현재와의 비교를 통해 새로운 의미와 정서적 접근이 발생하는 경합적인 영역이라는 새로운 인식을 촉발했다. 잠시나마 그처럼 낯설게 변형된 상황에 직면해야 했던 사람들 대부분은 벤야민이 "무의식의 광학"(Benjamin 1992: 230)이라고 묘사한 현상에 직면했다. 시야에서 억눌렸던 것이 훼손하기를 통해서 갑자기 명확히 드러났다. 서로 다른 층위의 역사가 현재를 규정하기 위해 다투는 도시에서, 이 과정은 공간의 인지를 결정하는 중요한 요소가 된다.

정부의 어떤 전략이 크리스토의 예술을 지원하게 되었는지, 그리고 그로부터 어떤 이익을 얻었는지는 명확하지 않다. 관광 명소의 이점을 제외하면, 정부의 지원으로 이루어지는 이런 종류의 훼손하기는 필연적으로 집단 기억에 모호한 결과를 낳는다. 그러나 이 행위가 과거에 대한 새로운 인식을 제대로 촉진하지 못한 까닭은 이 행위가 공개적으로 후원되고, 따라서 국가 당국의 승인을 받는 예술적 실천으로서 편성되었기 때문이다.

크리스토의 제스처로 시작된 집단 기억의 충격이 기억 커머닝의 경험을 만들어 낼 수 있을까? 포장된 독일 국회의사당이 기억 커머닝의 장소가 될 수 있을까? 그의 제스처가 집단적 해석 습관을 뒤흔든 것은 사실이다. 그러나 그것만으로 공공 공간의 성격을 바꿀 수는 없다. 예술적으로 숨겨진 기념물의 일시적인 아우라는 이 현장의 기념비적 특성을 파괴하지 않았다. 그것은 분명히 해석의 위기를 불러왔지만, 구경과 예술적 응시라는 지배적 행위는 노골적으로 조작·통제된 공공성을 효과적으로 보존했다. 훼손하기 제스처가 과거를 다시 생각하라는 공유된 요구의 일부였다면, 공공 예술은 기념물을 훼손하면서 커머닝의 요소를 가질 수도 있었다. 크리스토의 제스처가 공공 공간의 위기를 불러왔지만, 이 위기는 이미 길들여진 위기였다. 그 위기는 현대 독일의 정체성 형성을 위해 과거를 되돌아보는 것이 중요했던 시기에, 공공 공간(그것의 기념비적 측면을 포함해)의 재구성에 대한 잠재적 요구를 흡수했던 연출된 위기에 더 가깝다. 크리스토의 독일 국회의사당은 다소 교묘한 집단 기억의 덫이 되고 말았다. 과거에 대한 다양한 해석의 징후가 없었고, 과거를 되찾으려는 집단 행위를 표현하지도 않았다. 결국, 국가 당국이 승인한 포장의 일시성은 그 건물이 미래에 도시 중심에 있는 기념비적인 존재로 복귀하는 것을 보장했다. 훼손하기는 단지 속임수, 즉 위기를 모면하기 위한 위기의 모방일 수 있었다.

덜 알려졌지만, 중요한 두 번째 예는 아테네 사례다. 2004년 올림픽 기간에 "아테네의 미를 업그레이드"하기 위해 다양한 정부 주도 사업이 추진되었다(관련 법률 N2947/2001에 분명히 명시됨). 흥미롭게

도 외관 리모델링을 위한 시정부 사업에서 아테네는 "화장이 필요한 노부인"으로 묘사되었다. 이러한 맥락에서 일부 건물은 시야에서 사라져야 했다. 주요 도로('올림픽 루트'로 표시)에 접한 사회주택 건물 앞에 대형 사진 플래카드가 세워졌다. 인근 언덕에서 내려다본 아테네의 영광스러운 전망을 묘사한 이 이미지는, 아테네가 역사적인 고대 유적의 도시라는 점을 강조하고 있었다. 그러나 이 이미지 뒤에는 도시 역사의 매우 중요한 부분이 조심스럽게 숨어 있었다.

당국의 훼손 행위로 가려진 건물은 알렉산드라 거리의 프로스피기카(3장에서 다룬 주택 단지)로 알려진 주택 단지에 있다. 1930년대 중반에 건설된 이 주택 단지는 소아시아에서 온 난민을 수용하기 위한 대규모 빈민가 철거 프로그램의 일부였다. 언급했듯이, 이 사람들은 그리스 군대의 파멸적 소아시아 원정의 결과로 이뤄진 인구 교환 후인 1922년에 그리스로 이주했다. 따라서 그곳의 건물은 집단적 트라우마와 연관되어 있다. 오늘날에도 그 건물들은 빈곤과 투쟁으로 가득 찬 그리스 난민의 역사를 상징한다.

'부끄러운' 흔적으로 가득한 알렉산드라 프로스피기카 건물들의 낡아빠진 정면 외벽 위에는 과거가 자연사(自然史)로 굳어져 버린 것 같았다. 알렉산드라 프로스피기카의 역사는 집단 망각의 영역으로 밀려났기 때문에, 쇠락은 사회적 조건이나 사회적 과정이라기보다 자연적 현상으로 쉽게 오해되었다. 그러나 이 건물들을 거주할 수 있는 집단 기억의 장소로 보존하고 개조하기 위해 고군분투하는 사람들이 있다.

건물의 외관을 가린 화려한 이미지는 역설적으로 단지에 관한 관심과 그 역사 가치에 대한 거의 잊힌 공개 논쟁을 다시 불러일으켰다. 건물 감추기는 전혀 다른 의도로 이루어졌지만, 신기하게도 알렉산드라 프로스피기카는 감추는 위장 행위 속에서 오히려 더 두드러져 보였다. 마치 숨기는 제스처가 건물의 존재를 강조한 것처럼 말이다. 이처럼 훼손하기는 집단 망각의 영역 속에서 잊혔거나 억압되었던 질문들을 다시 부각시킨다. 왜 이런 건물들이 거기 있는가? 무엇이 건물 쇠퇴의 원인인가? 누가 아직도 거기에 살고 있는가? 그리고 벽의 총알 자국(1944-47년 내전이 시작될 때 1944년 그곳에서 벌어진 결정적인 전투의 흔적)은 어떻게 만들어졌는가?

크리스토의 포장 예술처럼, 당국의 훼손 행위는 숨김으로써 숨기고자 하는 것들을 드러낸다. 알렉산드라 프로스피기카 '가림막 설치'의 경우, 숨기고 지우려는 목적에도 불구하고 실제로 훼손하기는 잠시나마 드러난다. 훼손하기는 일상적인 도시 경험을 식민지화하는 친숙하고 '중립화된' 이미지에 개입함으로써 만든 인지의 충격을 통해 기억에 모호한 파열을 일으킬 수 있다. 이 경우 도시 기억의 방향을 재설정하려는 분명한 전략이 계획되었는데도, 억눌린 과거가 왜곡된 이미지 뒤에서 희미하게 드러난다. 기억은 비교를 생성하고 비교로 생성된다. 이 비교를 드러내는 힘을 보여주려는 듯,

주민 활동가 중 한 명이 플래카드를 찢어 단지의 실제 모습을 드러냈다. 이러한 행위는 당국의 훼손하기를 훼손함으로써 집단 기억을 선동해 훼손하기의 힘을 확인하고 증폭한다.

당국의 제스처로서 알렉산드라 프로스피기카 훼손하기는 완전히 사라지지는 않고 휴면 상태로 유지된 집단 기억의 일부를 직접 겨냥한 것이었다. 그러나 그 제스처는 원하지 않는 것을 숨기려는 목적에서 보면 너무 도발적이고 너무 노출적이었다. 그래서 사람들이 숨어 있던 것에 더 많은 관심을 갖게 하는 결과를 초래했다. 단순한 시각적 충격 그 자체는 기억 커머닝의 현장 모습을 예시(豫示)하는 힘을 가질 수 없었다. 아마도 사진 플래카드를 찢은 그 활동가의 동작은 반체제적 행동이었다. 그것은 외관이 변형된 알렉산드라 프로스피기카 정면 외벽 뒤에 숨은 공간을 커머닝하는 삶을 전면으로 가져왔다. 그러나 이 사실이 행인들에게 인식되려면, 그들이 그 건물들에 대해 약간의 지식이 있거나 적어도 질문들이 있어야 한다.

대안적 또는 반체제적 훼손하기와 공동공간

훼손하기 퍼포먼스는 당국의 기억 조작에 반대하는 투쟁에 기여할 수 있을까? 사람들은 원치 않는 기억의 흔적을 지우고 그 사회적 의미를 통제하기 위한 목적으로 실행되는 훼손 행위로부터 어떤 교훈을 얻을 수 있을까? 당국의 기념물 훼손하기 제스처는 숨기기-드러내기의 모호한 변증법을 조작해 집단 기억의 방향을 바꿀 수도 있고(독일 국회의사당 포장의 경우와 같이), 오히려 통제하고 은폐하려 했던 집단 기억을 스스로 폭로하기도(알렉산드라 프로스피기카 사진 플래카드의 경우와 같이) 한다. 훼손하기 퍼포먼스가 훼손하기 변증법을 활용해 공공 공간의 의미와 용도를 공격할 뿐 아니라, 억압된 기억이 소환될 때 등장하는 공간을 새롭게 전유할 수 있을까? 그리고 이러한 집단적 전유 행위가 공동공간의 잠재적 모습을 형상화할 수 있을까? 우리는 훼손하기의 대안적 활용이 취할 수 있는 세 가지 다른 형태를 구분할 수 있는데, 공간 형태의 훼손, 공간 질감의 훼손, 공간 흔적의 훼손 등이다.

공간 형태의 훼손 훼손하기는 공공 공간의 재정의를 겨냥할 수 있다. 공공 공간이 정형화된 이미지를 통해 의미 있는 사회적 인공물로 지각되고 그 이미지가 공공 공간의 의미를 고정하고 재생산한다는 점을 고려하면, 이러한 이미지의 물질적 기반을 훼손하는 실천은 집단적 기억 충격을 일으킬 수 있다. 그래서 시위 및 관련한 위반 행위는 정치적 사건을 일으킬 뿐 아니라, 지배적인 가로의 이미지를 훼손한다. 아스팔트는 시위대의 요구사항을 기록하는 칠판이 될 수 있다. 그때 아스팔트는 갑자기 집단적 표현의 영역이 된다.

아르헨티나의 피케테로스(piqueteros)[2] 운동 참여자들이 거리를 봉쇄한 것처럼, 시위는 거리의 지도를 재구성할 수 있다. 그곳에서

[2] 피켓을 드는 사람들이라는 뜻의 스페인어다(옮긴이).

실업자들은 주요 도로의 교통을 격렬하게 방해함으로써 저항했고, 폭력적으로 해산당할 때까지 도시를 마비시켰다. 그들이 만들어 낸 시각적·상징적·기능적 충격으로 사회는 그들과 당국이 대립한다는 사실을 알아차릴 수 있었다. 피케테로스는 바리케이드를 이용해 차량 통행을 마비시킴으로써 도시의 정상성을 훼손했다. 그들은 거리를 공동공간으로 사용함으로써 공공 공간의 지배적 이미지를 훼손하고, 대신 공간 커머닝의 이미지를 투영했다. 그들 중 한 명이 설명했듯이, "그곳은 경찰이 당신을 쓰레기 취급하지 않는 유일한 장소인 해방구(피케테)다. 그곳에서 경찰은 '실례합니다. 우리는 협상하러 왔습니다'라고 말한다. 같은 경찰관이 거리에서 혼자 있는 당신을 본다면 당신을 때려죽일 것이다"(Motta 2009: 94).

'가로 되찾기(Reclaim the Street)' 운동은 가로가 무엇이고, 과거에 무엇이 있었는지에 대한 새로운 인식을 불러일으키기 위해 가로를 훼손하는 독특한 사례다. 이 운동은 가로를 임시 공동공간으로 재전유하는 대중적 집단 행위를 조직했으며, 도심의 차도를 점거하는 행위를 통해 교통의 이미지를 훼손했다. 어떤 경우에는 가로를 차단하기 위해 의도적으로 가벼운 자동차 충돌을 활용했다. 놀란 행인들은 불운(자동차 사고)이라고 보통 해석하던 것이 교통을 훼손하고 해석적 충격을 일으키며 가로의 숨은 또는 잊힌 사용법을 드러내는 연극적 수단으로 사용될 수 있음을 발견했다. 가로 되찾기 운동은 1968년 5월의 상징적 모토 "도로 아래 해변이 있다"(이것은 이미 말로 표현된 훼손하기 제스처다)를 환기하듯이, 자동차로 가득 찬 도로 아래에 광장이 있음을 보여주었다. 집단적 훼손 행위가 만들어 낸 새로운 광장은 경험하고 동시에 상상하는 일종의 공동공간이다. "자동차는 춤을 출 수 없다"(Ferrell 2002: 136)라는 구호는 이 운동의 모토 중 하나였는데, 그것은 1995년 영국에서 유행하고 전 세계의 많은 대도시로 퍼져 나갔다. 참가자들은 카니발 공연을 통해, 점령한 도로를 임시 대중 무대로 바꾸곤 했다(Nowhere 2003: 51~61 참고). 공동체 축제와 거기서 분출되는 흥분을 포함한 다른 문화에 대한 기억이 소환되었다.

도로 점령를 통해 교통 분배를 위한 선형 경로라는 가로의 이미지를 훼손하는 것은 가로를 다양한 공동공간으로 기억할 가능성을 만든다. 도시의 가로 이미지를 훼손하는 행위는 숨기기 행위를 통해 억눌린 집단기억의 중요한 측면을 드러낼 수 있다. 이러한 훼손 행위는 게릴라 정원 가꾸기(1960년대 후반에 만들어지고 경찰에 의해 폭력적으로 공격받은 버클리의 유명한 시민 공원에서 상징화됨), 또는 젠트리피케이션이 예정된 공공장소에서 이루어진 공동체 채소 텃밭 만들기에서 그 예를 찾을 수 있다. 바르셀로나 '치욕의 전당(El Forat de la Vergonya)'도 그런 경우였는데, 이 운동은 2000년대에 가혹한 탄압을 받기도 했다.

공간 질감의 훼손 훼손하기는 공공 공간에 거주하는 사람들에게 의미 있는 공공 공간의 질감(texture), 즉 물질성을 겨냥할 수 있다. 스케이트보드 타기는 공공 공간을 사용하고 그 공간을 지지하는 단체의 사람들이 훼손함으로써 공공 공간을 일시적으로 변형하는 공간 질감 훼손의 친숙한 예다. 이아인 보든(Iain Borden)에 따르면, 스케이트보드 타기는 "건축에 대한 퍼포먼스적 비판"(Borden 2001)이다. 스케이트보더들에게 도시는 기존의 전통적 의미를 상실하고 의미 있는 차이를 새롭게 인식하는 장소로 재등장한다. 중요한 차이점으로는 부드러운 표면 재료와 단단한 재료 사이의 차이, 또는 높은 사물-장애물(벤치, 계단, 포장도로, 울타리 등)과 낮은 사물-장애물 사이의 차이 등이 있다. 스케이트보더가 거리를 훼손할 때(많은 국가에서 이를 범죄행위로 규정함), 보더들은 도시의 질감과 연결된 억압된 기억을 분출하거나 새로운 경험을 만들어 낸다. "여기가 내 거리다. 나는 저 아래에 있는 모든 보도의 모든 균열을 알고 있다"(Borden 2001: 191에서 인용).

스케이트보드 타기 실천은 도시에서 훼손하기의 존재감을 조직하는 단체들을 참여시킨다. 가로에 대한 이러한 독특한 재해석과 재전유 과정에서 훼손하기를 통한 커머닝이 펼쳐진다. 바르셀로나 현대미술관 바깥 지역이 그러한 과정의 좋은 예다. 스케이트보더들은 이 지역을 공동공간으로 탈바꿈시켰다. 경찰은 그 장소에 대한 통제권을 되찾고, 당초에 미술관 방문객을 위해 설계한 대로 광장을 다시 전환하기 위해 여러 번 시도했다.

스케이트보드 타기는 공동공간을 만드는 수단이었고, 공간 커머 닝이 공공 공간을 어떻게 변화시킬 수 있는지를 보여주는 수단이 었다. 스케이트보드 타기용으로 디자인된 트랙과 공원은 이러한 퍼 포먼스적 비판의 훼손 잠재력을 억제하고 통제하려는 시도다. 이런 공적 공간에서는 감염성 있는 공간 커머닝 이미지가 형성되지 않는다.

기념물이나 동상에 올라가는 등 허용되지 않은 곳에서 노는 아이들은 시야로부터 완전히 숨은 공공 공간의 물질성을 드러낼 뿐 아니라, 공공 공간을 만드는 데 사용된 재료의 사용자 친화성을 수행적으로 평가한다. 어린이들은 공식 기억의 장소를 훼손하면서 되찾은 공공 공간 내의 지표면, 장애물, 피난처로서 그 장소를 재활성화한다.

공간 흔적의 훼손 마지막으로, 훼손하기는 공공 공간의 중요한 특성인 흔적을 흡수하거나 유지하는 힘을 겨냥할 수 있다. 도시의 젠트리피케이션 프로그램에는 젠트리피케이션이 발생한 지역의 과거 흔적을 지우는 행위를 포함하는 경우가 많다. 기존 공간의 의미와 용도를 재창조하는 효과적 전략은 과거와의 연결, 특히 물질적 잔재에 기반한 연결을 제어하고 선별하는 것이다. 그러나 그래피티가 하는 일은 흔적을 지우거나 조심스럽게 숨기는 것이 아니라, 오히려 흔적을 나란히 놓고, 흔적을 추가하고, 흔적을 '굴절시키고', 흔적을 비판적으로 조작하고, 나아가 흔적으로 존재를 표시하는 것이다. 이러한 모든 경우에 그래피티는 건물이나 부지, 사물을 훼손한다. 이러한 일시적이고 순간적인 예술을 수행하는 사람들은 항상 이동하며 기존 도시 위에 자신의 도시를 써 내려간다. 어떤 사람들에게는 그들의 행동이 때때로 신성모독적이거나 공격적으로 보일 수 있다. 세넷은 그래피티에 대한 두려움을 해석하면서 그래피티 작가의 외침을 상상한다. "우리는 존재하고 우리는 어디에나 있다. (…) 우리는 당신 위에 글을 쓴다"(Sennett 1993: 207).

그러나 이러한 훼손하기 행위는 사물이나 건물의 기존 이미지를 완전한 은폐하지 않는다. 오히려 그래피티 작가는 그곳에 있던 것(보통 버려진 것, 사용하지 않은 것, 보이지 않는 것)과 일시적으로 존재하는 것 사이의 비교를 바란다. 그들이 생산하는 기억 충격은 폭력적으로 지워진 과거와 통제된 현재 사이의 비교를 드러낼 수 있다. 예를 들어, 뱅크시는 그래피티 작업을 통해 이스라엘이 만든 육중하고 압도적인 팔레스타인 분리 장벽에 과감하게 자유의 구멍을 냈다(Banksy 2005). 더 가벼운 기억 충격은 일상생활 환경의 일시적인 파열로 발생할 수 있다. 이 파열은 지하철이나 버스의 창문을 통해, 도시 거주자들의 시선을 사로잡는 그래피티 이미지를 만들어 낼 수 있다. 그래피티는 벽을 오르고, 지하철역을 침범하고, 운송 차량과 화물 기차로 여행하거나, 대형 광고 이미지를 훼손한다. 이러한 모든 경우에서 그래피티는 문자 그대로 "우상파괴(iconoclash)"(Latour and Weibel 2002)다.

혹독한 날씨에 노출되고, 지우거나 덧씌워 '쓰기'를 시도하는 사람들에 의해 그래피티 자체도 훼손 행위의 대상이 된다(Schacter 2008: 47-8). 이러한 행위로 만들어진 도시의 팔림프세스트(palimpsest)[3]는 도시의 몸에 새겨진 다양한 의미의 층위를 숨기기도 하고 드러내기도 한다. (법의 이름으로 또는 '미관 저해' 방지라는 명목으로 이뤄지는) 당국의 삭제 행위는 그래피티 흔적을 지우는 데 종종 성공을 거둠으로써, 반체제적 이미지들을 공격하는 전쟁 행위로서 자신을 드러낸다. 남아 있는 그래피티 흔적은 훼손하기 과정의 동태성을 드러낸다. 그 자체가 훼손 행위의 산물인 훼손된(완전히 지워진 것이 아니라) 이미지들은 끊임없이 변화하는 경관의 생성에 참여하는데, 그 경관 안에서는 은폐와 폭로가 항상 충돌하고 공존한다. "훼손하기는 기표, 기의, 지시 대상 사이의 경계를 변조한다"(Nandrea 1999: 112).

그래피티 예술은 난해하고 일시적이긴 하지만, 공공 공간을 메시지와 공유 가치가 전달되는 중요한 사회적 영역으로 재전유하려는 시도다. 그런 경우 그래피티 예술은 재현을 통한 커머닝(commoning-through-representations)을 향해 있다. 이 재현을 통한 커머닝은 도시의 지배적인 이미지를 비판하거나, 역설적으로 해체하거나,

---

[3] 양피지에 쓰여 있던 원래 문자 등을 지운 뒤에 다른 내용을 덧씌워 기록한 양피지 사본을 말한다(옮긴이).

거의 신성모독적으로 공격한다. 그래피티의 이미지나 메시지는 도시를 되찾는 수단이다. 물론 '내가 거기에 있었다'라고 강조하는 자기도취성 표식과, 도시의 지배적인 재현들과의 전쟁에서 메시지를 전달하는 '집단'의 작업 사이에는 상당한 차이가 있다.

우리는 예술과 행동주의를 의식적으로 결합한 행위들에서 대안적 훼손하기 실천을 위한 경로를 더 많이 찾을 수 있다. 이 퍼포먼스에서 훼손하기는 '해방되거나' '해방하는' 공공 공간, 즉 재창조된 공동공간을 추구하는 새로운 도시 경험의 재정의를 목표로 한다. 훼손하기는 상징적인 전유 제스처와 독창적인 거주 제스처를 통해 이루어질 수 있다. 그것은 도시가 "떠도는 의미의 일시적인 재구성을 위한 무대"가 되는 많은 방법 중 하나다(Robinson 2006: 84).

페르난도 트라베르소(Fernando Traverso)의 자전거는 독창적 훼손하기의 한 예다. 아르헨티나의 예술가이자 활동가인 트라베르소는 실물 크기의 자전거 스텐실을 사용해 세계 각국의 건물 벽, 거리 모퉁이, 또는 커뮤니티 센터 내부에 동일한 자전거 이미지를 그린다. 도깨비 같은 그의 '자전거'는 누군가가 잠시 두고 간 것처럼 서 있다. 사실 이 자전거 이미지는 애초에 호르헤 라파엘 비델라(Jorge Rafael Videla)의 독재 시기에 사라진 모든 사람을 떠올리기 위해 제작되었다. 비델라 군부에 의해 고문받고 처형되어 사라진 사람들은 아무런 흔적을 남기지 않았고, 생사 여부가 확인되지도 않았다. 실제로 트라베르소의 친구 중 한 명이 길모퉁이에 자전거를 남겨

둔 채 이런 식으로 사라졌다. 트라베르소는 사라진 친구를 위한 일종의 '발명된 흔적'으로 자전거 이미지를 만들었다. 이를 건물의 표면에 재현하면서 작가는 이 발명된 흔적을 다른 흔적들이 지배하는 장소에 교묘하게 들여놓는다. 그는 알렉산드라 프로스피기카 주택 단지의 벽에 자전거 이미지를 그려 넣기도 했다. 그러한 제스처는 도시 그래피티 팔림프세스트의 일부가 된다. 그러나 트라베르소는 그 이상의 무엇을 수행한다. 그는 스텐실 이미지를 사용해 집단 기억의 주요 장소에 깃든 공공 기억의 층위들을 재활성화한다. 캐서린 하이트(Katherine Hite)는 "트라베르소는 그의 자전거(bicis)가 대항 기념물이라고 주장한다"라면서 그의 말을 인용한다. "사람들을 기억하기 위한 기념물은 결국 다시 그들을 죽인다"(Hite 2012: 90).

많은 예술가 집단은 끔찍한 집단적 회상이 억압되었거나 여전히 정의와 구원을 기다리는 영역을 표시하기 위해 거의 토템 같은 이 스텐실 이미지를 사용했다(같은 책: 93). 알렉산드라 프로스피기카에 그려진 이미지와 같이 트라베르소의 자전거는 집단 기억의 촉매제 역할을 한다. 낯선 이미지는 작은 기억 충격을 만들어 은폐와 폭로를 동시에 수행한다. 우리는 선택된 장소의 어딘가 벽에 기대어서 있는 자전거 보기를 기대한다. 하지만 그것은 분명히 자전거 그림이므로, 왜 누가 거기에 그것을 그렸을까 하고 의문을 품는다. 우리는 한 사람이 자신의 자전거를 어딘가에 두고 갈 수 있다는 것을 알고 있다. 그러나 아무도 이 도깨비 자전거를 위해 돌아오지는 않을 것이다.

트라베르소는 자신의 자전거에 대해 다음과 같이 말한다. "(그 자전거들은) 실체적인 것과 무형적인 것의 경계에 있었고, 자전거를 본 모든 사람에게 다양한 이야기와 질문의 의미를 열어주었다"(같은 책: 106). 그래피티 이미지는 훼손하면서, 동시에 훼손된 것에 대한 주의를 환기시킨다. 이런 모호함으로부터 트라베르소는 정치적 행위의 가능성을 만들어 낸다. 따라서 훼손하기는 기억이 만드는 논쟁적인 사회 인공물로서의 공동공간을 불러내는 방식이 된다. 트라베르소는 억압되거나 폭력적으로 지워진 공동의 기억을 공공 영역으로 다시 끌어들임으로써 공간 커머닝 실천을 촉발하고, 기억 커머닝을 장려하는 메시지를 퍼뜨린다. 그러한 해석을 보장하는 것은 아무것도 없으며, 트라베르소의 자전거가 실제로 대안 기억의 흔적을 활성화하거나 재생성한다고 확신할 수도 없다. 그러나 그러한 제스처가 우리에게 훼손하기의 변증법을 어떻게 전유할지 배우는 법을 가르칠 수 있다고 상상할 수 있다. 그리고 훼손하기가 숨김으로써 드러내고 그것에 우리의 주의를 집중시킨다면, 훼손하기를 억압된 꿈과 잊힌 대안을 소환하는 데 사용할 수 있다.

트라베르소의 자전거와 크리스토의 독일 국회의사당 사이에는 역대칭이라는 흥미로운 관계가 있다. 크리스토는 그의 행위를 통해 동시대적 이미지 감상의 위기를 두드러지게 만들었다. 그 위기는 고유한 작품에서 기인하는 아우라의 위기다. 크리스토의 작품은 모호한 종류의 아우라, 즉 해석의 양면성과 모순을 낳는 아우라를 가지고 있다. 이 때문에 포장된 독일 국회의사당이 기념비적 건물의 기성 아우라를 새로운 아우라로 갑자기 대체해 과거 아우라의 평판을 위기에 빠뜨릴 때, 포장된 국회의사당은 집단 기억을 공격하거나 자극하거나 활성화하거나 심지어 고취한다.

트라베르소는 자신이 고안한 흔적들을 통해 어떤 이미지에 결부된 흔적의 가치를 되살리는 역할을 한다. 그는 흔적들이 가진 힘을 동원해서 군부에 의해 흔적이 지워진 사건들 및 사람들을 망각으로부터 구해낸다. 이를 위해 그의 흔적은 특정 사건이 발생했음을 증명하고, 그 사건 속에 특정 사람들이 존재했음을 증언한다. 즉, 사라진 사람들은 훼손하기가 만들어 내는 충격을 통해 공동체의 집단 기억 속으로 돌아간다. 즉, 트라베르소가 사용한 훼손하기의 특별한 변증법을 통해 부재의 기호가 재발명된다. 그는 도시의 팔림프세스트에 자신의 그래피티를 삽입해 지배적인 훼손 행위에 공개적으로 도전한다. 그가 발명해 시연한 흔적들은 흔적 지우기에 도전한다. 또한 강요된 집단 기억상실에 맞선 투쟁에 훼손하기의 잠재력을 기꺼이 사용하려는 사람들이 있는 한, 흔적 지우기는 항상 불완전하며 훼손하기의 힘에 좌우될 것임을 보여주려고 한다. 발터 벤야민은 흔적이 아우라의 대척점에 있다고 말한다. "흔적은 흔적을 남기고 사라진 것이 아무리 멀리 떨어져 있어도 어떤 가까움

(nearness)의 모습으로 작용한다"(Benjamin 1999: 447). 반면 크리스토의 제스처에서 훼손하기는 위기에 처한 아우라를 확립하고, 따라서 사물과 관찰자 사이를 멀리 분리하는 전술 자체를 위기에 빠뜨린다. 이러한 종류의 모호함은 사물을 친숙하게 만들지 않으면서도 기념비성의 구속으로부터 그것을 해방한다.

공간 커머닝은 스펙트럼 형태로 나타난다. 강제로도 받아들여지지 않는 새로운 기념비성과, 평범한 사물(패키지)에 대해서도 가질 수 없는 친숙함 사이의 충돌을 관찰자들이 경험하기 때문이다. 이러한 맥락에서 우리는 공동공간을 (새로워진 공적 신화와 소비자 습관에 대한 사소한 사적 경험 사이에 있는) 집단으로 비신화화되는 전유가 일어나는 공간으로 상상할 수 있다.

과거는 실현되지 않은 기회와 가능성으로 가득 차 있다는 벤야민의 견해를 공유하면서(Benjamin 1992: 247), 우리는 대안적 미래를 과거 속에서 찾기 위해 훼손하기를 활용할 수 있다. 아마도 이는 멕시코 남부의 머나먼 도시와 마을에서 활동하는 사파티스타들의 더 강한 모티브일 것이다. 그들도 훼손하기를 통해 전통적인 평등주의의 기억을 재활성화하려 한다. 사파티스타는 자기 훼손 행위를 위해 스키 마스크를 착용해 얼굴을 숨긴다(Taussig 1999: 261). 그들은 "우리는 당신이 우리를 볼 수 있도록 우리의 얼굴을 숨긴다"라고 말한다. 훼손하기는 자신을 보라고 요구하는 행위, 다시 말해 우리도 권리와 요구, 꿈이 있는 똑같은 사람임을 인정해 달라고 요구하는 행위다. 이것은 결국 대안 기억의 정치, 즉 또 다른 미래를 찾아 수행하는 일종의 공유된 기억의 잠재적 해방과 확산이 아닐까?

8
커먼즈로서 도시의
사유이미지와 재현

공동공간은 사람들이 커머닝을 통해 만들어 내는 불안정한 공간으로 나타난다. 따라서 공동공간은 집단적 재현 행위를 통해 상상되고 투영될 수 있으며, 실제로 집단적 재현을 실천하는 사람들이 공유하는 이미지와 말을 통해 묘사된다.

피에르 부르디외(Pierre Bourdieu)는 사람들이 공간에 구속된 정체성(그것이 국가적 정체성이든, 지역적 정체성이든, 도시와 연결된 정체성이든 상관없이)을 구성하고 재생산하는 방식에 관한 연구에서, "기억된 이미지라는 의미에서의 재현에 대한 투쟁"(Bourdieu 1991: 221)을 설득력 있게 언급했다. 따라서 재현은 단순히 기존 현실에 대한 투영 또는 해석이 아니라, 물질적 개입, 거주 공간의 명명, 의미를 둘러싼 싸움 모두에서 현실을 주조하는 투쟁과 연결된다. 사람들은 자신이 속한 사회가 '부여한' 장소들의 사회적 의미를 인식하는 법만 배우는 것이 아니다. 사람들은 재현과 상상의 공유 형태를 통해 현존하지 않는 공간, 아직 존재하지 않는 공간, 가능한 공간에서 거주하는 법을 배운다. 투쟁이 있다는 사실은 재현을 둘러싸고 중요한 이해관계가 있음을 나타낸다. 지배적 재현은 특정 형태의 지배를 재생산하는 데 기여하는 과정에서 습관, 행동, 행위를 만들어 낼 수 있다.

모리스 고들리에(Maurice Godelier)가 정식화한 것처럼 "관념적 실재는 (…) 사유 속 사회관계의 결과로 나타나는 것이 아니라, 이러한 사회관계의 내부 구성 요소 중 하나로, 그리고 사회관계 형성(및 재생산)의 필수 조건으로 나타난다"(Godelier 2011: 251). 따라서 재현은 사회관계 형성에 기여하는 공유된 관념적 실재(예컨대 혈통에 다른 형태의 의미를 부여해 인간관계를 설명하는 것과 같은)를 확립하는 데 중요하다.

공동공간의 재현, 즉 공유 공간의 재현(한 집단의 공동 재산이자 사용 가능한 공동 자원, 공유된 집합적 정체성의 상징 등으로서 재현)이 공동공간을 '발생'시킨다. 공동공간은 사람들이 인식하기도 전에 재현을 둘러싼 투쟁의 대상이 된다. 이러한 투쟁 속에서나 투쟁을 통해서 공동공간은 잘못 인식되거나, 손상되거나, 강탈될 수 있다. 따라서 사람들이 공동공간을 인식하고 고안하며, 공동공간에 대해 꿈꿀 수 있는 수단을 개발하는 방법에 관한 연구가 중요하다. 이러한 공간은 단순히 공간을 생성하는 행위나 공간을 명명하는 해석 행위의 결과가 아니다. 공동공간은 집단으로 사용되고, 정의되고, 구상되고, 소통되는 과정에서 등장하기 때문에 그 자체로 경험될 수 있다.

사람들은 재현을 둘러싼 투쟁에 참여해 다른 사람들이 지지하는 이미지에 대항하며 어떤 이미지를 지지하기 위해 싸우는가? 공동공간은 지배적인 견해에 따라 공유된 공간을 제시하는 지배적인 이미지와 대조되는 다른 이미지 집합으로 묘사되는가? 공동공간이 만약 또 하나의 이미지 레퍼토리가 된다면, 그것은 반지배적인 공동생활 실천의 집합과 마찬가지로 조직적인 스펙터클 속에 흡수될 수 있다. 기 드보르(Guy Debord 1995)의 잘 알려진 개념에 따르면, 그 스펙터클은 인간의 현실을 정형화된 이미지 사이의 관계로 환원한다. 가령 우리는 모두 특정 사회의 커머닝 전통이 이색 여행 패키지 상품을 통해 얼마나 효과적으로 재현되는지 알고 있다. 이러한 여행 상품들은 공동공간을 옛날 옛적 순수 시대의 화석으로 묘사한다.

공동공간이 이미지(이상화된 것이든 아니든)가 아닌 사유이미지(thought-images)를 통해 묘사된다면, 공동공간은 더 정의로운 사회를 꿈꾸는 이들의 상상을 사로잡는다는 위태로운 약속과 함께 재현을 둘러싼 투쟁의 장으로 들어설 것이다. 이미지를 통한 사유는 사유의 '본질'에 대한 추상적 사색에서만 발견되는 관념과 이미지의 별난 혼합물이 아니다. 그것은 단어와 이미지의 연결에 관한 오랜 논쟁에 이바지한 사상가들의 저작을 통해 탐구되었다. 이들은 사회적 삶의 평범하고 간과되는 측면에 주목했다. 그러한 경로를 따라, 이 장에서는 일종의 혼합물 개념인 사유이미지 개념으로부터 공동공간의 의미를 둘러싼 투쟁을 위한 효율적인 무기를 개발할 가능성을 탐색한다.

'사유이미지'는 소위 프랑크푸르트학파와 연관된 이론가들, 즉 발터 벤야민, 지그프리트 크라카우어(Siegfried Kracauer), 에른스트 블로흐(Ernst Bloch)가 쓴 간결한 저작들을 묘사하는 데 사용되었다. 게르하르트 리히터(Gerhard Richter 2007: 7)는 "사유이미지(Denkbild)는 (…) 문학, 철학, 저널리즘적 개입, 문화 비평 사이의 전통적인 구분을 조명하고, 동시에 폭발시키는 짧은 격언적 산문 글이다"라고 설명한다. 사유이미지는 이러한 산문 글에 "파편적이고 폭발적이며 중심을 뒤흔드는 힘"을 부여한다(같은 책:8).

벤야민의 저서 《일방통행로(One-Way Street)》에 대한 아도르노의 비평은 이미지사유자(Denkbilder, 사유이미지를 하는 사람)의 힘을 간결하게 묘사한 것이라 할 수 있다. "그들은 개념적 사유를 멈추려는 것이 아니라, 그들의 수수께끼 같은 형태를 통해 충격을 가함으로써 사유를 진전시키고 싶어 한다"(Richter 2007: 12에서 아도르노의 비평). 수수께끼처럼 느껴지는 사유이미지의 글은 생각을 불러일으킨다. 왜냐하면 사유이미지가 사용하는 이미지들이 비유적 언어 사용의 산물은 아니기 때문이다. 아도르노는 이 이미지를 "갈겨 넣은 그림 퍼즐"(같은 쪽)과 비교하고, 리히터는 사유이미지 글들이 세계를 독해하는 방식을 설명하기 위해 상형 문자의 특이성을 떠올린다 (Richter 2007: 19). 두 저자는 묘사나 비교를 통한 해석을 배제한 채 이미지의 창의적인 구축을 포착하려고 노력한다. 그렇게 표기된 이미지는 다른 차원의 의미를 암시한다. 그 의미 속에서 사유와 사유를 재현하려는 이미지는 분리될 수 없다. 사유는 표현될 뿐 아니라, 실제로 그러한 이미지를 통해 발전한다.

벤야민은 때때로 운문이라고 오해되기도 하는 자신의 독특한 글쓰기와 사유에서 이미지사유자가 다른 종류의 비판적 사고를 활성화할 가능성을 탐구했다. 그 비판적 사고는 계시적 이미지를 통해서 사유하는 것이다. 시그리드 웨이겔(Sigrid Weigel 1996: 53)에 따르면, 벤야민의 "이미지로 사유하기는 그의 구체적이고 특징적인 이론화, 철학화, 글쓰기의 방식이다." 따라서 벤야민 이론의 특수성은 "실재의 관념이 형성되고 역사의 이미지가 전승되는" 방식을 고찰하는 형태의 사유에 있다. 따라서 "이미지는 대상이 아니라 그의 이론 작업의 기반이자 매체"다(같은 책: x).

벤야민은 자본주의적 근대성의 지배적 신화가 진보의 환상을 통해 발전한 것으로 이해하고, 이를 비판하는 이론 프로젝트를 전개했다. 이미지는 환상의 가장 중요한 요소였으며, 신화가 사람들의 상상력과 생각 속으로 스며든 것도 이미지를 통해서였다(Benjamin 1983; 1999: 7-9). 그러나 벤야민은 지배적 이미지의 신화적 내용은 단순히 이성적 작업으로 폭로될 수 없다고 보았다. 좀 더 섬세한 전략이 필요했고, 이 전략은 그의 저작에서 사유이미지의 개념(과 저술 활동)을 통해 처음으로 정식화되었다. 신화의 힘을 제거하거나 전복시키기 위해서는 바로 그 신화의 무기(이미지)를 사용해야 한다. 그리고 이것은 이미지를 다르게 취급해야 함을 의미한다. 그가 "우화(寓話)"라고 묘사한 것은 "신화에 대한 해독제"라 할 수 있고(Benjamin 1980: I, 677; 1999: 268), 이미지를 통해 사유하는 독창적인 해석 실천이다. 여기서 이미지를 통한 사유는 근대적 삶의 사소한 사례들을 사용함으로써 근대성의 신화로부터의 성찰적 회복을 촉발한다. 이러한 사례는 중대한 이율배반이나 중요한 모순, 도시 근대성의 계시적 모호성 등을 상징적으로 재현하는 것이라 할 수 있다.

그렇다면 비판적 사고는 이미지의 수수께끼 같은 의미를 해독하는 동시에 만들기 위해 이미지 안팎을 드나들어야 할 것이다. 비신화화 전략은 단순히 이 이미지들을 공격하거나 고정된 신화적 내용을 분석하려고 한다. 그러나 벤야민의 비판적 프로젝트에서 그러한 이미지는 그것을 고찰하는 사유보다 먼저 존재하지 않으며, 또한 숨은 진실을 가로막는 신화적 장벽으로 간주되지도 않는다. 비판적 사고가 그 이미지들을 파괴하지 않으면서 이미지들에 침투하고, 또한 은폐하는 동시에 드러내는 그 이미지들의 힘을 배운다면, 이미지들은 엄청나게 계시적(revealing)일 수 있다. 이것을 통해 이 전략은 뜻밖의 위태로운 형태의 계시를 만들어 낸다.

도시 생활의 소소한 측면에 초점을 맞추는 이러한 종류의 사유는

"사소한 것에 집착하는 것(micrological)"으로 묘사되었다(Richter 2007: 5). 크라카우어 역시 성찰적 "표면의 현상학"과 "평범한 피상성의 재평가"에 참여한 것으로 간주한다(Levin 1995: 20). 벤야민과 크라카우어는 모두 도시의 근대적 환상 이미지 속에서 자신들이 비판하는 사회 자체의 논리와 그 사회 너머를 생각할 수 있는 수단을 발굴하려 한다. 그들의 비판적 전략은 우리에게 사회생활에서 기억된 이미지(mental images)의 이중 역할을 탐구하는 방법을 제공한다. 기억된 이미지는 지배 이데올로기의 본질적인 메시지를 압축할 수도 있지만, 그러한 이데올로기에 도전하거나 저항하거나 전복시키는 사유의 매개체가 될 수도 있다.

이미지로 사유하기는 특유한 철학적 전략 그 이상의 무엇일 수 있다. 그것은 오히려 사람들이 일상생활에서 경험과 인지를 대하는 방식을 특징짓기 때문에 인류학적 보편성을 얻을 수 있다. 사람들은 추상적 개념을 일반화하고 비교하며, 심지어 형성하기 위해 자기 주변 세계의 이미지를 이용함으로써 사유한다(Stavrides 2014b).

사유이미지 사상가들이 우리에게 폭로하듯 보여주는 것처럼, 이미지로 사유하기는 얼핏 사소해 보이는 이미지들에 집착한다. 실제로 사색가들은 자신의 의무나 열망을 이해하기 위한 수단으로 그러한 이미지들을 선택할 수도 있다. 글에 나타난 이미지사유자의 특징을 포착하기 위해 리히터가 사용한 표현을 빌리자면, 그러한 이미지는 거의 "환원할 수 없이 독특"할 수 있다(Richter 2007: 9). 그러나 이 독특함, 즉 독창적으로 만들어진 고유성은 비교하는 과정으로 가기 위한 수단일 뿐이다. 사람들은 자기 경험으로 수집한 것을 사용해 의사소통하고 협업하려고 시도할 때 사유이미지를 공유한다. 경험도 사용된 이미지처럼 독특할 수 있지만, 이미지를 통한 사유는 개인의 경험을 공통의 지평에 정렬함으로써 그 경험에 사회적 의미를 부여한다. 랑시에르의 용어를 사용하자면, 이 지평은 "감각적인 것의 분배"로서 패권적으로 창조된다(Rancière 2010: 36).

사유이미지를 공유하는 것은 공동 사유(thinking-in-common)에 가장 근접한 실천일 수 있다. 물론 공동 사유는 같은 방식으로 생각하거나 같은 것에 대해 생각하는 것이 아니라, 공유된 경험과 공유된 질문을 통해 생각하는 것을 의미한다. 사유이미지는 공동 세계를 공유(또는 창조)하는 사람들 사이에서 생각과 경험을 번역하는 강력한 수단이다. 2장에서 주장한 것처럼 커머닝이 공동 세계의 생성 및 재생산에 기여한다면, 사유 커머닝(또는 공동 사유)은 이 공동 세계를 만드는 구체적 양식이다.

도시 공간 또는 일반적인 거주 공간은 아마도 사람들이 공통으로 만들고 인식할 수 있는 이미지들의 가장 풍부한 원천일 것이다. 거주 실천 속에서 사람들은 사회관계를 나타내는 공간적 관계를 인지하는 법을 배운다. 공간적 관계는 사회관계를 나타내는 이미지로 압축되고 상징화될 수 있다. 따라서 공간은 사회생활과 사회적 실천에 필요한 환경일 뿐 아니라, 사회적 역할과 행동을 배우고(Bourdieu 2000: 134; 1977: 89-91) 그러한 배움을 성찰하는 수단이기도 하다. 뚜렷한 이미지에 고정된 공간 관계는 개인의 경험을 비교하는 수단이자 공통의 기반을 구축하는 수단이 된다. 그 공통 기반 안에서, 또한 그 공통 기반 때문에 개인의 경험이 공동 세계의 맥락에서 의미를 갖는다.

우리는 많은 고대 문명이 정착지 또는 도시의 이미지를 사용해 공동생활을 위한 공간 구조에 거주하는 사람들에게 중요한 메시지를 전달했다는 사실을 알고 있다(Stavrides 2014b). 다양한 범위의 계획과 의례 관행은 이 일반 원칙에서 비롯되었다. 그러나 사유 커머닝 조사에서 흥미로운 점은, 지배계급(또는 종교 및 정치 엘리트)은 항상 사람들이 메시지를 수신하고 해독할 수 있는 능력을 소유하고 있다고 가정했다는 사실이다. 선택된 소수만이 완전히 이해하고 해석할 수 있는 우주론적 의미를 도시의 배치에 부여하는 관행(예컨대 이집트 묘지)으로부터, 역시 사회적으로 중요한 메시지를 전달하면서 모두가 인식할 수 있는 패턴(예컨대 격자)을 공간의 배치에 부여하는 관행에 이르기까지, 도시를 사회의 이미지로 해석하는 과정은 사회에 대한 구성원들의 견해를 형성하는 데 중요한 역할을 한다.

뉴델리 건설에서 흥미롭고 시사하는 바가 큰 사례를 찾을 수 있다. 뉴델리는 영국 왕 조지 5세에게 직접 도시계획을 의뢰받은 에드윈 루티언스(Edwin Lutyens)의 계획에 따라 인도의 델리 근처에 만들어졌다. 새로운 도시는 영국 식민 권력의 기반이자 정당화의 근거가 되는 통치 위계질서를 전달하고 부과하는 형태로 배치되어야 했다. 조티 호사그라하르(Jyoti Hosagrahar)의 관찰처럼, 도시의 배치는 더르바르(durbar)라고 불리는 인도 무굴 제국의 야외 의례 행사의 공간 조직과 이미지를 모방했다. 이 의례에서는 "사람과 물건의 배치가 통치자와의 관계를 상징하는 데 사용되었다. 근접성이 곧 지위를 나타냈다"(Hosagrahar 1992: 87). 무굴의 더르바르는 권위의 연속적인 위계 구조 형태로 조직된 사회적 이미지를 대중과 지배 엘리트에게 제공하는 공간 배치였다. 지역 통치자 또는 인도의 황제를 총독(영국 왕실 대표)으로 대체하고, 돌과 벽돌 위에 지은 더르바르 형태를 취함으로써 영국 식민 통치의 새로운 위계를 정당화하고자 했다. 토착 군주들과 다양한 식민 관리들(역할에 따라 영국 출신 또는 인도 출신의 관리)뿐 아니라 토착민들은 뉴델리를 새로운 사회의 이미지로 이해해야 했다. 이 이미지는 인도 사람들에게 익숙한 과거로부터 내려온 상징적인 공간 이미지를 차용함으로써, 식민 지배를 정당화하려는 의도로 만들어졌다. 인도 사람들은 더르바르 이미지를 통해서 자신들의 사회를 일관되고 분명한 전체로 생각했다. 식민 시대의 도시계획은 델리의 공간 배치와 이미지를 통해, 인도 사람들이 식민지 국민으로서 새로운 사회를 이해(하고 따라서 수용)하도록 그들의 사고를 지배하려고 했다. 이때 당국은 그들의 사회에 대한 사고 능력을 식민화하는 수단으로 공간에 대한 사유이미지를 구축하는 것을 목표를 삼았다.

비판적 사고와 비판적 글쓰기는 은폐되거나 '자연화된' 사회적 위계를 드러내는 힘을 사유이미지에 부여함으로써 이 과정을 역전시키는 수단을 우리에게 제공할 수 있다. 이 경우 이미지사유자는 우리가 특정 사회에 대해 비판적으로 생각하거나 다른 사회의 가능성을 생각할 수 있는 단초를 제공한다. 크라카우어가 1930년대 초반에 호텔 로비에 관해 쓴 에세이를 그러한 비판적 사고의 예로 들 수 있다. 그때는 이런 유형의 장소가 비교적 새로워서 더 쉽게 얘깃거리가 될 수 있었다. 이 에세이에서 크라카우어는 사람들이 자신의 행위를 통해, 또는 단지 그러한 공간에 머무르는 행위를 통해 '소외된 개별성'을 드러낸다고 쓰고 있다. 사람들은 일상과 분리되어 로비에 "멍하니 앉아" 있었고, "하나의 세계가 스스로 창조되는 것을 관조하는 데서 오는 무심한 만족감에 압도된 채, 그들의 목적성은 어떤 재현과도 결부되지 않은 채 남겨져" 있었다(Kracauer 1995: 177). 그때 "사람들은 아무것과도 마주하지 않은(vis-vis de rien) 자신을 발견한다"(같은 책: 176). 실제로 아무것도 일어나지 않거나, 그 어떤 것도 이러한 공유 공간 참여 흉내를 넘어서는 의미를 갖지 않기 때문이다.

크라카우어는 호텔 로비의 이미지를 통한 사고하기를 시도하면서, 그 이미지를 소외된 개인들로 구성된 의사(擬似) 공동체의 생생한 그림(tableaux vivants)으로 간주한다. 1930년대 자본주의 바이마르 사회의 특징에 대한 그의 비판적 이해는 이 사회의 재생산 메커니즘에 대한 기술(記述)적인 평가가 아니라, 이 사회의 공간과 세속적 관행에 대한 미시적 독해에 기반을 두고 있다. 이러한 해석-비판적 태도는 이미지 속에서 현대 사회의 논리를 발굴한다. 그리고 이 논리는 그러한 사례들(사회의 공간과 세속적 관행) 속에서 표현될 뿐 아니라, 실제로 그 사례들과 함께 형태가 결정된다. 따라서 크라카우어는 현대 사회 논리의 작동 원리를 폭로하기 위해 그 사례들을 활용할 수 있었다. 공간 이용자들에게 현대 사회 논리를 주입하는 그 사례들의 힘을 강화하기 위해서가 아니었다. 호텔 로비의 이미지를 통한 사고하기를 시도함으로써, 크라카우어는 사회에 대한 그의 생각을 단순히 예시하는 데 그치지 않고 "근대성의 표면적 현상에 대한 섬세한 암호 해독"을 수행한다(Levin 1995:6).

일상 행위-사고자들이 사회를 순종적으로 독해하거나 반체제적으로 독해하면서 자신만의 사유이미지를 구축해 나가는 과정은 이미지를 통한 미시적 사고와 유사점을 가지고 있다. 사람들은 가장 쉽게 구할 수 있거나 일상 경험으로부터 가장 쉽게 구축할 수 있는 이미지를 이용해 사회의식을 형성한다. 따라서 미시적이고 반체제적인 사고는 기념비적이거나 영웅적인 사건의 재현에 기반을 둔 지배 질서의 정당화 전략을 비판하는 데 그치지 않고, 정당화 전략이 일상의 모세혈관까지 퍼져 나가는 것에 주목한다.

랑시에르의 용어로 다시 돌아가자면, 불화(dissensus)는 이미지로 사유하기로, 그리고 이를 통해서 발전해야 한다. 불화는 단순히 지배적 의견이나 담론에서 벗어나는 것이 아니라, 감각적인 것의 지배적 분배를 전복시킴으로써 "공동의 것의 장면을 재연하는 것"을 목적으로 하기 때문이다. 감각적인 것은 역사적으로 결정된 사회적 맥락에서 사유되고 인지될 수 있다. 사유이미지는 '감각적인 것'의 정당성을 확장하고 확산함으로써 감각적인 것의 장을 통합할 수도 있지만, 그 감각적인 것의 장에 도전할 수도 있다. "모든 상황은 내부로부터 균열이 생길 수 있고, 다른 인지 및 의미 체계로 인식될 수 있다"(Rancière 2009b: 49).

랑시에르는 감각적인 것의 지속적인 분배를 통한 사회의 자기 재생산과 자기 설명을 이해하는 것이 중요하다고 말한다. 그의 주장은 지배적 이데올로기가 사회의 재생산 과정에서 주도적(또는 배타적) 역할을 한다는 견해에서 벗어나 있다. 특정 형태의 "상식(commonsense)"[4]을 만드는 "감각의 구성"에 대해 말할 때 그는 이러한 구성에 아이디어와 의미뿐 아니라, 인지, 지향, 운동도 포함시킨다(Rancière 2009a: 120). 따라서 상식은 단순한 이데올로기가 아니라 말하고 인지할 수 있는 것에 대한 통제, 그리고 인지하고 사유할 수 있는 것에 대한 통제의 결과다. 상식을 만들고 유지하는 합의의 지배에 대항해, 불화와 이견은 단지 관념과 의견의 분야에만 국한하지 않고 지배적인 감각을 구성(configurations)하는 데 직접 도

---

4 상식은 공통을 뜻하는 common과 감각을 뜻하는 sense의 합성어로서 '공통 감각'을 의미한다고도 볼 수 있다(옮긴이).

전한다. 그러한 구성이 행위 및 사고의 경험, 실천, 주제를 분류한다면, 불화는 "분류를 해제하고" "질서의 자연스러움"을 제거하며, "이를 논쟁의 여지가 있는 분열의 그림들로 대체"한다(Rancière 1995: 32-3). 감각 구조 자체를 공격하지 않는 반체제적 실천, 오로지 이념적 비판과 비신화화에 대한 합리적 믿음에만 기반한 반체제적인 실천들은 그 동력을 잃을 수 있다. 이미지로 사유하기와 이미지를 통한 사유는 관념을 이미지와 연결하고, 그들 간에 이미 확립된 시너지 효과뿐 아니라 잠재적인 시너지 효과를 기반으로 발전한다. 그것은 감각적인 것의 분배에 도전하는 이러한 다층적 과정에 기여할 수 있다.

랑시에르는 정치의 핵심을 공동의 것에 대한 논쟁으로 정의한다. 이러한 정의는 반체제 투쟁이 어떻게 감각적인 것의 지배적 분배에 도전하는지를 이해하는 데 기여한다. 우리가 이미 접한 정식화에서 랑시에르는 "정치는 (…) 공동의 것의 장면을 재연한다"라고 주장한다(Rancière 2009a: 121). 정치는 지배적인 재현을 위기에 빠뜨릴 뿐 아니라, 인지된 이미지, 행위자, 플롯의 새로운 집합을 구성하는 실천으로서 제시된다. 재연하기(restaging)는 다양한 의미와 역할을 불러일으키기 위해 이미지를 재배열하는 과정이다. 공동의 것을 재연한다는 것은 공동의 것을 공유된 사유와 경험의 구조로서 다시 생각한다는 것을 의미한다. 그래서 가능성의 영역을 탐구하고 확장하는 사유이미지로, 그리고 이를 통해서 공동의 것의 재연이 형성

될 수 있다.

사유이미지의 유통을 통해 실행되는 공동 사유는 체사레 카사리노(Cesare Casarino)가 "잉여적 공동(surplus common)"이라고 부르는 것을 활성화하거나, 심지어 확대할 수도 있다(Casarino and Negri 2008). 그는 "자본에 의해 전유되지 않는 공동의 부"(같은 책: 20)를 찾는 과정에서 "반란은 (…) (빈곤을 기반으로 일어나는 것이 아니라) 부, 즉 지능, 경험, 지식, 욕망의 잉여를 기반으로 일어난다"(Hardt and Negri 2005: 212)라고 한 하트와 네그리의 견해를 인용한다. 따라서 그는 잉여를 "그 자체로 내재적 존재(immanence)"라고 제안한다(Casarino and Negri 2008: 33). 왜냐하면 잉여는 가치와 어떤 형태의 존재론적 성향(ontological predisposition)으로부터도 벗어날 수 있기 때문이다. 아마도 사람들은 가치 창출이 아니라, 공동으로 창조하고 공동의 것을 만들고 싶은 동기에 따라 '잉여적 공동'을 경험하는 것일 수 있다.

항상 피할 수 있는 '공동의 것'으로 자본주의의 포획을 정의하는 것은 실제로 불가능하다. 그러나 카사리노의 복잡한 주장은 여러 가능성에 항상 열려 있는 커머닝 실천을 위해 투쟁할 것을 제안한다. 이는 커머닝 실천이 어떠한 가치 계산도 넘어서는 관계를 만들기 때문이다. 커머닝은 목적을 위한 수단이 아니라, 공동으로 존재하고 싶어 하는 사람들, 나눔을 사랑하고 사랑을 나누는 사람들이 끊임없이 만들어 가는 목적이다. 이것은 이 책의 핵심 제안 중 하나,

즉 커머닝이 새로운 사람들을 포괄하도록 계속 확장되어야만 여전히 커머닝일 수 있다는 주장을 정식화하는 다른 방법이 아닐까? 사유이미지는 커머닝의 이러한 잠재력에 기여(하고 커머닝을 잠재력으로서 뒷받침)할 수 있다. 왜냐하면 사유이미지는 공동 세계의 기존 현실을 정신적으로 초월해 새로운 형태의 커머닝과 공동의 것을 상상할 수 있는 수단을 제공하기 때문이다. 이러한 관점에서 잉여적 공동을 창조-생산의 커머닝 실천으로 구성된 동시에, 공동의 것에 대한, 그리고 이미 존재하는 공동의 것 너머에 대한 공동 사유의 실천으로 구성된 운동으로서 이해할 수 있다. 커머닝은 그것을 유지하고 확장하는 끊임없는 운동을 통해서 자본주의의 포획을 피할 수 있다.

이미지로 사유하기와 이미지를 통한 사유가 공동공간 생성에 어떻게 기여할 수 있을까? 모리스 고들리에는 이론적으로, 또는 비교인류학적 분석을 통해 정신적 현실이 사회관계의 내부 구성 요소임을 보여주었다(Godelier 2011: 151). 따라서 재현은 사회 현실의 공유에 기여하며, 단순히 그것을 반영(왜곡, 은폐 등)하지 않는다. 만약 공간의 가능성을 암시하는 사유이미지가 다른 사회관계를 형성하는 데 중요한 역할을 할 수 있다면 어떨까? 그러한 사유를 형성할 가능성은 사회적 재생산 과정 그 자체 때문에 존재한다. 사회적 재생산은 어떤 사회에서도 자동화된 시스템이 아니다. 많은 현대 정치 이론가들 중에서 존 홀러웨이는 자본주의를 자기 힘이 날마다 지속되도록 해야만 하는 과정이라고 주장한다(Holloway 2002). 자본주의는 사회가 자연과 맺는 관계 속에서 뿐 아니라, 사람들의 마음속에서도 우세를 확보해야 한다. 고들리에는 이 견해를 일반화해, 비록 각 사회가 그 안에서 생각하고 행동할 수 있는 것에 제한을 두지만, 금지되거나 정죄(定罪)된 실천을 생각할 수 없는 것은 아니기 때문에 의무와 제한이 존재한다고 주장한다. 예를 들어 근친상간의 금기는 어떤 사회에서 근친상간을 생각할 수 있는 경우에만 의미가 있다(Godelier 2011: 173). 랑시에르는 정치의 핵심은 모든 사회적 재생산의 기초가 되는 감각적인 것의 확립된 분배에 도전하는 행동이라고 이해한다(Rancière 2009a: 121). 따라서 이 사상가들은 재현을 둘러싼 투쟁을 현 사회에 반대하고 초월하는 아이디어를 생성할 수 있는 투쟁으로서 분석하는 데 같은 경로를 따른다.

공동의 것으로 여겨지는 것의 사회적 의미와 가치에 초점을 맞춰 여러 사회에서 공유된 재현을 비교하면, 이 연구에 큰 도움이 될 수 있다. 고들리에는 다시 우리에게 편리한 사례를 제공한다. 그는 (뉴기니에 있는) 시아네 사회의 '물질적 실재와 비물질적 실재에 관한 재산권의 규칙들'을 언급하면서 두 종류의 재산권이 있음을 보여준다. "첫째, 아버지(메라포, merafo)가 자녀에 대한 권리를 가진 것과 같은 방식으로 남자는 어떤 사물에 대한 권리를 갖는다"(Godelier 2011: 79). 이런 종류의 재산권은 그 남자를 조상과 미래의 후손 사이의 중개자로 만든다. 자녀들이 아버지가 돌볼 자격이 있는 공동체의 일부인 것처럼, 사람들은 공유지, 의례를 위한 지식 등을 돌보아야 한다. 커먼즈에 대한 논의를 그러한 인류학적 자료에 투영하면, 공동의 영역은 공동 혈통을 통해 만들어진 연결과 비슷한 데가 있다. 다른 한편 "한 사물이 한 남자나 여자의 그림자(암폰카, amfonka)와 같다면, 그 남자나 여자는 그 사물에 대한 권리를 가진다"(같은 쪽). 개인은 이러한 물품을 전유하고 양도할 수 있으며(같은 쪽), 옷, 식재된 나무, 도구 등이 여기에 포함된다.

자녀들과 한 사람의 그림자 모두 이 특정한 사회에서 의심할 여지 없이 관찰할 수 있는 실재다. 더욱이 그것들은 개인 경험의 특수성(오늘 밤 나의 그림자, 이 특정한 자녀들)을 일반적이고 거의 상징적인 유사 이미지(그림자, 자녀들)와 연결하는 기억된 이미지로서 모든 구성원의 마음에 존재할 수 있다. 이 이미지로부터, 또는 이 이미지를 통해서 이 사회의 구성원은 무엇을 공유할 수 있고 무엇을 공유할 수 없는지, 어떤 조건에서 공유할 수 있거나 없는지를 배울 수 있다. 그러나 이 지식은 ('토지는 커뮤니티에 속한다'와 같이) 명시적으로 진술된 규칙에 기반하지 않고, 이미지로 사유하기를 통해 형성된 사회 교육에 기반한다. 이 경우 이미지는 다양한 수준에서 공유된 사회 경험을 중재하고, 공통으로 습득한 지식을 기반으로 발전한다. 이러한 이미지는 사람들이 무엇을 전유해 집합적으로 사용하고, 무엇을 개별적으로 전유할 수 있는지 이해시키기 위해 편리한 유비(類比)를 마련하는 데 도움이 될 뿐이라고 주장할 수 있다. 그러한 사회는 아직 사회적 학습이 추상적이고 명시적인 규정을 통해서 형성되지 않은 진화 단계에 속하기 때문에, 이러한 형태를 사용해 사회 규칙을 표현하는 것이라고 말할 수 있다(다행히 클로드 레비스트로스(Claude Lévi-Strauss)는《야생의 사고》에서 이 진화주의적 오류를 설득력 있게 일축했다).

그러나 시아네 사회에서 공동의 것에 대해 배우는 것은 공동 세계의 건설과 직접 연결되어 있고, 그 공동 세계의 구조를 구성하는 물질적·비물질적 측면과도 직접 연결되어 있다. 사회적으로 중요한 지식의 유비 형태로서 출현하는 것은 공동 사유를 형성하는 형태이기도 하다. 시아네 사람들이 무엇을 공동 재산으로 인정하는지는 그들이 후손 및 자기 자신과의 관계에 대해 무엇을 생각하는지에 기초한다. 개인 재산을 자신의 그림자로 시각화하는 것과 관련한 복잡한 의미를 상상해 보라! 그중 하나를 추적하자면, 그림자는 자아에 속하지만 공유된 외부 힘(예컨대, 태양이나 어떤 종류의 빛)으로 생성된다. 유사한 방식으로, 식재된 나무(그림자 유형의 재산)는 자신의 존재를 한 개인의 노동과 공동의 토지 모두에 빚지고 있다. 이러한 사유이미지가 이 공유 세계의 건설에 사용되는 다른 모든 사유이미지와 연결되는 복잡한 방식을 이해하려면, 우리는 시아네 사회의 공동 세계에 깊숙이 빠져들어야 한다.

이제 시아네 재산권 지위에 대한 사유이미지가 공공재 또는 공유재, 공공 공간 또는 공유 공간에 대한 우리의 생각에 도전할 수 있는 사유이미지라고 간주해보자. 세대 관계를 묘사하는 이미지를 통해 공유 토지를 시각화하는 것은 공간 공유를 경험하는 다른 방식을 나타낼 수 있다. (개인이 '이기적인' 계산법으로 평가할 수 있는) 공동 사용뿐 아니라 다양한 형태의 정서적 관계가 사람들을 공동공간에 잡아맬 수 있다. 사람들은 아이들을 돌보는 방식으로 공동공간을 만들고 돌본다고 생각하도록 지도받을 수 있다. 지배적 가치에 도전하는 이미지를 통한 공동공간에 대한 이러한 사고는 공동 재산 또는 공유 재산은 생각할 수 없거나 용어의 모순이라는 법의 논리를 벗어난다(Blomley 2008: 321-2).

시아네의 사유이미지가 우리 사회의 지배적인 견해에 도전하기 위해 비판적으로 사용될 때, 우리는 그 사유이미지에서 자녀 양육을 커머닝 실천의 필수 부분으로 여길 가능성까지도 볼 수 있다. 사유이미지는 이처럼 잠재적으로 영감을 주는 힘을 가지고 있다. 사유이미지는 이미지를 통해 사유를 촉발하고 사유를 통해 가능한 이미지를 개발할 수 있다. 사유이미지가 다른 사회·문화적 맥락에서 추출되거나 비판적 저술 이론가에 의해 의도적으로 만들어질 때, 우리는 사유이미지로부터 많은 것을 배울 수 있다. 사유이미지가 공동공간을 구상하는 데 기여할 수 있는 것은 (존재하지 않는 무언가를 마음에 제시할 수 있는) 예시력(例示力)이 아니라, 공유 가치를 통해 형성된 공유 공간을 엿볼 수 있도록 하는 힘이다.

그러한 예시는 사유와 이미지의 기이한 혼합물이라는 점에서 (유토피아적 정치·도덕 이론가나 문학 작가가 생산한) 유토피아적 사고가 제공하는 공동 세계의 이미지와 크게 다르다. 공동체적으로 조직된 도시 환경으로 묘사된 유토피아는 역사의 변혁적 잠재성을 포착할 힘이 부족한 이미지 안에 공동 세계의 가능성을 가두는 경향이 있다. 커머닝이 하나의 과정이고 공동공간이 그 과정에 위태롭게 걸린 판돈 같은 것이라면, 공유된 사유이미지가 독창적으로 생성되고 교환되는 한 공동공간을 예시하려는 시도는 더 유익하고 덜 자기폐쇄적이 될 것이다. 확장하는 커머닝이 현대 도시의 변혁에서 창조적 힘이 되려면, 그렇게 급증하는 이미지들이 가질 수 있는 모든 힘이 필요하다.

9
공간의 재현과
해방의 재현

자유와 해방의 이미지를 만드는 것은 더 나은 미래에 대한 공통의 희망과 열망을 형성하는 중요한 방법이었다. 착취당하고 권한을 박탈당한 사람들은 일상적인 불행에서 벗어나기 위해, 그리고 비판적 작가들과 활동가들은 억압에 저항하는 사람들에게 영감을 주기 위해 그러한 이미지를 사용했다.

이 장에서 추적하려는 것은 해방 지향적인 이미지의 역사가 아니다. 대신 그러한 이미지의 생성에 암묵적으로 또는 명시적으로 연결된 정치에 대해 개략적으로 재고한다. 우리가 구축하는 해방된 미래의 재현은 미래에 투영된 가치와 전망을 보여줄까? 그리고 우리가 상상하는 해방 공간의 형태와 특성 속에는 미래의 한계와 가능성이 숨어 있을까? 게다가 이러한 상상의 공간은 사람들이 '그 너머'를 파악하기 위해 노력할 때, 개별적으로나 집합적으로 표현된 상상력을 사로잡고 포위하는 지배적인 신화를 넘어설 수 있게 할까? 그리고 상상된 해방 공간은 사적 공간뿐 아니라 공공 공간과도 구별되는 공간으로서 공동공간을 예시하려는 시도와 반드시, 또는 적어도 일치할까?

해방된 공동체에 대한 근대 이미지 중 하나는 해방된 요새 안에서 바리케이드를 치고 항상 자신을 방어할 준비가 된 이미지다. 억압받는 자들의 상상계 속에 깊이 뿌리내린 이 이미지는 해방 공간을 뚜렷한 경계를 지닌 자유 지역(free areas)으로 그려내는 경향이 있다. 이런 지역들이 적대적인 바다로 둘러싸인 섬이든, 다른 적대적인 대륙을 마주하는 대륙이든, 그들은 공간적으로 식별 가능하고 추적 가능한 모습을 보여준다. 이상적 도시를 상세한 계획으로 그려 낸 유토피아는 그러한 해방의 지형을 가장 일관되게 보여주는 버전이다. 그러나 그러한 자유 지역으로서의 해방 공간에는 해방적인 것이 존재하지 않는다.

소위 공상적 사회주의자의 유토피아로부터 출발한 현대의 유토피아는 통제된 생산 및 분배 메커니즘을 갖춘 조화로운 도시 공동체로 이해되었다. 샤를 푸리에(Charles Fourier)의 팔랑스테르(phalanstères)는 (사회적 특성과 소득 수준 측면에서) 이상적인 공동체를 수용하기 위해 지어진 대규모 단지 형태의 유토피아적 도시였다. 이 건물에 대한 푸리에의 이미지가 베르사유 궁전 단지와 매우 비슷한 것은 우연이 아니다. 도시만큼 거대한 크기의 단지는 전체

건물 배치의 특징을 나타내는 뚜렷한 기하학적 질서 위에 세워졌으며, 개개인의 자리도 모두 정해져 있었다. 복합적이고 자족적인 세계는 다양한 계급의 사람들로 구성되었지만, 그 세계가 추구하는 조화를 보장하고 유지하기 위해서 공동체 구성원들의 수와 계급적 구성이 명확히 정해졌다. 팔랑스테르 공동체는 조화롭고 평화로운 사회의·원형으로 간주되었다.

푸리에의 사상은 선언문을 통해서만 표현되지 않았다(Beecher 1986). 그 사상은 분명한 이미지로 구체화되었고, 그 이미지를 통해 공동체의 세부적인 부분들을 보여주었다. 그러나 이러한 이미지의 가장 중요한 특징은 미래의 공동체를 상상 속의 유토피아적 도시와 동일시한다는 점이다. 이 도시는 역사를 통해 확장되거나 발전되지 않고, 역사 외부의 이상적 차원에 존재하는 도시로서 건설되고 유지될 수 있었다. 푸리에의 추종자 중 한 명인 빅토르 콩시데랑(Victor Considerant)이 역사를 초월한 도시, 기존의 도시적 맥락이나 지리적 맥락의 특수성을 초월한 도시라는 개념을 발전시킨 것은 우연이 아니다. 그는 그 도시가 바다 한가운데 있는 거대한 증기선과 같이(Frampton 1981: 22), 공간과 시간의 제약으로부터 해방되어 자유롭게 부유하는 공동체라고 주장했다.

"일련의 유토피아, 또는 영토 통치를 위한 프로젝트는 국가가 커다란 도시와 같다는 전제 아래 발전했다(Foucault 2001: 351)." 이 전제는 이른바 공상적 사회주의자의 추론에 들어 있다. 그들은 어떤 이상적인 공동체를 묘사하는 데 그치지 않고, 사람들의 삶과 사회적 관계를 규제하는 공간 배치의 힘을 인식함으로써 그 공동체를 통치하는 문제를 해결하려고 한다. 그 당시 사회개혁의 선구자들은 미래의 이상형 도시를 통해서 미래의 이상형 사회를 그려냈다. 그들은 이러한 이미지를 개발함으로써 미래 사회에 대해 사유하는 것처럼 보였지만, 사용한 이미지의 의미론적 잠재력을 제어할 수는 없었다. 푸리에의 베르사유풍 공동체 건물 이미지는 위계적 '공동체'인 궁전에 걸맞은 위계적 공간 배치를 내포하고 있었다. 팔랑스테르 밖의 세계는 다른 세상이었다. 팔랑스테르를 통해서 조직할 수 있는 관계가 아무리 평등하거나, 적어도 조화롭다고 하더라도 그 외부는 외부로 정의될 뿐이었다.

장-밥티스트 고댕(Jean-Baptiste André Godin)의 파밀리스테르(Familistère)도 유사한 모델 도시로서 자급자족하는 조화로운 공동체로 설계되었다. 고댕의 열렬한 어느 미국인 추종자는 이 실험을 "자유와 공감하는 인간 사랑에 기초한 사회 시스템"이라고 칭찬했다(Hayden 1982: 97). 고댕의 파밀리스테르에 대해 푸코는 해방시키는 기계가 없듯이 자유의 건축도 없다고 말한다(Foucault 2001: 356). 파밀리스테르는 좋은 의도이긴 하지만, 끔찍할 정도로 효과적인 파놉티콘이 될 수 있다. 해방을 특정 공간에 한정하고 공간에 내재한 규칙을 통해 해방 메커니즘을 상상하려는 시도는 결국 해방의 의미를 장소적 실체로 축소한다. 사실, 해방은 기존 사회 세계의 근본적인 변화와 관련이 있다. 그러나 완전히 (시공간적으로) 상상 속에서만 존재하는 공간 이미지로부터 해방을 사고하는 것은 일종의 공간화된 윤리(spatializing ethics)를 상정하는 것과 같다. 그 윤리에 따르자면 해방 공동체는 악의 외부에 있는 고립영토이며, 그 고립영토 안에서 공동체는 오염되지 않은 순수한 '타자'로 존재할 수 있다.

이상형 사회의 조직화 문제를 이상형 도시 내 다양한 공간을 효율적으로 배치하는 문제에 투영한다는 것은 도시나 정주 공간이 그곳에 거주하는 사회를 반영할 수 있음을 전제한다. 만약 이상형 도시를 '기능들'을 위한 구체적 영역과 명확한 경계가 있는 계획적인 도시 영토로서 상상한다면, 이 도시의 건설을 통해 구현할 사회도 마찬가지로 '영원'하며, 외부로부터 명확하게 분리되고, 절대로 흔들리지 않는 기계처럼 작동할 것이다. 그처럼 자유롭고, 조화로우며, 해방되고, 자율적인 사회를 자급자족적이고 영속적인 전체로 생각하는 것은 그러한 이상형 도시 이미지를 사용하는 (또는 거기에서 영감을 받은) 해방 투쟁에 직접 영향을 끼친다. 커머닝이 폐쇄된 사회의 엄격한 경계로 제약된다면 인클로저의 실천으로 변질될 수밖에 없는 것처럼, 해방이 강제로(또는 자발적으로), 상징적으로 또는 실제로 고립영토의 경계 내로 봉쇄된다면 정반대의 것으로 변질될 수 있다.

19세기 '사회주의적' 유토피아는 합리적으로 계획되고 통제되는 새로운 종류의 공동체 공간을 구상했다. 공동 사용을 위한 공간은 주민 공동체와 동일시되었다. 프랑스 기스에 있는 고댕의 파밀리스테르에는 1층에 갤러리들이 있으며, 건물의 주민들을 위해 만든 유리 지붕이 있는 거대한 내부 안뜰이 있다. 이것들이 폐쇄형 공동공간으로 정의될 수 있는 공간의 경계를 형성한다. 공상적 사회주의자들의 자족적 유토피아 도시들에서 공동공간은 커머닝의 실천을 통해 모습이 결정되는 공유 공간이 아니라, 공동체의 폐쇄적 정체성을 표현하는 수단이었다.

　미래 사회를 최대한 정확하게 기술하고 묘사하려는 유토피아적 시도는 사회와 사회 공간의 효율적·중앙집권적·합리적 형태의 조직화에 따라 착취와 자유 결핍의 병폐가 제거될 것이라는 믿음에 기반을 두고 있다. 이 믿음에는 국가와 (또는 이에 상응하는) 당국이 모든 사람이 사용하고 누려야 하는 것의 생산자이자 보증인이라는 생각이 깔려 있다. 그러나 미래의 상상적 공동체가 모두의 공간(상품뿐 아니라)을 정의하고 생산, 사용, 상징화하는 자기 자신만의 고유한 방법을 고안할 가능성을 열어 두지 않음으로써, 유토피아적 사상가들은 공적(the public) 영역의 재구성에만 머무를 뿐 공동(the common) 영역의 재창조를 향한 길을 열지 못했다.

　이상적 도시 형태를 통한 인간의 해방과 자유에 대한 상상적 표현은 기존의 산업 도시에 대한 비판으로부터 많은 영향을 받았다. 낭만주의 비평은 기계적 합리성이 도시의 삶에 초래한 산업 도시의 반인간적 특성과 소외 효과를 비판했다(Löwy and Sayre 2001, Larmore 1996). 한편 근대주의자들은 주지하다시피 도시의 혼돈을 비판하며 도시를 기능적 구역으로 나누는 합리적 계획을 요구했다. '전원도시' 운동(Howard 1902, Giedion 1982: 782-5)에서 알 수 있듯이, 두 비판은 겉보기에는 상당히 다르지만(또는 상충하기까지 하지만) 미래 도시 사회에 대한 유토피아적 모델을 추구한다는 점에서 닮았다.

자유와 해방에 대한 또 다른 재현은 대부분 19세기와 20세기에 나타났다. 그 재현은 산업 도시의 폐해에 대해 덜 비판적이었고, 산업 도시의 일부 특징에 대해 열광했다. 이러한 재현은 자유를 방해받지 않는 모빌리티와 동일시하며, 근대 도시를 전례 없이 계속 확장되는 이동 흐름의 현장으로 본다. 미로 같은 도시의 근린 지역들을 외부와 연결하고 차량과 보행자의 이동을 '자유롭게 하는' 공간 구조로서의 19세기 대로(Boulevards)는 이 새로운 모빌리티 문화를 상징하는 이미지였다. 20세기 고속도로는 이러한 자유 재현의 새로운 차원을 열었다. 자동차는 새로운 모빌리티의 수단이자 상징이 되었다. 존 어리(John Urry)에 따르면, "자동차 모빌리티의 시민 사회, 또는 원하는 장소와 시간에 이동할 권리는 공공 공간을 공공 도로로 전환하는 것과 관련이 있다"(Urry 2000: 193; 2004 및 2007).

막힘 없는 이동을 자유와 해방의 상징으로 이미지화하는 흐름은 집단적인 경험과 실천보다는 개별성에 초점을 맞추는 경향이 있다.

자유의 고립영토를 이상적인 도시의 형태로 상상 속에 재현하는 것은 이상적인 공동체를 하나의 가능성으로 전제한다. 자유로운 자동차 승차자(이 관점에서 오토바이 〈이지 라이더〉[5] 주인공과 쉽게 구별되지 않음)의 이미지에서 정점을 이루듯이, 모빌리티로서 자유의 재현은 개인의 이동 경로와 '모험'에 초점을 맞춘다.

현대 모빌리티 신화의 계보 형성에서 걷기에 대한 낭만주의의 찬사는 두드러진 역할을 한다. 실제로 "워즈워스(Wordsworth)와 콜리지(Coleridge)의 소요(逍遙)학파 시집"은 "걷기를 미덕의 경험으로 바꾸었다"(Cresswell 2011: 166). 외로운 보행자(the lone walker)는 인간을 소외시키는 대도시 밖에서 긴 산책을 하며 자연을 발견한다. 그는 "전기 에너지의 저장고 안으로 들어가는 것처럼"(Benjamin 1983: 132) 대도시 군중 속으로 뛰어들어서 도시를 흥미진진한 세계로 발견한 영웅적인 산책자의 전신이었다. 두 유형의 산책자는 감히 흐름을 거스르고 일상적인 도시의 제약에서 벗어나는 용감한 개인의 아우라를 가지고 있다. 그들에게 공공 공간은 발견과 모험을 위한 공간이지, 협업이나 집단적 전유를 위한 공간이 아니다. 낭만주의적 방랑자(strollers)는 군중을 회피하고, 근대의 산책자는 군중을 관찰하고 더 나아가 군중과 섞이는 것에 매료되지만, 이는 미학자로서 그들의 독특한 개성을 확증할 따름이다. 두 산책자 모두에

---

5 1969년에 미국에서 만들어진 영화로, 당시 미국에서 유행하던 자유로운 히피 문화의 상징인 오토바이를 소재로 하고 있다(옮긴이).

게 아무렇게나 배회하는 실천은 발견할 자유, 평범한 삶을 넘어서 그리고 대도시 군중의 습관을 넘어서 상상할 자유를 스스로 창조할 자유의 표현이었다.

여러 해가 지난 뒤에 상황주의자들(Situationists)이 표류(derivé) 및 심리지리학적 실천을 제시한 것과 마찬가지로, 벤야민이 집단 실천으로서 산책하기(flânerie)를 제시하려고 했는지는 매우 불확실하다. 단순히 벤야민은 과민한 관찰을 통해 근대 도시의 해방적인 약속을 이행하는 산책자의 힘에 감탄만한 것은 아니었다. 벤야민에게 산책하기는 우연성과 우발성을 도구로 삼아 도시 근대성의 시원을 조명하려는 성찰적인 실천이었다. 따라서 우리는 이 독특한 사상가가 자의식적이고 체계적인 산책하기를 통해 근대성의 해방적 잠재력을 되찾는 데 사용할 지식을 구축하려 했다고 말할 수 있다.

지그문트 바우만(Zygmunt Bauman)은 근대 사회의 중요한 변화와 관련해 비교적 최근의 모빌리티 문화를 탐색한다. 그가 "액체 근대(liquid modernity)"라고 부르는 시기는 "예고 없이 자유롭게 움직이는 사람들을 누가 지배할지 파악하기가 가장 어려운" 때다(Bauman 2000: 120). 이 관점에서는 모빌리티로서의 자유를 재현하는 방식들을 구분하는 차이 하나가 중요하다. 바우만에 따르면, 액체 근대에서는 "여행자(ourist)"와 "유랑자(vagabond)"(1998)라는 두 인물이 이동의 이미지를 지배한다. 여행자는 그가 원할 때 여행하는 액체 근대기의 진정한 상상의 영웅이다. 여행은 여행자의 자유다.

반면, 유랑자는 상황에 따라 항상 이동해야 하는 사람이다. 그의 자유는 악몽에 가깝지만, 이동은 그에게 최소한 어떠한 난관을 피할 수 있는 가능성을 제공한다. 여기서 유랑자는 재난이나 전쟁 난민, 더 나은 삶을 추구하는 이민자, 다른 도시나 국가에서 일자리를 찾는 모든 불안정한 노동자 등이다.

이 대조되는 두 인물과 연결된 이미지를 사용해 공동공간의 잠재적인 예시(豫示)를 전달할 수 있을까? 우리는 대중 관광이 현대 여행의 주된 모델이라는 것을 잘 알고 있다. (특이한 심미안을 가진 사람, 또는 제트기로 날아다니는 관리자와 학자 등) 극소수만이 혼자 여행할 수 있으며, 혼자 여행하기를 원하기도 한다. 대중 관광은 일반적으로 뚜렷하고 친숙한 소비 환경을 만들고, 소비자는 그 속에서 개별적 경험이라는 트로피를 구매하도록 권장된다. "소비자는 무엇보다도 감동을 수집하는 사람이다. 그들은 이차적이고 파생적인 의미에서만 사물의 수집가다"(Bauman 1998: 83).

대중 관광 프로그램은 여행자 집단이 갈망하는 친교 분위기를 조성한다. 이 경우에 여행자는 공동공간에 관해 이야기하는 것이 아니라, 공동의 것으로 등장하는 공간, 또는 잃어버린 공동체에 대한 향수를 불러일으키는 대체물로 제시된 공간에 관해 이야기할 것이다. 대중 관광은 때때로 커머닝을 위한 일시적인 유사 유토피아를 만들어 낸다. 예를 들어 유람선을 잠시나마 사회적 조화를 이룬 떠다니는 유토피아로 전환한다.

유랑자는 희망과 안전을 찾아다니는 개인이다. 이민자와 난민은 자유와 안녕, 또는 생존을 위한 여정에서 여러 형태의 협업과 상호 도움을 추구하는 경우가 있다. 여행자와 정반대로 이들은 종종 노숙자, 사회에 속하지 못하는 사람(상 파피에(sans papier)),[6] 공유할 수밖에 없는 운명의 희생자로 묘사된다. 따라서 그들의 집단행동은 의지할 데 없는 상황의 발로이거나 마피아적 결속의 한 형태로 해석된다. 그러나 "여행자 사회의 유토피아"(Bauman 1998: 97)를 위협하는 바우만의 유랑자들은 여행하거나 영구적인 거처가 없는 시간에도 그들의 커머닝 연결망과 공동체를 만든다.

대도시의 고립영토에 고립되어 있는 유랑자들에게 공식적인 공공 공간은 안전하지 않을 뿐 아니라, 노골적으로 배타적이다. 따라서 유랑자들은 공공 공간을 재창조한다. 물론 유랑자 공동체는 스스로 유폐된 공동체 공간으로 변질된 공동공간일 수 있다. 그러나 그 공간들은 공공 공간을 재창조하거나 재활성화해 만든 집단적 이용 공간의 비공식적 연결망에서 연결점(nodes)이 될 수 있다. 일요일에 작은 공원에서 열리는 필리핀 가족의 바비큐 파티, 작은 동네 광장에 새 생명을 불어넣는 러시아의 카드 또는 도미노 선수들, 방치된 공공 놀이터에서 노는 아이들을 집단으로 돌보는 알바니아 엄마들, 지하철역 앞 나이지리아인들의 비공식 시장 등은 오늘날 아테네에서 볼 수 있는 바우만의 유랑자 이미지다. 이 이미지는 이동

6 서류 미비 체류자로서, 불법 이민자를 가리킨다(옮긴이).

하는 사람들, 집에서 쫓겨났거나 누군가에게 쫓기는 사람들, "아무리 자주 갑작스럽게 삶의 터전을 (…) 잃어버릴"지라도(Bauman 1998: 87) 삶을 꾸려갈 장소를 필사적으로 찾는 사람들도 공공 공간 안팎에서 공동공간을 형성할 수 있음을 보여준다.

또 다른 공간의 재현은 해방의 공간성을 기술하는 수단으로서 다중성과 다양성을 강조한다. 1960년대에 이미 제시되었던 "일상의 비평"(Gardiner 2000)과 일상성은 우리에게 공간의 사회적 경험을 다루는 새로운 방법을 제공했다. 드 세르토가 말했듯이, "이주 도시 또는 은유 도시는 계획되고 가독성 있는 도시의 명확한 텍스트 안으로 스며들어 간다"(De Certeau 1984: 93). 다변적이고 일탈적인 실천들로 도시에서는 타자성의 공간이 증식한다. 따라서 타자성의 공간성은 본질적으로 시간에 구속된다. 이 견해에 따르면, 공간은 타자성(유토피아적 도시에서 이상화됨)의 용기(容器)로 축소되지 않는다. 경합적이고 분배 가능한 재화로도 축소되지 않는다. 공간은 실제로 인간의 사회적 상호 작용에 형태를 부여하는 요소로 개념화된다. 따라서 공간은 용도를 통해 표현력을 갖거나, 오히려 용도(드 세르토의 표현대로 하자면 '사용 방식')가 사용자를 정의하기 때문에 표현력을 갖는다. 불연속적이고 차별화된 공간은 다양한 사회적 정체성에 자기를 상연하고 표현하도록 토대를 제공한다.

이러한 차별성의 확산과 사회 질서에서 벗어난 "비행"의 확산에 대한 드 세르토의 설명에 따르면(같은 책: 130), "공간은 그것을 정향

(定向)하고, 위치 짓고, 시간적으로 한정하는 작용이 낳은 효과로서 발생한다. 그 작용은 계약 때문에 가까이 있는 것들이나 상충하는 프로그램들의 다가치적 통일성 속에서 공간을 기능하게 한다"(같은 책: 117). 공간과 달리 장소는 질서, 즉 공간적 질서와 사회적 질서를 모두 나타낸다. 장소는 사회 구성원들이 상호작용의 다양한 맥락에서 사용하는 학습된 언어다. 공간은 입에 오르내리거나 "실천된 장소"다(같은 쪽). 사람들은 공간 안에서나 공간을 통해서 자신의 차별화된 궤적을 발전시킨다. 구어체가 사전의 표준적 의미에서 벗어나듯이 공간은 재창조된 장소, 재전유된 장소가 될 수 있다. 그러나 불행히도 그러한 해방의 재현에 공동공간이 설 자리는 없다. 분자적인 일상의 분화를 강조하는 이들은 개인들의 잠재적 궤적에서 해방을 찾는 경향이 있다. 그러나 분자적 분화와 분산된 특수성은 표준화와 동일화의 함정을 벗어날 수 없다.

인간의 상호작용 패턴은 다양하고 정교하며 미묘한 차이에 의해 구성되며, 이러한 패턴의 사회적 주입은 사회적 재생산의 매우 중요한 부분을 차지한다. 부르디외에 따르면, "문해(文解)와 연관한 상징물 보존(symbolic-product-conserving) 기술"이 모자란 사회에서는 거주 공간이 이러한 패턴을 주입하는 주요 장소가 된다(Bourdieu 1977: 89). 거주 공간은 후기산업사회에서도 이러한 역할을 한다. 도시는 일종의 탁월한 교육 시스템이다. 사람들은 대도시 공간을 사용하면서 다양한 반사작용을 체화하는 법을 배운다. 자기 정체성을 갖는다는 것은 도시 생활의 위험과 기회를 표현할 수 있음을 의미한다. 어떤 사람이 어디에 있도록 허용되는지, 그리고 그가 어떻게 공간 사용 지침을 준수하는지가 그 사람의 사회적 정체성을 나타낸다. 공간은 사용을 통해 정체성을 부여하기도 하고 부여받기도 한다.

해방을 위한 노력은 "억압당한 정체성을 해방하는 것이 아니라, 억압당한 비정체성(non-identity)을 해방하기" 위해 애쓰는 것이다(Holloway 2002: 156). 사회적 재생산이 정체성 형성을 강요한다면, 해방 투쟁은 인간을 고정된 정체성으로 환원시키는 메커니즘에 대항한다. 따라서 해방 공간은 정체성을 부여하거나 재생산하는 공간과는 달라야 한다. 정체성으로서의 공간(그리고 공간으로서의 정체성)은 명확하게 구분된 영역을 전제로 한다. 비정체성(즉 다원적이고 개방적인 정체성)의 장소로서의 공간은 반대로 느슨하게 규정된 공간, 즉 이행의 공간이어야 한다.

우리는 사회인류학을 통해서, 많은 사회가 이러한 공간의 모호한 잠재력을 잘 알고 있음을 안다. 인류학자들은 의례화된 이행 기간을 담아내고 특징짓는 공간의 많은 사례를 제시해 왔다. 의례 행위는 사회적 정체성의 이행기에 나타나는 비정체성의 매개 경험(Turner 1977: 103, 169)이 사회적 재생산을 위협하지 않도록 하는 것을 목표로 한다. 사회는 정화 의식이나 수호신을 매개로 이행의 공간들을 감독하는데, 이는 그 공간들이 일탈이나 위반의 가능성을 상징적으로 표시하기 때문이다.

그러나 정체성 이행 사이의 비정체성과 사이 영토를 잠시 점유하는 경험, 즉 경계성(liminality)[7]의 경험은 우리에게 해방의 공간성을 엿볼 수 있게 한다. 사이 공간을 만든다는 것은 개별 정체성의 공간이 아니라, 정체성 간 상호 만남의 공간을 만드는 것을 의미할 수 있다. 지멜은 출입문과 다리를 인간의 독특한 인공물이라고 설명하면서, "인간은 연결하는 동물이다. 그는 분리하지 않고는 연결할 수 없기에 항상 분리해야 한다"(Simmel 1997: 69)라고 지적했다. 구분을 없애는 것을 목표로 하지 않고 단지 극복하기 위해 그것을 인정하는 행위는 서로 다른 정체성이 타협하고 상호 의존성을 실현하는 토대를 제공하는 태도의 상징이 될 수 있다. 따라서 해방을 새로운 집단적 정체성의 확립이 아니라, 출현하는 정체성 간에 타협하는 수단의 확립으로 이해할 수 있다. 따라서 차이는 특권에 연결되는 것이 아니라 잠재력에 연결된다.

사이 공간들은 경계를 가로지르는 공간이다. 공간들의 존재는 실제로든 가상으로든 공간 가로지르기에 의존한다. 우리가 관심을 가져야 하는 것은 고립영토로 들어가는 건널목으로서의 통로가 아니다. 우리는 분리된 잠재적 목적지를 연결하는 문턱 또는 교차로에

---

[7] liminal은 우리말로 '문턱의'라는 뜻으로, 한 공간과 다른 공간 사이의 경계에 있는 입구와 그 주변 공간을 말한다. 이 책에서 강조하는 문턱공간과 같은 개념으로 볼 수 있다(옮긴이).

더 관심을 가져야 한다. 문턱의 공간성은 장소 연결망의 작동 원리인 시공간적 경험의 한계를 재현할 수 있다. 문턱은 다양한 사람들이 자기 삶에 대한 통제력을 회복하면서도 서로 연대할 수 있는 기반을 제공한다.

이러한 공간은 오제가 기술하는 비장소(non-places)(Augé 1995)와는 본질적으로 다르다. 임시적이든 보편적이든 비장소에 부여된 정체성은 인간의 삶을 현대 사회의 규범으로 환원시키는 데 효과적이다. 그럼에도 '통과 정체성(transit identity)'은 정체성이다. 중간 공간은 사람들이 타자성을 자기 정체성의 형성 요소로 받아들일 위험을 감수할 때만 해방 문화의 장소가 될 수 있다. 따라서 공유 세계와 공동공간은 소속을 확인하는 장소라기보다 만남의 장소로서 상상되고 사용된다.

이러한 종류의 경험은 다양한 사회적·역사적 환경에서 실현되었다. 도시의 거리에 넘쳐나는 카니발 같은 규칙 위반은 때때로 카니발 폭동, 즉 아무에게도 속하지 않고 모든 사람에게 속하는 통로의 연결망으로서 도시를 전유하는 사회적 행위다. 짧았던 파리 코뮌이나 칠레의 인민연합(Unidad Popular) 시기에는 해방된 타자 간 만남의 공간으로서 공공 공간을 구축하는 행위들이 있었다. 파리 코뮌의 민중과 칠레의 인민(pobladore)은 아르헨티나의 피케테로나 반세계화 시위대와 마찬가지로 문턱공간을 만들었다. 존엄을 위한 긴 행진에서 사파티스타 또한 해방의 중간 공간, 즉 거들떠보지 않는 억압된 타자들이 잠시 거주하는 공간을 만들었다.

지금까지 이 책에서 보았듯이 공동공간이 확장하는 커머닝의 연결망에 참여하는 한, 문턱공간성은 그 공간의 모습을 결정할 수 있다. 이 장에서 보여주려는 것처럼, 자유나 해방의 상상된 공간이 공간 커머닝의 전망과 반드시 연결되는 것은 아니다. 그러한 상상 공간은 커머너들의 미래 사회에 울타리를 치고 개별성이나 정체성에 초점을 맞춰서, 커머닝의 전망과는 동떨어진 재현에 갇힐 수도 있다. 반대로 이행의 공간, 즉 문턱으로서의 공간을 상상하는 것은 공간 커머닝의 실천을 예시하는 데 기여할 수 있다. 공동공간은 문턱과 같은 상상에서 비롯된, 자본주의와 지배를 넘어선 사회의 재현으로 나타날 수 있을 것이다. 현재와 미래 사이에, 절대적 외부와 명확한 내부 사이에 공동공간을 재현하는 행위는 경계적 경험과 경계적 실천의 재현이다. 공동공간은 경계적이며, 마찬가지로 공동공간을 예시하려는 재현 역시 경계적이다.

예시적 정치는 정치적 행위를 이해하는 하나의 형태로서 수단과 목적 사이의 일치를 강조한다. 1960년대(Brines 1989)와 최근 점령 운동에 관한 논의(Smucker 2014)에서 중요한 동력을 얻은 이러한 견해에 따르면, 미래 사회와 그 사회에 상응하는 가치는 그러한 사회를 위해 싸우는 운동의 실천과 윤리에 반영되어야 한다. 칼 보그스(Carl Boggs)의 고전적인 정의에서 예시는 "운동의 진행 중인 정치적 실천 내에서 최종 목표인 사회관계, 의사결정, 문화, 인간 경험의 형태를 구체화하는 것"이다(Boggs 1977).

라틴아메리카 노숙자 운동이 만든 정착촌은 또 다른 공동체적 유대를 예시하는 것인가, 아니면 그것을 실현한 것인가? 대립하는 공동체 모델들(헤게모니 모델과 반헤게모니 모델)이 병존하면, 어떤 모델은 다른 모델보다 덜 현실적이거나 덜 작동하는 것은 아닌가? 공동공간의 생산은 예시적 정치 형태의 일부인가, 아니면 공간 내 또는 공간을 통한 새로운 관계의 실현인가? 아마도 대답은 둘 다일 것이다. 집단 행위가 아무리 예시적이라 해도 그것은 관련한 현실 변화에 적극적으로 기여하며, 심지어 사회 자체의 변화를 촉발하기도 한다. 자주적으로 관리되는 노숙자 정착지의 연결망이나 점령한 공장의 연결망이 이미 유사한 사회적·경제적 관계 연결망을 생성하고 실현하고 있다는 사실을 잊어서는 안 된다. 따라서 공동공간은 커머닝의 가능성을 보여주는 예시적 공간이자, 현실 속에서 이러한 가능성을 구체화한 공간이기도 하다. 이어지는 나바리노우 공원(Navarinou Park)의 점령 사례에 대한 논의에서 살펴보겠지만, 공간 커머닝의 해방적 잠재력의 예시와 실현은 공원을 공동공간으로 만들고 사용하는 사람들 사이에서 공유되는 재현 방식에 따라 다양한 방식으로 나타난다.

문턱 공동공간의 점유

이제 구체적인 사례를 살펴봄으로써 공동공간의 재현이 공간 커머닝의 실천과 상호 작용할 수 있는 방식을 탐구하자. 앞에서 간단히 언급한 아테네의 나바리노우 공원 점령의 경우, 공원을 점령한 사람들의 행위와 공유된 재현을 면밀히 들여다보면 문턱 가로지르기의 생각과 경험이 커머닝 확장 프로젝트와 상응한다는 것을 알 수 있다.

2008년 12월 아테네에서 일어난 청년 봉기의 정신이 갖는 지속적 힘을 가장 중요하게 보여주는 사건은 아마도 나바리노우 공원의 점령지 조성일 것이다. 그것은 국가 지원 정책(국가의 개입을 요구하는, 또는 관련 요구를 포함하는)과의 단호한 거리 두기이자, 창의적인 정신을 특징으로 하는 집단 행위의 사례였다. 앞으로 보게 될 이 두 가지 특성 때문에, 나바리노우 공원 활동은 집단 자치의 중요한 실험이 된다.

2009년 3월 초에 소수의 활동가들이 아테네의 엑사르히아(Exarchia) 지역에 있는 주차장을 무단으로 점유하자고 공개 제안했다. 이 야외 공간을 모두에게 개방된 작은 공원으로 바꾸자는 제안이었다. 그 주차장 부지는 그리스 기술회의소(TEE)가 1972년에 구매해 소유하고 있었다.

1990년, 그리스 기술회의소는 자기 소유의 마루시(Maroussi) 부동산 중 하나에 대한 건물 용적률 확대를 대가로 주차장 부지를 아테네 의회에 광장 부지로 제공하기로 했다. 도시개발법이 여러 차례 연기되고 바뀌어 이 거래가 이루어지지 않으면서, 이 부지는 몇 년 동안 노천 주차장으로 임대되었다. 2008년, 주차장 임대가 만료되자 기술회의소는 다시 토지 재개발 문제를 제기하며 엑사르히아 주민들의 관심을 끌었다. 이미 1년 반 전부터 이 문제에 개입한 엑사르히아주민행동(Exarcheia Residents' Initiative)은 이 사실을 이웃에 알리고 이 지역을 즉시 녹지로 전환할 것을 요구하며 행동에 나섰다. 2009년 3월 7일, '우리, 지금 여기 우리 모두를 위해'라는 단체와 함께 모든 주민과 열성적인 지지자들이 한자리에 모여 그 공간을 무단으로 점령하고 주차장을 공원으로 전환할 것을 분명하게 요구하는 행사를 조직했다. 그들은 드릴과 절단기로 아스팔트를 부수고, 트럭으로 흙을 운반하고, 꽃과 나무를 심으며 공원 조성을 자축했다.[8]

일정한 조건에서 공유할 재화를 생산할 뿐 아니라 공유된 가치, 습관, 의견을 담은 공동의 세계를 생산하는 일련의 관계 및 실천이 커머닝이라면, 나바리노우 공원에서 커머닝은 의사결정, 행위, 이니셔티브 등의 다차원적이면서 때로는 모순적인 과정으로 등장했다. 새로운 사람들에게 열려 있는 공동 세계는 그 세계를 만드는 사람들에 의해 끊임없이 재구성되는 세계이자, 그 사람들을 재구성하는 세계다.

[8] 나바리노우 공원 웹페이지(http://parkingparko.espivblogs.net/englishfrench/about-the-park).

이 개방성에는 한계가 없었을까? 이 운동은 인종주의, 이윤 창출, 국가와 협업 등의 관행을 배제했거나 배제하기를 원했으며, 평등과 연대를 양보할 수 없는 공유 가치로 선언했다. 그러나 선언만으로는 자본주의적 관계의 지배적이고 적대적인 맥락과 관련한 문제를 해결할 수 있는 충분조건이 확보되지 않았다. 예를 들면, 나바리노우 공원 총회는 자본주의 참사의 희생자들, 예컨대 마약 중독자들을 어떻게 다루기를 원했는가? 우리는 모두 개인으로서 우리에게 만연한 모순과 적대감으로 불구가 되고 분열되어 있다(Holloway 2002: 144-5). 우리는 이 문제를 어떻게 집단적으로 다룰 수 있을까? 공동 사용 규칙을 '존중'하도록 마약 중독자들을 '설득할' 수 있을까? 불법 마약 거래상들 및 경찰과 연결된 그들을 추방해야 할까? (그렇다면 어떻게, 누구에 의해?) 또한 자유 지역에서는 다른 사람들을 신경 쓰지 않고 그들이 원하는 것을 할 수 있다는 환상을 가진 사람들에게 그들이 사용하는 장소를 밤에는 청소해야 하고, 함께 만든 정원과 벤치를 파괴해서는 안 되며, 이웃 사람들이 쉬려고 하는 시간에는 시끄럽게 해서는 안 된다고 누가 설득할까?

공원을 만들고 사용하는 사람들 사이에서 평등이 협상의 쟁점이 될 때, 평등 원칙은 인간관계의 맥락에 따라서 다른 형태를 취해야 한다. 나바리노우 공원 경험과 관련한 사람들은 여러 형태의 상호 의식과 상호 인정을 끊임없이 고안해야 한다는 것을 빠르게 인식했다. 커머닝은 모든 사람이 '타자'와의 새로운 관계뿐 아니라 자신을 재창조하도록 강제한다.

어떤 사람들에게 자유 또는 해방 프로젝트는 사회적·정치적 환경에 의존하지 않고도 재생산되는 완전히 독립적인 사회 공간적 실체를 만드는 과정일 수 있다. 따라서 '자치 구역'은 자율 규제의 규칙을 만들고, 사람들은 그 규칙을 준수하며 거주한다. 나바리노우 공원의 일부 설립자와 사용자에게 이러한 종류의 자율 상태는 공원 조성이라는 과업을 규정하는 목표로 상상되었고, 지금도 그렇다. 그들에게 이 공간은 나바리노우 공원이 있는 엑사르히아 지역의 매우 예외적인 성격을 잘 보여준다. 엑사르히아는 많은 아나키스트 무장단원이 대안 요새라는 환상을 갖는 지역이다. 주요 언론과 국가는 종종 엑사르히아를 경찰과의 충돌 및 마약 거래가 만연한 무질서한 장소로 묘사함으로써, 이 신화를 부정적으로 재확인하는 관점과 이미지를 투영한다. 물론, 이러한 견해가 특히 경찰의 급습이 계획되고 실행되는 시기에 투영된 것은 우연이 아니다.

상상되거나 악마화된 이런 종류의 '자치'는 결코 엑사르히아의 특징이 아니었다. 의심할 여지 없이 많은 사건과 반체제적 운동이 이 지역에서 일어났지만(유명한 1973년 11월 아테네 국립 공과대학 건물의 반독재 점거), 엑사르히아는 해방구와 거리가 멀다. 청소년 대안 문화가 근린 중심지에 우세하긴 하지만 심하게 상품화되어 있다. 그리고 마약 거래는 반체제 활동이 아니다(그리고 경찰이 이러한 활동을 선택적으로 용인한다는 증거가 있으며, 이는 이러한 대안적이거나 반체제적인 문화를 훼손한다).

국가는 반체제적 행동이 오직 엑사르히아 고립영토에만 존재한다는 인상을 줌으로써 이 신화가 지속되기를 원했고, 지금도 여전히 원하는 것 같다. 그래야만 국가가 어떤 반체제 행동을 시범적·상징적으로 진압하고자 할 때 그 지역에 개입할 수 있기 때문이다. 12월 청년 봉기가 한 일은 언론과 경찰의 주목을 엑사르히아에서 아테네와 다른 주요 도시의 다양한 근린 지역과 공공건물, 공공 공간으로 분산시킨 것이었다(Stavrides 2010a). 국가는 12월의 봉기를 엑사르히아 중심으로 일어난 '훌리건 폭동'의 또 다른 사건으로 제시할 수 없었다.

나바리노우 공원이 엑사르히아의 변두리에 만들어진 것은 우연이 아니다. 주민 조직의 일원이 말했듯이, "그 공원은 다른 곳에서도 성공할 수 있었지만, 아마 어디에서도 지속되지는 않았을 것이다. 엑사르히아에 있기 때문에 공원에 사람들이 밤낮으로 끊임없이 머무른다. 그리고 이는 어떤 면에서 공원을 보호하는 최고의 방법이다"(An Architektur 2010: 3). 그러나 이 집단 운동의 힘은 도시의 그 외 부분에 대한 개방성에서 온다. 초창기부터 참여 절차(총회, 작업반)를 통해 그들은 때로 격렬한 대립으로 발전하는 딜레마를 다루어야 했다. 즉, 그 공원은 무단점유한 장소들의 반자본주의적 운동 연결망의 일부로서 그 운동에 속한 사람들에게만 열린 장소인가, 아니면 자본주의적 도시화가 사람들로부터 빼앗은 것들(녹지, 도시

텃밭, 대안적 행사에 대한 자유로운 접근, 개방적이고 상상력이 풍부한 놀이터 공간 등)을 즐기고 창조할 기회를 모든 사람에게 제공하는 열린 공동공간인가? 국가의 공격적인 정책과 이와 관련한 경찰의 조치들에 대항하는 기간에, 첫 번째 견해는 공원을 근처에 주둔한 경찰에 대항하는 요새 또는 (거의 공상화된) '작전 기지'로서 이용하는 형태를 취했다. 두 번째 견해는 공원 이용의 지평을 넓히려 노력했고, 많은 이웃에게 그 장소가 일상적인 사용(종종 자녀를 동반함)을 위한 녹지 공간이라고 설득했다.

아직도 해소되지 않는 이 두 관점 간 투쟁에 자치와 자주관리의 의미에 대한 암묵적인 논쟁이 있음을 확인할 수 있다. 첫 번째 관점은 그 모험적 운동의 전위적 역할을 보장하는 형태로서 자치를 이해한다. 이 견해에 따르면 그 공원은 해방구, 또는 일부 사람들이 말하듯이 '자유 공간'이다. 두 번째 관점은 자치를 국가 메커니즘과의 급격한 단절로 이해하지만, '계몽된 활동가'와 '모범적 행위'를 외부 사회와 분리하는 장벽을 만들지는 않는다. 이 관점은 이웃과의 접촉을 잃지 않으면서도 급진성과 독창성을 유지했다. 반대로, 첫 번째 관점은 참여도가 낮은 사람들이나 평범한 사람들이 공원에 오는 것을 어렵게 만들었다.

나바리노우 공원은 (방어할 수 있는 분리 장벽이 없는) 조성의 물질적 조건 때문에 처음부터 열린 공간이었다. 그곳은 주변 환경과 삼투하는 관계를 맺고 있어서, 지나가는 사람들이 쉽게 공공 공간으로 인식할 수 있다. 그러나 그 공원은 뭔가 다른 어떤 것이었고, 현재도 그렇다. 그것은 바로 공동공간이다. 그 공원을 만들고 생명을 불어넣으며 유지·관리에 관여하는 바로 그 사람들이 '좋은 사용'의 규칙을 만들었고, (공원 공간과 사용자 모두의) 돌봄과 보호를 위한 실천을 조직했다. 그 사람들은 확장하는 커머닝의 적절한 규칙을 찾았고, 현재도 여전히 찾고 있다.

나바리노우 공원에서 사람들은 각자의 지식과 능력에 따라 여러 작업반을 만들 수도 있었다. 이렇게 하면 '순전히 명백한' 기존의 차이에 기반을 둔 역할 분류 체계가 재생산되었을 것이다. 나바리노우 공원이 자주관리와 확장하는 커머닝 측면에서 하나의 실험이 되는 이유는 모든 형태의 작업과 협력이 암묵적으로든 명시적으로든 포용적인 자치 행위이기 때문이다. 이러한 맥락에서는 공원 총회에서 이뤄지는 직접민주주의에 관한 논의가 시금석이 되는 만큼이나 쓰레기 수거도 시금석이 될 수 있다. 두 경우 모두 행위의 주체와 실천 자체를 동등하게 비교할 만하다. 중요한 것은 동질화가 아니라, 다중성에 기반한 협업 형태를 발명하는 것이다(Hardt and Negri 2005: 348-9). 총회로 제정된 규칙은 (예컨대 쓰레기 수거와 같이) 당번 순서를 정하는 규칙과 마찬가지로 확장하는 커머닝의 제도를 형성했다. 이러한 제도는 유연해지려고 노력한다. 왜냐하면 신참자들이 기존의 역할 분류 체계에 통합되지 않으면서도 그 제도에 포괄되어야 하기 때문이다.

나바리노우 공원의 공개 총회는 의사결정에서 평등을 확립하기 위해 노력했다. 모든 사람은 참여할 권리가 있었다. 또한 의사결정은 때로는 투표가 아니라 철저한 토론을 통해 도달한 합의에 따라 이루어졌다. 많은 상황에서 합의를 끌어내는 것은 어려운 과정이다. 누가 참여하는지, 얼마나 중요한 것이 결정되는지, 의사결정이 구체적 과업과 어떻게 연결되는지, 누가 책임을 지려 하는지에 따라 달라진다. 물론 한 사람이 자기 의견을 어떻게 형성하는지, 그가 지식, 교육, 경험, 신체 능력에 대해서 어떤 종류의 접근성을 가졌는지가 중요한 역할을 한다. 흔히 어떤 의견이 이들 영역에서 강점을 지니면 다른 의견보다 우월한 것으로 정당화될 가능성이 있다. 예를 들어, 공원의 유지·관리라는 고된 작업에 거의 참여하지 않는 사람의 의견은 어떻게 취급되는가? 그리고 다른 사람들보다 더 자주 참여하는 사람들이 다른 사람들의 의견에 반대할 권리가 있는가?

운동의 주도권을 쥔 집단이나 개인에 권력이 집중되는 것을 받아들이는 사람들의 주된 주장의 근거는 효율성이다. 그들은 빠르고 일관된 결정을 내리기 위해서는 대표자들이 필요하며, 대표자들은 당연히 민주적으로 선출되어야 한다고 말한다. 나바리노우 공원의 경험은 직접민주주의를 집요하게 고집해도 일관된 결정(목표나 프레임워크를 항상 변경하지 않는 결정)을 내릴 수 있고, 집단으로 합의한 과업을 효율적으로 분배할 수 있음을 보여주었다.

나바리노우 공원은 아테네의 도시 군도에 있는 섬이 아니다. 일부 호전적인 활동가들이 상상하듯이, 도시적 획일성의 바다에 떠 있는 대안적인 섬도 아니다. 나바리노우 공원은 어떤 경계적 정체성의 형성을 경험하는 사람들의 경계적 실천을 환영하는 경계적 공간이다. 경찰의 급습과 마약 거래가 공원을 위협하기도 하지만, 그 공원을 둘러싼 보호 구역(sanitary zone)은 없다. 그 공원은 특정 집단이나 공동체, 당국에 소속되지 않고 사이 공간으로 매일 만들어진다. 그것은 주변의 공공 공간들 사이와 주택 블록들 사이에 있는 공간이며, 청년 투쟁의 역사가 풍부한 동네와 값비싼 카페(콜로나키, Kolonaki)가 있는 상류층 동네 사이의 공간이고, 대학 건물들과 넓은 도서 및 소프트웨어 시장 사이의 공간이다. 그 공원은 빽빽한 도시 구조와 자연경관 사이의 독특한 문턱이기도 하다. 그것은 중앙 가로들(그중 하나는 다소 교통량이 많음)의 연결망에 속하지만, 나무와 덤불과 채소 텃밭과 꽃으로 이루어진 뜻밖의 오아시스이기도 하다. 도시와 자연환경의 예기치 않은 이러한 병존은 공원의 경계성을 더하는 요소다. 그 공원은 한적한 도시 정원은 아니지만, 그렇다고 도시 광장도 아닌, 사실 공원 광장으로서 도시화된 자연 문턱이라 할 수 있다. 그렇기 때문에 그 공원에서는 다양한 활동을 할 수 있으며, 수많은 공간이 중첩된다. 그 공원의 구역들은 자체 제작한 도시 시설물들(벤치, 놀이터 구조물, 야외극장 좌석 등)로 구획되지만, 그 구역들의 사용자들이 서로 섞이듯이 그 구역들도 서로 섞인다. 다양한 문화적 또는 정치적 이벤트가 일상적인 공원 이용과 공존하는 경우가 많다(공원의 야외극장에서 토론이 진행되는 동안 아이들이 노는 것 등).

　나바리노우 공원 경험은 공동공간을 오염되지 않은 해방구로 간주하는 환상을 포기하도록 요구한다(Stavrides 2009: 53: Negri 2009: 50). 도시 인클로저의 지배적 경험과 뚜렷한 정체성을 갖는 고립영토에 대한 지배적 상상계가 자본주의 헤게모니를 넘어서려는 사람들의 생각과 행동을 식민화한다. 문턱 경험과 문턱 이미지는 고립도시에 관한 반대 사례를 제공한다. 우리는 자본주의 도시의 이미지를 고립된 섬들의 군도로 영속시키기보다 공간과 생활 유형의 지배적인 분류 체계를 전복함으로써, 창조적으로 위협하는 공간 이미지로 도시 질서를 만들어야 한다. 그러한 문턱으로서의 공간들은 모호하고 불안정하지만, 바이러스와 같은 존재이기도 하다. 그 공간들의 힘은 개방성과 경계를 넘어설 수 있는 능력, 그리고 아직 편입되지 않은 사람들을 향한 포용적 제스처에 있다.

국가 커머닝하기?

바람직한 공동의 미래에 대한 집단적 재현은 문화적 맥락 속에서, 그리고 그 맥락에 따라서 모습이 결정된다. 따라서 상상의 도시와 천상의 유토피아는 공유된 문화적 가치를 반영한다. 만약 우리가 커머닝에 대한 논의와 열망을 공동체, 사회, '공동선'에 대한 비서구적 관점에 개방한다면, 커먼즈와 관련한 실천과 관념, 재현의 정치적 의미에 대한 새로운 문제 제기 방법을 찾을 수 있을 것이다.

구스타보 에스테바(Gustavo Esteva)는 '오악사카(Oaxaca) 코뮌' 의 경험을 언급하면서, 이 도시의 집단적 재전유를 멕시코 토착 문 화에 뿌리를 둔 공동체에 대한 여러 형태의 이해와 재현, 상연과 연 결한다. "두 명의 토착 지식인이 만든" 공동체성(communalidad)이 라는 개념을 사용해 에스테바는 공동체성이 "커먼즈와 정치체의 단 순 결합" 이상이라는 것을 보여준다. 또한 공동체성은 "정신적 공 간, 즉 이해(intelligibility)의 지평이다. 그것은 당신이 우리로서 세 상을 보고 경험하는 방법"이다(Esteva 2012:). 이러한 '우리'가 언어, 공동 작업, 축제, 공동 영토에 대한 공동의 상징적 유대 속에 스며들 어 있다. 그런 맥락에서 도시를 되찾는 정치와 사회를 되찾는 정치 는 연결된다.

공동체성은 오악사카 봉기 기간에 그곳에서 일어난 자치 실험 속 에 살아 있었다. 어떤 면에서, 공유된 이해의 지평으로서의 공동체 성은 참여하는 사람들의 정치적 상상계를 결정했다. 공동공간은 봉 기가 전개되면서 단순히 '발생'한 것이 아니라, 봉기의 모습을 능동 적으로 결정하는 재창조된 공동 영토가 되었다. 그러나 오악사카의 반란적 공동체성이 전통적인 토착 공동체성과 구별되는 점은, 점령 한 오악사카에서는 그러한 '우리'가 계속 만들어지고 있었다는 사 실이다. 더 나아가 이 '우리'는 도시의 경계를 넘어서 일종의 메시지 를 퍼뜨리고 있었다. 그 메시지는 더불어 살아가면서 생기는 크고 작은 문제들을 해결하는 데 다른 형태의 사회조직이 가능하고 효과적이라는 것이었다. 어느 오악사카 활동가가 말하듯, "우리는 그들(정부와 국가 및 시장의 기관들을 의미함) 없이도 잘살 수 있다는 것을 깨달았다."

공동선에 대한 서구의 관점과는 상당히 다른 라틴아메리카 토착민의 또 다른 용어는 부엔 비비르(buen vivir)⁹다. 이 용어는 아이마라어(볼리비아)로는 수막 카마나(sumaq qamana), 케추아어(페루, 에콰도르, 볼리비아, 칠레, 콜롬비아 및 아르헨티나)로는 수막 카우사이(sumak kawsay), 페루 아마존 지역에서는 아멧사 아사이키(ametsa asaiki), 과라니어(파라과이, 우루과이, 아르헨티나, 브라질, 볼리비아)로는 냔데레코(ñandereko)다. 이 용어들의 공통점은 "안녕은 공동체 내에서만 가능하다는 관념"이다(Gudynas 2011: 441). "이 개념은 인간과 자연을 분리하지 않는다"(Prada 2013: 145). 대지의 여신은 살아 있고 신성하다고 간주되며, 항상 "공동체가 매개하는"(같은 쪽) 대자연과의 모든 관계는 존중과 "영적 교감과 대화"(같은 쪽)를 기반으로 한다.

부엔 비비르는 공동체가 공유 세계를 만드는 과정을 사람과 자연 간의 교류를 기반으로 이루어진 과정으로 이해한다. 그 교류는 착취적이거나 공격적이지 않고 담화적이며, 대화를 통해 넓어진다. 자연을 살아 있는 대화 상대로 간주한다는 것은 영적 신념의 맥락

---

9 '선한 삶' 정도로 해석할 수 있는 스페인어로서, 가치 있는 삶의 양식을 가리키는 라틴아메리카 토착민 용어에서 비롯되었다(옮긴이).

에서 중요할 뿐 아니라, 공동 재화, '자원'(경제 중심적 논리에 의해 주입된 단어), 그리고 다른 말로는 커머닝이라고 불리는 실천을 이해하는 방식에도 영향을 끼친다.

부엔 비비르는 자연의 다양성에서 배우고 다양한 사람들 사이의 광범위한 차이를 존중한다는 점에서 다원적 관념이자 다원성에 중점을 둔 세계관이다. 부엔 비비르의 중요한 원칙은 상보성으로서, "서로 다른 인간 사이의 상호 의존성을 기본 전제"로 한다(같은 책 146). 용어의 고유한 논리를 침해할 수도 있는 위험을 무릅쓰고 번역하면, 부엔 비비르는 커머닝의 윤리이자 집단의 안녕을 보장하는 것을 목표로 하는 공동체 기반의 실천이다.

부엔 비비르는 라틴아메리카의 많은 국가에서 운동의 실천과 열망을 인도하는 원칙으로서 적극 채택되었다. 토착민 운동은 부엔 비비르와 연결된 재현과 가치를 동원해 기존의 식민주의와 자본주의의 관계를 비판했다. 또한 토착민들은 지배적인 권력구조를 넘어서는 사회관계를 구성하는 방법뿐 아니라 조직의 형태를 결정하는 데도 부엔 비비르의 사고방식을 활용했다. 볼리비아의 아이마라 정치 투쟁과 에콰도르의 토착민 투쟁, 그리고 사파티스타에서 영감을 받은 멕시코의 투쟁은 모두 부엔 비비르 세계관을 비판적으로 재전유한다.

이 모든 사례에서 공동선은 복지와 안녕에 대한 서구의 상상을 넘어서려는 새로운 사회조직에 접근하는 수단이자 목표였는데, 부엔 비비르는 그 공동선을 이해하는 다원주의적이고 문화 특정적인 방식이었다. 이에 따라 미래를 향한 진보적 열망—그것이 지배적 열망이든 반헤게모니적 열망이든—이 재구성되었다. 부엔 비비르는 미래를 지속적인 개선 과정의 정점으로 생각하는 대신, 잃어버린 균형을 다시 정립하기 위해 노력할 것을 촉구한다. 그러한 접근에 따르면, 자본주의는 자연에 대한 공동체의 담화 관계와 공동체 유대의 상보성을 모두 파괴한다. '개발'은 인류의 복지 향상을 추구하는 과정에서 지구와 인간의 에너지를 모두 약탈하는 행위들에 대해 자본주의적 진보 숭배가 부여한 신성한 이름이다. 공동의 것의 지평을 추구하는 관점은 성장을 유기적 은유로서가 아니라, 인간과 자연의 착취로부터 가치를 추출하기 위한 더 큰 수단의 파우스트적 동원으로서 이해하는 견해에 반대한다. 즉, 천연자원과 인간의 에너지(정동, 인지 능력, 습득한 기술 등을 포함)에 대한 자본주의적 착취는 공유되어야 하는 것들에 울타리를 치고, 모두에게 속할 수 있는 것들로부터 사익을 취하며, 인간 사회와 자연 사이의 균형적 관계 형성을 위한 모든 수단을 파괴하는 폭력 행위다. 부엔 비비르 정신은 개발의 상상계에 노골적으로 도전한다. 그리고 끝없는 진보에 대한 근대의 강박 관념에 반자본주의적 상상계를 가두는 관념과 가치를 위기에 빠뜨린다. 또한 부엔 비비르 정신은 혁명이 그 이전의 역사와 이후의 역사를 명확히 구분하는 기점이라는 사상과, 갑작스러운 '새로움'의 갑작스러운 발생의 전형이라는 사상에도 도전한다.

이러한 관점을 더 적절히 드러내는 또 다른 토착 용어는 파차쿠틱 (pachakutik)(Becker 2011)이다. 파차쿠틱은 "신/구 주기의 시작, 무언가의 끝이자 다른 것의 시작, 백지상태가 아니라 상실/망각되었던 것의 복원과 더 유사하다"(Zibechi 2012: 184).

커머닝 정치체제 관점에서 보면 부엔 비비르, 공동체성, 파차쿠틱은 자본주의 논리(자본주의적 사회조직 모델을 포함)에 도전하는 가치에 공유 세계의 정의(定意)를 연결하는 커먼즈의 관점, 즉 공유되어야 하는 것에 대한 관점을 도입한 것이 분명하다. 이러한 토착 용어가 에콰도르(2008년 승인)와 볼리비아(2009년 승인)의 새 헌법에 등장하면서 흥미로운 논쟁을 불러일으켰다. 이 용어들의 헌법 채택은 사회의 '공동선'을 재개념화하고 공동선의 정의 및 창조와 연결된 커머닝 실천을 재개념화하는 맥락에서, 그 용어들이 가진 정치적 의미의 변화를 의미할까?

에콰도르의 헌법은 IMF 정부를 타도하고 국가의 정치적·경제적 방향을 바꾼 반신자유주의 운동의 흔적을 담고 있다. 이 헌법에서는 부엔 비비르를 "건강, 주거, 교육, 식품, 환경 등에 관한 권리를 포함하는 일련의 권리들"로서 기술한다(Gudynas 2011: 443). 흥미롭게도 "'부엔 비비르 권리'와 함께, 그리고 '권리'라는 동일 제목 아래 '자연권'에 관한 장이 있다"(Systemic Alternatives 2011: 10). 그러나 부엔 비비르 세계관을 국가가 보호하고 보장해야 할 권리로 해석하는 태도는 이미 그 용어의 힘을 제한하는 것이다. '공동선'과 '안녕'

으로 간주해야 하는 것들을 재정의하는 힘 말이다. 이러한 해석은 국가를 도전받는 조직의 한 형태이자 권력구조가 아니라, 재분배적 '발전'의 가장 중요한 촉진자로 간주한다. 2013-16년에 부엔 비비르 국가 계획에서 선언한 것처럼 부엔 비비르는 개발 패러다임이 아니다. 그러나 이 계획은 "석유라는 씨앗을 뿌려서"(석유에서 벌어들인 수입을 재투자해) "지식 사회" 건설을 위해 생산구조를 수확한다는 목적으로 공공 투자의 방향을 설정함으로써 명확히 경제 성장에 초점을 맞추고 있다(같은 책: 12; Ecuador, Republica de 2009).

볼리비아의 헌법은 부엔 비비르 논리를 주로 국가 윤리의 원칙으로 받아들인다. 이러한 원칙은 복합사회를 유지하고 지원하는 '다민족국(plurinational state)' 건설과 연결된다. 라울 프라다 알코레사(Raúl Prada Alcoreza)에 따르면, "이는 지역 관습에 따라 지역 활동을 관리하도록 분권화하는 것을 포함한다"(Prada 2013: 150). 이것이 "식민 국가 구조의 해체와 국가 행정에서 공동체 원칙의 인정 및 수용"(같은 쪽)으로 이어질지는 지켜봐야 한다. 그러나 두 헌법은 공동선과 사회 안녕의 재개념화와 관련해 공통 요소를 가지고 있다. 아무리 많은 변형을 겪더라도 국가는 사회에 봉사하기 위해 사회·경제적 계획에서 주도적 역할을 하고, 해당 사회를 비자본주의적 또는 탈자본주의적 사회로 변화시키는 데 주도적 역할을 한다(Brand 2013, Prada 2013, Walsh 2010). 역사적으로 국가를 사회조직의 한 형태로 만들어 온 국가의 논리 자체는 도전받지 않는다. 이 사회조직에서는 권력의 비대칭이 통치 기술을 뒷받침하고, 통치자가 피지배자와 명확히 구분(되고 분리)된다.

물론 몇몇 중요한 측면에서 기존의 신자유주의 국가와 질적으로 다른 국가를 열망하는 대중의 상상계에 조응해, 커머닝의 원칙과 조직 형태에서 영감을 받은 운동들은 자기 행동을 재고하고 방향 전환을 모색해야 한다. 부엔 비비르와 관련한 가치와 세계관이 자본주의와 지배를 넘어서는 미래 사회를 재고하는 데 기여할 수 있을까? 이것을 새로운 국가와 같은 사회조직 형태로 표현할 수 있을까? 아니면 사회적·정치적 형태로서의 국가를 넘어서는 행위 패턴과 조직 모형을 찾아야 할까? 이러한 질문에 대한 여러 답변이 실제로 우리 시대의 운동들에 의해 제안되어 도전받고 있다. 이러한 답변들은 개방적 커머닝 세계의 창조를 열망하는 매우 구체적 형태의 사회조직화 및 협력과 연결되어 있으며, 운동적 실천과 투쟁으로 표현되는 커머닝의 정치에 의해 만들어지고 영향받는다. 라틴아메리카(더 최근에는 유럽)의 이러한 흐름은 랑시에르의 '공동의 것에 대한 논쟁'의 새로운 영역이 될 수 있다. 운동하는 사회는 확장하는 커머닝 연결망의 발전 가능성을 만들 자유 지역을 생산하고 유지할까? 분산된 활동과 운동은 국가 주도의 개혁(공동의 것에 대한 부엔 비비르형의 비전으로부터 영향을 받거나 인간 해방에 대한 서구의 접근 방식에서 영감을 받을 수 있는 개혁)이 만든 제도적 기회를 이용할 수 있을까?

중요한 것은 탈자본주의적 미래를 향해 운동하는 사람들은 그들의 목표와 일치하는 조직화 및 협력의 형태를 고안해야 한다는 사실이다. 사파티스타의 부사령관 마르코스는 자본주의처럼 보이지 않는 방식으로 자본주의와 싸워야 한다고 말한 적이 있다. 우리는 커머닝의 연결망을 확장하고, 경계성 커머닝 제도를 고안하고 이용하며, 공동체가 다원적이고 개방적인 세계임을 받아들임으로써 자본주의를 넘어설 필요가 있다. 우리는 국가라고 부르는 역사적으로 특수한 형태의 사회조직을 넘어서고, 우리가 개발이라고 부르는 역사적으로 특수한 형태의 사회 재생산을 넘어서며, 역사적으로 특수한 형태인 자본주의의 경제 제일주의를 넘어서야 한다. 자본주의 너머의 세계는 오늘의 확장하는 커머닝의 실천과 연결망 속에서 이미 건설되고, 경험되고, 재현되고 있다. 그리고 공동공간이 커머닝의 목적일 뿐 아니라 커머닝을 결정하는 중요한 요소 중 하나라면, 오늘날 대도시에서 출현하는 공동공간을 주의 깊게 살펴봐야 한다. 이 공간에 다른 미래의 씨앗이 뿌려져 자라고 있다.

결론

커머닝을 통한
도시의 재발명

나는 이 책을 통해 공동공간이 사물의 완성된 상태, 또는 구체적인 물질성이 아니라 과정이라는 사실을 염두에 두면서 공동공간의 특성을 탐구하고자 했다. 이 노력을 더욱 복잡하고 불완전하게 만드는 것은 이 과정이 다른 어떤 건설 과정과도 같지 않다는 사실이다. 건설의 은유는 우리의 생각이 구체적 도구를 사용하는 구체적 행동 주체와 연결되는 과정으로 향하도록 한다. 그러나 공간 커머닝에는 그 과정에 의해 변형되지 않는 도구와 행동 주체가 없다. 공동공간은 커머닝의 실천을 통해 생겨나는 동시에, 커머닝의 주체뿐 아니라 커머닝의 실천에 영향을 끼친다.

우리는 공간을, '이용'하고 사고팔 수 있으며 이용 이전에 존재하는 유형의 용기(容器)로 재현할 수 있는 구체적인 상품이라는 생각을 버려야 한다. 시장의 지배적인 이데올로기는 공간을 질과 양의 측면에서 분명하게 정의할 수 있고 정확하게 측정할 수 있는 것으로 간주하며, 공간이 가치 법칙과 이윤 창출 행위를 통해 평가되고 소유되는 상품이 되기를 바란다. 하지만 공간은 그 이상이다. 공간은 사회관계의 능동적 형태이며, 사회관계의 구성 요소이자 관계의 집합이다. 공간은 사회생활을 담는 안정적 용기이기 때문이 아니라, 사회생활을 표출하고 사건화하는 필수 영역이기 때문에 중요하다. 공간은 관계들의 구조화된 체계로서 여러 만남에 형태를 부여한다. 그래서 공간 비교에 가치와 관념을 풍부하게 투영하는 것이 가능하다. 사람들이 얼마나 멀리 있고 얼마나 가까이 있는지, 그들이 어떻게 거리를 해석하는지, 다양한 수준과 형태의 근접성을 어떻게 다루고 상징화하는지가 매우 중요하다. 그리고 사람들이 이상과 열망을 '배치'하는 것과 같은 방식으로 사물을 높이거나 낮추고, 공간의 은유를 사용해 행위와 개인을 판단하는 것도 똑같이 중요하다. 위치들 사이의 관계 체계로서 공간은 사회관계를 '일어나게' 함은 물론 사회관계를 표현하는 가장 보편적 수단이다.

공동공간은 관계적이고 상대적이다. 그것은 모든 종류의 공간이 그러하듯이 사회관계의 매개체이자 결정 요소일 뿐 아니라, 계속 형성 중인 관계의 집합이다. 공동공간을 위치 관계의 제한된 시스템에 가두어 버리면, 더 이상 커머닝의 원동력이 될 수 없다. 공동공간이 커먼즈로 유지되기 위해서는 공동공간을 사용하도록 초대받은 사람들의 기여를 지속해서 처리하는 메커니즘이 필요하다. 즉,

공동공간은 그것을 생산하는 사람들을 계속 생산하기 때문에 생산품의 형태로 고정될 수 없다. 공동공간의 생산과 사용은 분리될 수 없다. 그러나 책 전반에 걸쳐 우리는 공동공간을 구체적으로 찾으려는 시도와, 경계선으로 명확히 구분된 물질적 실체로서 공동공간을 구상하려고 시도하는 재현 행위와 마주쳤다. 우리는 공동공간의 경계를 자기 자신의 경계와 동일시함으로써 완전하고 고립된 공동 세계를 구획하는 공동체를 만났다. 그러한 시각에서는 공동공간을 경계가 있는 공유 세계로 간주할 수 있다.

공동공간이 단순히 공적 공간이나 사적 공간과 다른 소유권상의 지위를 지닌 공간의 한 유형이라는 사실을 받아들이면, 우리는 공간 커머닝 과정에 내재한 가능성을 놓치게 된다. 커먼즈로서의 공간은 소유권상의 지위 이상으로서, 바로 그 소유권에 도전하는 사회관계의 집합이다. 공동체 또는 집단 안에 갇힌 공동공간은 특권이나 불행의 고립영토, 즉 집단적 특권의 고립영토 또는 집단적 불행의 고립영토가 될 수 있다. 공동공간을 공적 공간이나 사적 공간과 구분하기 위해서는 어떠한 형태의 공간 분류 체계의 경계를 넘어서야 한다. 그 경계가 법적 기준(소유권, 접근성 등)에 기반을 둔 것이든, 정치적 기준(공간을 통제하는 권위의 형태) 또는 경제적 기준(역사적으로 배태된 시장 관계 체계에 의해 공간에 귀속된 가치)에 기반을 둔 것이든 그 경계를 넘어서야 한다. 공동공간을 사적 공간이나 공적 공간과의 비교를 통해 더욱 선명하게 정의할 수 있지만, 본질적으로 공적 공간이나 사적 공간과 비교할 수는 없다. 공동공간은 공적 공간과 사적 공간 사이의 경계를 계속해서 파괴할 때 커먼즈로 남는다. 이 파괴는 하나를 다른 하나로 흡수(국가주의적 이데올로기와 관행에서처럼 사적 영역을 강제로 침식하거나, 반대로 공적 영역을 사유화하는 경우)함으로써 이뤄지는 것이 아니라, 역사적으로 형성된 대립물들을 무수히 많은 새로운 통합으로 전환함으로써 이뤄진다. 공동공간이 어떻게 개인의 정체성과 열망을 재구성할 기회를 제공하는지 관찰했지만, 새로운 방식의 자아 이해가 어떻게 도시 커머닝의 실천에서 나타나는지를 체계적으로 연구하기 위해서는 많은 이론 작업과 연구가 필요하다.

따라서 커머닝 행위가 구체적 장소와 시간에서 발생해 전개된다고 하더라도, 공동공간은 하나의 장소로 축소될 수 없다. 공동공간이 커머닝의 잠재적인 힘이자 결과로 존재하기 위해서는 넓게 퍼져나가야 한다. 공동공간은 신참자들을 포용해야 하며, 이 목표는 경쟁하고 재해석하며 재평가하는 공간 관계들의 연결망으로서 공동공간을 끊임없이 재구성한다. 그러나 공동공간은 순전히 공간적 무형식성과 우연성이 아니다. 그것은 구체적인 사회·역사적 맥락에서 '발생'하며, 인클로저의 지배적인 관행에 맞서 싸워야 하는 커머닝 실천을 통해 공동공간 창발(創發, emergence)의 복잡성을 표현한다. 공동공간의 재현과 경험 추구가 갖는 정치적 중요성은 이 추구가 해방 사회를 위한 투쟁과 결합될 가능성이 있다는 사실에서 찾을 수 있다. 대도시 주민의 꿈에서뿐 아니라 대도시의 실제 삶에서 공동공간을 창발하는 과정이 그러한 해방에 기여할 수 있을까?

이 책은 (선의를 가진 학자와 활동가 범위를 훨씬 넘어서) 많은 사람의 일상적인 필요와 열망의 충족과 관련한 논의에 대한 소소한 기여로서, (존 홀러웨이의 표현을 빌자면) 공동공간이 자본주의 안에서, 자본주의에 대항해, 그리고 자본주의를 넘어서 '발생할' 수 있음을 제시한다. 이것은 이상화된 상상의 세계나 사회생활 개선을 위한 현실적인 기회로 공동공간을 축소되어서는 안 된다는 뜻이다. 우리는 오늘날의 자본주의에서 공동공간을 생성하고 유지하기 위해 시장과 국가권력에 대항해 투쟁하는 실천들을 목격하고 있다. 우리는 취약계층과 소외된 자들의 생존 전략의 한 형태로서 공동공간의 생성을 지향하는 실천들을 목격하고 있다. 우리는 이러한 투쟁에서 배워야 한다. 공공 공간에서 불안정하고 일시적인 공동공간을 생산하는 이민자들과 노점상들의 일상적인 실천으로부터 배울 필요가 있다. 그들의 노력은 비록 생존 연결망과 연결되기는 하지만, 우리의 주의를 공적인 것과 공동의 것 사이의 차이에 집중시킬 수 있으며, 공간 커머닝이 완전히 다른 형태의 집단 연대를 통해 형성되고 발명될 수 있다는 것을 가르칠 수도 있다. 우리는 또한 다양한 사회관계의 예시 형태로서 공동공간을 구축하기 위한 투쟁에서 배울 필요가 있다. 저항 캠프들, 점령 운동들, 사람들의 필요에 초점을 맞춘 투쟁들은 운동을 전개하는 과정에서, 공간 커머닝의 형태를 실험하거나 투쟁하는 사람들 사이의 평등주의적 관계를 형성하는 과정에서 공간이 갖는 중요성을 발견한다.

여기까지가 자본주의 내부에서, 또는 자본주의에 맞서서 공동공간이 등장한 사례들이다. 공간 커머닝이 표출된 이 모든 사례에서 공동공간은 지배적인 도시 질서를 불안정하게 만든다. 우리가 보았듯이 지배적 도시 질서가 세 가지 다른 지배적 권력 양식(주권, 규율, 안전)을 통해 확립된 정상화 과정에 기초한다면, 공동공간은 그 질서의 균열이 된다. 우리는 자본주의가 균열을 수정할 수 있고, 그 균열을 일으킨 에너지를 자본주의 재생산을 위한 추진 연료로 전환할 수도 있다는 것을 알고 있다. 공동공간은 고립영토 도시의 논리와 규제에 편입되거나(폐쇄형 주택 단지의 '공동' 공간, 또는 통제된 게토 '공동' 공간과 같이), 커머닝의 다른 모든 산출물과 마찬가지로 시장성 있는 상품으로 포획될 수 있으며, 실제로 포획되었다. 두 경우 모두에서 공동공간은 지배적인 공간적·사회적 분류 체계에 대한 생생한 도전 능력을 상실한다. 그 결과 공동공간은 커머너 집단의 경계를 넘어서고 확장할 수 있는 능력을 박탈당한다.

또한 자본주의는 대안 경제의 경계 안에 공동공간을 가두려 시도한다. 그러나 커머닝은 경제 논리 자체를 거부할 때 반자본주의적 역동성을 획득한다. 따라서 커머닝은 새로운 사회적 가치와 우선순위를 예시하는 일련의 실천 과정이다. 커머닝을 시장에 가두는 것은 커머닝의 잠재력을 죽인다. 물론 대안적 공유경제 실험이 모두

무의미하다는 말은 아니다. 정반대로, 커머닝이 자본주의의 기존 규칙과 규범을 위협할 수 있으려면 현실의 시공간상에 실제로 존재해야 한다.

우리는 대안 경제 프로젝트와 활동이 무보수 노동을 통해 '사회 서비스의 축소를 보상'함으로써 현재의 신자유주의 정책에 대한 해결책을 매우 잘 제공할 수 있다는 것을 알고 있다(Caffentzis and Federici 2014). 또한 어떤 종류의 커먼즈는 비록 시장 외부에 있지만, 공동체가 소유하고 집단으로 사용하는 토지처럼 실제로 확립된 형태의 지배를 장기화하는 데 활용될 수 있다. 예를 들어, 남성만이 공동 토지를 어떻게 사용할 것인지 결정하는 엄격한 가부장제 사회에서 이런 일이 발생한다(De Angelis 2012a: 12). 자본주의적 인클로저나 포섭에 영향받지 않는 커머닝 실천을 식별할 수 있는 정치적으로 효과 있고 이론적으로 일관된 방법이 있을까? 아마 없을 것이다. 그러나 실존하는 커머닝 실천이 실존하는 자본주의의 한계를 넘어설 한 가지 가능성이 남아 있다. 커머닝이 기존 사회 질서에 대한 생생한 도전으로 남아 있으려면, 항상 더 적어지는 것이 아니라 더 많아지도록 노력해야 한다.

데이비드 하비는 "인클로저는 공동의 정치적 목적을 추구하기 위해 일시적으로 사용하는 정치적 수단"이라고 정의한다(Harvey 2012: 79). 이러한 정의는 고전적인 반자본주의 운동에 깊이 스며든 효율성의 논리에 그 뿌리를 두고 있다. 다시 말해서, 이러한 정의는 반자본주의 투쟁이 운동의 승리를 위해서 자본주의적 '도구'(사실상 가치)의 사용을 받아들일 수 있다는 것을 의미한다. 이 견해는 도구주의적 접근이라는 비판을 받는다. 많은 현대 운동이 자신의 행동과 말을 통해 지적했듯이, 운동이 인간 해방을 지향한다면 그 수단도 목적에 부합해야 한다. 사파티스타 마르코스를 다시 한번 인용하면, "우리는 자본주의와 싸우되 자본주의와 다르게 보이는 방법을 찾아야 한다."

자본주의에 대항해 투쟁하기를 열망하는 커머닝 실천은 커머닝을 통해서만 자신을 방어할 수 있다. (신타그마 광장 점령 경험을 비롯한) 점령 운동들이 분명하게 보여주는 것은 미디어, 경찰, 정부 등이 만든 인클로저와 봉쇄에 대항해 만들어진 공동공간을 (실제로나 소셜 미디어를 통해 가상으로) 항상 확장하려고 한다는 점이다. 커머너들은 자신을 보호하기 위해 바리케이드를 쳐야만 할 수도 있다. 하지만 동시에 그들은 투쟁 과정에서 신참자들을 포용하기 위해 끊임없이 노력해야 하며, 신참자들의 접근을 가로막는 모든 '보호 테두리'를 극복하기 위해 노력해야 한다.

자본주의 내에서, 또한 자본주의에 저항해서 실천해야 한다. 우리는 공동공간의 잠재력 속에서 자본주의 너머의 세계를 형성하는 힘을 발견할 필요가 있다. 이러한 시각에서 생각하고 판단하고 비교할 수 있다. 그리고 이미지가 미래를 미리 포착하고 표현할 수 있다는 매혹적인 약속에 굴복하지 않으면서 이미지를 통해 생각할 수 있다. 앞에서 보았듯이 이미지로 사유하기는 공동으로 사유하기이며, 미래에 대한 꿈을 공유하는 것이다. 이 꿈이 미래를 창조하는 과정을 대체하지 않은 채로 말이다. 실재하는 커머닝 실천은 자본주의를 넘어설 수 있는 이미지와 수단을 제공하며, 그것들을 통해 커머닝의 양식을 형성한다. 그러나 이러한 실천으로부터 우리가 도출해야 할 원칙은 공동공간이 커머닝의 최종 산물이 아니라, 커머닝의 수단이자 형성 요소라는 점이다.

공동공간을 생산하는 실천들이 자본주의의 한계를 넘어서려면 커머닝을 확장하는 실천이어야 한다. "재생산 분야의 상품화되지 않은 영역의 확장"(De Angelis 2012a: 19)은 생산 분야의 상품화되지 않은 영역을 확장하는 것만큼 중요하다. 지베치에 따르면, 대안 공간의 생성은 "그 안에 비자본주의적인 사회관계"를 구축하는 것을 포함한다(Zibechi 2012: 40). 이 과정은 단순히 누적되는 과정이 아니다. 흔히 "스케일 뛰어넘기(jumping scales)"의 문제로 이론화되는 것(Harvey 2012: 151)은 자본주의를 극복하는 커머닝에 참여하는 인간 공동체의 다양한 수준별로 적절한 수단을 구별하는 문제인데, 커머닝 확대의 질적 도약의 문제로 정식화할 수 있다.

도시 스케일에서의 커머닝과 관련해 이 책에서 이미 언급했거나 분석한 경험은 도시 환경이 공공 공간과 사회생활을 재구성하는 커머닝 연결망에 의해 속속들이 연결될 수 있음을 보여준다. 이것은 파리 코뮌의 교훈(중요한 역사적 사례를 하나만 들자면)에 해당할 뿐 아니라, 멕시코의 오악사카 코뮌(Esteva 2010, 2012), 커먼즈로서의 물을 지키기 위한 엘 알토 투쟁(Zibechi 2010, Lazar 2010), 부에노스아이레스의 아르헨티나조 시기의 마을 총회 연결망(Sitrin 2006) 등에도 해당한다. 이 도시들의 삶은 공동공간이 도시 구조 전체로 퍼져 도시 공간성의 특성을 변형시키는 전이 과정으로부터 크게 영향받았다. 우리는 그러한 변화가 일시적이거나 단기적일 뿐 아니라, 도시에 흔적을 남겼다고 주장할 수도 있다. 광범위한 도시 커머닝 기간의 유산은 반체제적인 커머너들에 대한 국가의 탄압이 대부분 가혹하고 광범위했음에도 이 도시들에서 살아남은 커머닝의 역동성이다.

사파티스타 자치단체들은 대부분 농촌 지역에 조직되어 있고 소도읍들과 마을들로 구성되어 있지만, 다른 수준이나 스케일에서 커머닝 확장이 이뤄지고 있음을 은연중에 보여준다. 앞에서 살펴본 것처럼, 그들은 이러한 사회정치적 실험을 통해 커머닝의 광범위한 회로를 테스트했고 현재도 테스트하고 있다. 그뿐 아니라, 여러 직무와 통치 직위의 광범위한 순환, 집단 참여 자치의 제도적 틀 확립과 같은 권력 공유의 중요한 기술들도 테스트하고 있다. '의무적으로 통치하기'는 권력 공유를 가장 정확하게 보여주는 정치적 실천이다. 이 실천은 선택된 구성원들에게 일시적으로 통치의 직무를 할당하는 공동체에 복종함(사파티스타 용어대로 하자면 '명령에의 복종')으로써 이뤄진다. 더 큰 공동체나 사회, 심지어 사회의 연결망 수준에서는 공동체 간 협약의 형태를 고려할 수 있는데, 그 협약은 커머닝이 정반대로 변질되는 것을 방지하는 전제 조건이다.

커머닝의 확장적 회로를 사용하는 중요한 실험이 오늘날 쿠르디스탄에서 전개되고 있다(TATORT Kurdistan 2012). "민주적 연방주의"(Öcalan 2011) 원칙에 따라 조직된 광범위한 공동체 연결망이 시리아 국가 영토에서 출현했다(Graeber 2014). 머레이 북친(Murray Bookchin)의 공동체주의 연구(Bookchin 2007)에서 영향받은 쿠르디스탄노동자당의 투옥된 지도자 압둘라 오잘란(Abdullah Öcalan)은 해방과 자결을 위한 이 투쟁에 대한 새로운 관점을 도입함으로써 쿠르드 해방 운동의 이론을 재정립했다. 그에게 "민주적 연방주의는 비국가적 사회 패러다임이다. (…) 그것의 의사결정 과정을 공동체가 결정한다"(Öcalan 2011: 33).

시리아 로자바 자치 지역(아프린, 자지라, 코바네 등 3개 주로 구성)의 헌법과도 같은 '사회계약'에 따르면, "자치 지역의 모든 주는 지방자치의 원칙에 따라 설립되었다"(Rojava 2014: 8조). "자치 지역은 시리아의 필수적인 부분을 구성한다. 이는 시리아 연방 거버넌스의 미래형 분산 체계를 위한 모델이다"(12조). 다양한 수준의 자율적 자치를 설명하는 동일 헌장에 따르면, "지상과 지하에 있는 천연자원은 사회의 공공 자산이다"(39조). 또한 다소 어색하게 표현했지만, "자치 지역 내 모든 건물과 토지는 과도정부 소유의 공공재산이다. 그것의 사용과 분배에 관한 사항은 법률로 정한다"(제40조). 로자바의 사회적 실험은 국민국가를 넘어선 사회조직 형태와 자본주의적 우위를 넘어서는 경제 형태를 확립하려는 일련의 제도와 실천이다. 공동체와 협동에 기반한 생산 실천과 함께 자원의 커머닝은 자치의 정치적 모델과 경제적 모델 사이에 긴밀한 상호 의존성을 만든다.

민주적 연방제에 기반을 둔 사회를 만들기 위한 로자바(서 쿠르디스탄)의 활발한 투쟁을 놓고 볼 때, 우리는 '스케일 뛰어넘기'의 문제가 항상 역사와 영토 측면에서 구체성을 띤다고 생각할 수 있다. 다양한 문화, 전통, 종교를 가진 사람들이 거주하는 그 지역의 매우 조밀하고 복잡한 역사와 더불어 여러 주와 무장 게릴라 세력 간 전쟁을 일으킨 조건들이 만든 맥락 속에서, 다른 사회의 수립은 전례 없는 문제들과 기회에 직면한다. 로자바와 사파티스타 경험의 유사점은 두 지역에서 선택한 자치의 형태가 본질적으로 광범위한 평등주의적 포용을 지향한다는 사실이다. 개인적·집단적 기본 권리를 존중하는 한, 새로운 도시, 마을, 지역(또는 주)은 문화와 종교 간의 절대적 평등에 기반을 둔 이 개방적 정치체제로의 진입을 선택할 것이다. 따라서 커머닝의 확장은 신참자들에게 개방적인 공동 세계의 생성을 위한 기본 원칙이자, 공동의 것으로 간주해야 하는 것을 정의하고 보호하는 데 동등하게 참여하는 사람들이 자원, 상품, 서비스를 공유하는 기본 원칙이다. 이것이 아마도 치아파스와 로자바 사람들의 즉흥성과 창의성의 수준이 매우 높은 이유일 것이다(Biehl 2014). 사람들은 협력하는 실천을 통해 자본주의와 지배를 넘어선 사회를 건설하는 수단을 발명해야 한다.

'평등'은 개인 간의 관계, 집단이나 공동체 간의 관계를 설명하는 다소 추상적인 목표다. 그러나 평등을 인간 해방의 전제 조건이자 영구 목표로 고려하는 태도는 성과에도 영향을 끼칠 수 있다. 논리적으로 어떤 것이 일련의 실천을 위한 전제 조건이자 가능한 결과라고 말하는 것은 모순이지만, 정치적 행동의 관점에서 그것은 목표가 수단에 영향을 끼치는 힘을 의미할 수 있다. 평등을 확립하고 유지하는 과정에서 운동 내부의 투쟁, 조직의 형태, 협상의 제도를 집단으로 고안할 수 있으려면, 사람들을 평등하게 생각하는 것에서 출발해야 한다. 이 과정을 '진정한 민주주의', '급진적 자유지상주의', 또는 '진정한 공산주의'(최근 역사를 통틀어 전례를 찾아볼 수 없을 정도로 오용되거나 왜곡된 용어를 되찾기로 선택하고자 한다면)라고 부르는 것은 별로 중요하지 않다. 권력 공유를 통한 커머닝의 확장은 어쨌든 이 과정의 핵심이자 무게중심이 될 것이다.

커머닝은 영웅적인 타자성의 고립영토(그것이 아무리 평등주의적이거나 자주관리적이라도 상관없이)를 설정하거나 구축하려는 열망을 통해서가 아니라, 항상 신참자를 포용하는 확장적 커머닝 실천을 통해서 인클로저에 도전할 수 있다. 이것은 커머닝의 규칙을 수립하는 과정에서 전례 없는 문제를 일으킨다. 특정 커머너 공동체는 필연적으로 공동체의 사회적·공간적 경계 내에서 규제되는 커머닝 실천에 대한 규칙을 고안해야 한다. 그러나 공유에 참여하도록 초대받은 사람들을 커머닝 규칙 제정 및 준수에 동등한 책임을 갖는 주체로 간주한다면, 커머닝 확장에 초점을 맞춘 커머너 공동체는 자기 자신의 전환에 열려 있어야 한다. 개방된 커머닝이라 할 수 있는 확장하는 커머닝은 개방적 커머닝 제도라는 문제를 제기한다. 우리는 그러한 제도가 사회적 예측 가능성의 양식이 될 수 있음을 보았다. 그 예측 가능성의 양식 안에서 행동의 비교 가능성과 번역 가능성이 확립되어 공동의 것을 둘러싼 공개적인 협상에서 공통 기반을 형성하는 필요조건이 된다. 그리고 이 책에서는 공유의 궁극적인 목표이자 전제 조건인 권력 공유가 존속되는 한, 비교 가능성과 번역 가능성이 커머닝 규칙의 형성에서 평등주의적 협상을 보장하는 힘으로 기능할 수 있다고 주장했다. 여기에 해방된 사회의 자본주의 초월 영역과 커머닝 사이에 필요한 연결 고리가 있다.

권력 공유는 커머닝을 위한 다양한 규칙들과 커머너들의 다양한 주체화 과정을 모두 만들어 낸다. 민주주의의 의미, 수평성(horizon-tality)의 활용과 효과, 연대와 평등의 가치 등에 대한 논의는 사회운동과 반자본주의 정치 운동 모두에 필수가 된 권력 공유라는 중요한 문제와 직접 연결되어 있다. 수평성과 급진 민주주의 또는 직접 민주주의는 최근 운동사의 흐름 속에서 여러 차례의 시험을 거쳤다. 또한 우리는 과거에 권력 축적을 제한하거나 금지하기 위한 메커니즘을 사용했던 사례들을 알고 있다. 수평성이라는 개념은 좋은 사람들이 영원한 조화 속에서 함께 살아가는 준종교적 유토피아를 유지하는 것과는 거리가 멀며, 권력이 인간관계의 구성 요소라는 사실을 받아들인다. 우발적 상황에서라도 항상 어떤 개인들은 다른 사람들보다 이점을 가질 가능성이 있다. 그 이점이 권력 기제로 작동하는 한, 우리는 권력의 지배를 피할 수 없다(예를 들어, 사냥꾼 사회에서 운이 좋거나 신체적으로 재능이 있는 사냥꾼이 있게 마련이다). 해방된 사회는 그러한 이점이 지배의 기회로 사용되는 것을 방지하는 수단을 강구해야 한다. 우리는 적어도 푸코 이후에 권력의 분자적 구조(한 사람이 다른 사람에게 자신의 의지를 강요할 가능성)가 역사적으로 다양한 형태로 존재한다는 것을 알고 있다. 그러나 지배는 권력의 필연적인 결과가 아니다. 우리는 지배에 맞서는 투쟁의 수단으로서 평등(과 수평성은 확실히 중요한 책략임)이라는 사회적 책략을 고안할 수 있다.

'배출'하는 과정으로서 공동공간을 간주하는 도시 커머닝이 권력을 분권화하고 분산시키는 협업과 연대의 양식에 기반을 두는 한, 그것은 자본주의 너머의 사회를 형성하는 힘이 될 수 있다. 연대 속의 협업은 개인들이 평등한 조건으로 함께 일해 커머닝의 산출물을 평등하게 공유할 뿐 아니라, 그들이 공유의 주체로서 형성될 것을 요구한다. 공유의 주체는 자신의 불완전함을 받아들이는 주체이고, 공유를 통해 변화할 수 있음을 받아들이는 주체이며, 잠재적 세계를 여는 완전히 새로운 확장하는 커머닝을 만나는 힘을 공유로부터 찾는 주체다. 그러한 주체인 커머너에게 공유는 이미 개방적인 집단 과정으로서 주체화를 경험하는 양식이다. 주체화의 경험을 통해 사람들은 역할 분류 체계에 맞춰 환원되지 않고 집단적 주체로 형성된다. 커머닝은 자본을 넘어설 뿐 아니라 지배를 넘어선 세계를 암시하는 힘을 가져야 한다. 그리고 개인과 집단 사이의 대립을 파괴하는 힘도 가져야 한다. 권력의 축적을 막는 제도를 통해 커머닝을 확대하는 것이야말로 창조적 개인들의 비위계적 협업을 지원하는 유일한 사회적 맥락일 것이다. 커머닝이 동질화된 공동 세계의 폐쇄적 실재나 환상 속에서 굳어 버리지 않는 한, 창조적 개성은 커머닝 안에서나 커머닝을 통해서만 번성할 수 있다.

원문 출처

2장 〈커머닝의 확장〉에는 《Footprint》 16권(2015년, 9-20쪽)에 실린 논문 〈문턱공간으로서의 공동공간: 공공 공간 재전유를 위한 투쟁 속의 도시 커머닝〉의 일부와 《Quaderns-e》 제18권 제2호(카탈루냐인류학연구소, 2013, 40-52쪽)에 실린 논문 〈커머닝 공간의 재창조: 광장점령운동〉의 일부가 포함되어 있다.

3장 〈공유된 헤테로토피아〉는 K. Franck·Q. Stevens(편), 《느슨한 공간: 도시 생활의 가능성과 다양성》(런던: 루틀리지, 2007)에 실린 〈헤테로토피아와 다공성 도시 공간의 경험〉를 발전시킨 버전이다.

4장 〈주거와 도시 커머닝〉에는 Binna Choi·Maiko Tana(편), 《거대한 집안의 혁명》(위트레흐트: CasCo 프로젝트, 2014)에 실린 논문 〈주택과 도시: 도시 커먼즈의 재발명〉의 한 버전이 포함되어 있다.

5장 〈경쟁 공간으로서의 대도시 가로〉는 K. Giannacopoulos·G. Giannitsiotis(편), 《경쟁 도시 공간》(아테네: 알렉산드리아, 2010)에서 같은 의미의 그리스어 제목으로 출판된 장을 재작업하고 확장한다.

6장 〈광장 점령, 운동하는 사회〉는 《South Atlantic Quarterly》 제111권 제3호(여름호, 585-96쪽)에 실린 논문 〈운동하는 광장〉을 확장·수정한 버전이다. 이 장의 일부 생각은 www.professionaldreamers.net/prowp/wp-content/uploads/Stavrides-Communities-of-fld.pdf 에서 볼 수 있는 〈위기의 공동체, 운동하는 광장〉(2011)이라는 워킹페이퍼에서 처음 정식화되었다.

7장 〈훼손하기 실천〉은 2008년 9월 바르셀로나에서 열린 국제사회학회(ISA) 사회학 포럼(《RC21: 험난한 세계의 도시와 지역에 대한 재고》 제3세션, 〈새로운 도시 문화: 공공 공간, 공공예술, 공연, 그리고 대중문화〉)에서 발표한 논문인 〈훼손하기와 도시 기억의 대안 정치〉를 광범위하게 재작업한 버전이다.

9장 〈공간의 재현과 해방의 재현〉은 J. Holloway·F. Matamoros·S. Tischler(편), 《저항적으로 사고하기: 사회운동과 비판적 성찰》(부에노스 아이레스: 에라미엔타, 2009)에 스페인어로 실린 〈해방의 공간성과 "문턱의 도시"〉의 일부를 포함하고 있다.

Abul-Magd, Z. (2012) 'Occupying Tahrir Square: The Myths and the Realities of the Egyptian Revolution', South Atlantic Quarterly111/3 (Summer): 565-72.

Agamben, G. (1993) The Coming Community, Minneapolis: University of Minnesota Press.

———— (1998) Homo Sacer: Sovereign Power and Bare Life, Stanford University Press.

———— (2000) 'Form of Life', in his Means Without End, Minneapolis: University of Minnesota Press.

———— (2001) 'Genova e il Nuovo Ordine Mondiale', Il Manifesto, 25 July.

———— (2005) State of Exception, University of Chicago Press.

Albet i Mas, A. and Garcia Ramon, M. D. (2005) 'Urban Planning and Social Integration in Barcelona: From Public Management to Deregulated City', in Seminars of the Aegean, Rethinking Radical Spatial Approaches, Athens and Thessaloniki: NTUA and AUTh: 231-43.

Alexander, J. C. (2011) Performative Revolution in Egypt: An Essay in Cultural Power, New York: Bloomsbury Academic.

An Architektur, (2010) 'On the Commons: Insert on the Navarinou Park', An Architektur, 23.

Anderson, E. (2000) Code of the Street: Decency, Violence and the Moral Life of the Inner City, New York: W. W. Norton and Company.

Atkinson, D. (1998) 'Totalitarism and the Street in Fascist Rome', in N. R. Fyfe (ed.), Images of the Street: Planning, Identity and Control in Public Space, London: Routledge.

Atkinson, R. and S. Blandy (2005) 'Introduction: International Perspectives on the New Enclavism and the Rise of Gated Communities', Housing Studies20/2: 177-86.

Augé, M. (1995) Non-Places: Introduction to an Anthropology of Supermodernity, London: Verso.

———— (2004) Oblivion, Minneapolis: University of Minnesota Press.

Aureli, P. V. (2011) The Possibility of an Absolute Architecture, Cambridge, MA: MIT Press.

Banksy (2005) Wall and Piece, London: Century.

Baudrillard, J. (1983) Simulations, New York: Semiotext(e).

Bauman, Z. (1998) Globalization: The Human Consequences, Cambridge: Polity Press.

———— (2000) Liquid Modernity, Cambridge: Polity Press.

Becker, M. (2011) Pachakutik: Indigenous Movements and Electoral Politics in Ecuador, Lanham, MD: Rowman & Littlefield.

Beecher, J. (1986) Charles Fourier: The Visionary and His World, Berkeley: University of California Press.

Bektaş, A. (2013) '"I've Gone to Resist, I'll be Right Back": Against the Dictatorshipof Development', in anon. This Is Only the Beginning: On the Gezi Park Resistance. At www.indybay.org/uploads/2014/03/03/this_is_only_the_beginning.pdf (accessed 14

October 2014).

Benjamin, W. (1980) 'Zental-park', in his Gesammelte Schriften, Frankfurt: Suhrkamp.

—————— (1983) Charles Baudelaire: A Lyric Poet in the Era of High Capitalism, London: Verso.

—————— (1985) 'Naples', in his One Way Street and Other Writings, London: Verso.

—————— (1990) The Origin of German Tragic Drama, London: Verso.

—————— (1992) 'Theses on the Philosophy of History', in his Illuminations, London: Fontana Press.

—————— (1999) The Arcades Project, Cambridge, MA: Belknap Press.

Berman, M. (1983) All That Is Solid Melts into Air, London: Verso.

Bhabha, H. (2004) The Location of Culture, Abingdon and New York: Routledge.

Biehl, J. (2014) 'Impressions of Rojava: a Report from the Revolution'. At http://roarmag. org/2014/12/janet-biehl -report-rojava/ (accessed on 25 March 2015).

Blau, E. (1999) The Architecture of Red Vienna 1919-1934, Cambridge, MA: MIT Press.

Blomley, N. (2008) 'Enclosure, Common Right and the Property of the Poor', Social and Legal Studies 17/3: 311-31.

Boggs, C. (1977) 'Marxism, Prefigurative Communism and the Problem of Workers' Control', Radical America, Winter 1977-8. At https://libcom.org/ library/marxism-prefigurative-communism-problem-workers-control-carl-boggs (accessed 9 March 2015).

Bollier, D. and S. Helfrich (eds.) (2012) The Wealth of the Commons. A World beyond Market and State, Amherst, MA: Levellers Press.

Bookchin, M. (2007) Social Ecology and Communalism, Oakland: AK Press.

Borden, I. (2001) 'Another Pavement, Another Beach: Skateboarding and the Performative Critique of Architecture', in Iain Borden, Joe Kerr and Jane Rendell (eds.), The Unknown City, Cambridge, MA: MIT Press.

Bourdieu, P. (1977) Outline of a Theory of Practice, Cambridge University Press.

—————— (1991) Language and Symbolic Power, Cambridge: Polity Press.

—————— (2000) Pascalian Meditations, Cambridge: Polity Press.

Boyer, M. C. (1994) The City of Collective Memory, Cambridge, MA: MIT Press.

Brand, U. (2013) 'The Role of the State and Public Policies in Processes of Transformation', in Rosa Luxemburg Stiftung/ Transnational Institute (eds.), Beyond Development: Alternative Visions from Latin America, Quito: Fundación Rosa Luxemburg.

Breines, W. (1989) Community and Organization in the New Left, 1962-1968: The Great Refusal, New Brunswick: Rutgers University Press.

Brown, A. (ed.) (2006) Contested Space: Street Trading, Public Space, and Livelihoods in Developing Cities, Bourton-on-Dunsmore: Practical Action.

Brown, A., M. Lyons and I. Dankoco (2010) 'Street Traders and the Emerging Spaces for Urban Voice and Citizenship in African Cities', Urban Studies47/3: 666-83.

Busquets, J. (2005) Barcelona: The Urban Evolution of a Compact City, Rovereto: Nicolodi/ Harvard University Graduate School of Design.

Caffentzis, G. and S. Federici (2014) *'Commons against and beyond Capitalism'*, Community Development Journal49/ S1: i92-i105.

Caldeira, T. (2000) *City of Walls: Crime, Segregation and Citizenship in São Paulo*, Berkeley: University of California Press.

Carolis, M. De (1996) *'Toward a Phenomenology of Opportunism'*, in P. Virno and M. Hardt (eds.), Radical Thought in Italy: A Potential Politics, Minneapolis: University of Minnesota Press and Democratization, Oxford: Elsevier Science.

Casarino, C. and A. Negri (2008) *In Praise of the Common: A Conversation on Philosophy and Politics*, Minneapolis: University of Minnesota Press.

Castells, M. (1977) *The Urban Question*, London: Arnold. Castells, M. (1983) The City and the Grassroots, London: Arnold.

———— (2010) *The Rise of the Network Society*, Malden, MA: Wiley Blackwell.

Castells, M. and G. Cardoso (eds.) (2005) *The Network Society: From Knowledge to Policy*, Washington, DC: Johns Hopkins Center for Transatlantic Relations.

Castells, M., M. Fernández-Ardèvol, J. Linchuan Qiu and A. Sey (2007) *Mobile Communication and Society: A Global Perspective*, Cambridge, MA: MIT Press.

Chomsky, N. (2012) *Occupy*, London: Penguin Books.

Conrads, U. (1971) *Programs and Manifestos on 20th-Century Architecture*, Cambridge, MA: MIT Press.

Coy, P. (ed.) (2001) *Political Opportunities, Social Movements and Democratization*, Oxford: Elsevier Science.

Cresswell, T. (2011) *'Towards a Politics of Mobility'*, in N. Edjabe and E. Pieterse (eds.), African Cities Reader: Mobilities and Fixtures, Vlaeberg: Chimurenga and the African Centre for Cities.

Cué, C. (2004) *Pásalo! Los cuatro días de marzo que cambiaron un país*, Barcelona: Península.

Davis, M. (1992) *City of Quartz: Excavating the Future in Los Angeles*, London: Vintage.

De Angelis, M. (2004) *'Separating the Doing and the Deed: Capital and the Continuous Character of Enclosures'*, Historical Materialism12: 57-87.

———— (2007) *The Beginning of History: Value Struggles and Global Capital*, London: Pluto.

———— (2012a) 'Crises, Movements and Commons', Borderlands11. At www.borderlands.net.au/vol11no2_2012/deangelis_crises.htm (accessed 20 September 2014).

———— (2012b) *'Crises, Capital and Co-optation: Does Capital Need a Commons Fix?'* in D. Bollier and S. Helfrich (eds.), The Wealth of the Commons: A World beyond Market and State, Amherst, MA: Levellers Press.

De Angelis, M. and S. Stavrides. (2010) *'Beyond Markets or States: Commoning as Collective Practice (a public interview)'*, An Architektur 23 (also at www.e-flux.com/ journal/ view/150).

De Certeau, M. (1984) *The Practice of Everyday Life*, Minneapolis: University of Minnesota Press.

Deleuze, G. (1988) *Foucault*, Minneapolis: University of Minnesota Press.

De Peuter, G. and N. Dyer-Witheford (2010) *'Commons and Cooperatives'*, Affinities4/1: 30-56.

Detienne, M. and J. P. Vernant (1991) *Cunning Intelligence in Greek Culture and Society*, University of Chicago Press.

Donald, J. (1999) *Imagining the Modern City*, London: Athlone Press.

Dyer-Witheford, N. (2006) *'The Circulation of the Common'*. At www.fims.uwo.ca/people/ faculty/dyerwitheford/Commons2006.pdf (accessed t 7 March 2015).

Ecuador, Republica de (2009) *Plan Nacional para el Buen Vivir 2009-2013: Construyendo un Estado Plurinacional e Intercultural*, Quito: Secretaria Nacional de Planificacion y Desarrollo.

Edensor, T. (2000) *'Moving Through the City'*, in D. Bell and A. Haddour (eds.), City Visions, Harlow: Pearson Education.

Esteva, G. (2010) *'The Oaxaca Commune and Mexico's Coming Insurrection'*, Antipode42/4: 978-93.

———— (2012) *'Hope from the Margins'*, in D. Bollier and S. Helfrich (eds.), The Wealth of the Commons: A World beyond Market and State, Amherst, MA: Levellers Press. At http://wealthofthecommons.org/essay/hope-margins.

———— (2014) *'Commoning in the New Society'*, Community Development Journal49/S1: i144-i159.

Federici, S. (2004) *Caliban and the Witch: Women, the Body*, and Primitive Accumulation, Brooklyn NY: Autonomedia.

Feigenbaum, A., F. Frenzel and P. McCurdy (2013) *Protest Camps*, London: Zed Books.

Féral, J. (2002) *'Theatricality: The Specificity of Theatrical Language'*, SubStance31/2-3: 94-108.

Ferrell, J. (2002) *Tearing Down the Streets: Adventures in Urban Anarchy*, New York: Palgrave Macmillan.

Foucault, M. (1993) *'Of Other Spaces: Utopias and Heter-otopias'*, in J. Ockman (ed.), Architecture-Culture 1943- 1968: A Document Anthology, New York: Rizzoli.

———— (1995) *Discipline and Punish: The Birth of the Prison*, New York: Vintage Books.

———— (2001) *'Space, Knowledge and Power'*. in J. Faubion (ed.), The Essential Works of Foucault, 1954-1984, Vol. III, Power, New York: New Press.

———— (2009) *Security, Territory, Population: Lectures at the College de France*, 1977-1978, Basingstoke: Palgrave Macmillan.

Frampton, K. (1981) *Modern Architecture: A Critical History*, Oxford University Press.

Franck, C. and Q. Stevens (eds.) (2007) *Loose Space: Possibility and Diversity in Urban Life*, London: Routledge.

Frisby, D. (2003) *'Straight or Crooked Streets? The Contested Rational Spirit of the Modern Metropolis'*, in I. B. Whyte (ed.), Modernism and the Spirit of the City, New York: Routledge.

Galatoula, T. (2013) 'The Indignants of Athens as a Multitude of Singularities', Stirling International Journal of Postgraduate Research1/2. At www .stryvling.stir.ac.uk/ index .php/inspire/issue/current (accessed 13 October 2014).

Gardiner, M. (2000) Critiques of Everyday Life, London: Routledge.

Giedion S. (1982) Space, Time and Architecture, Cambridge, MA: Harvard University Press.

Giugni, M., D. McAdam and C. Tilly (eds.) (1999) How Social Movements Matter, Minneapolis: University of Minnesota Press.

Godelier, M. (1999) The Enigma of the Gift, Cambridge: Polity Press.

─────── (2011) The Mental and the Material, London: Verso.

Graeber, D. (2014) 'Why is the world ignoring the revolutionary Kurds in Syria? Guardian, 8 October.

Graham, S. and S. Marvin (2001) Splintering Urbanism: Networked Infrastructures, Technological Mobilities and the Urban Condition, London: Routledge.

Gudynas, E. (2011) 'Buen Vivir: Today's Tomorrow', Development54/4: 441-7.

Halbwachs, M. (1992) On Collective Memory, University of Chicago Press.

Hamel, P., Lustiger-Thaler H. and M. Mayer (eds.) (2000) Urban Movements in a Globalising World, London: Routledge.

Hamilton-Baillie, B. (2008a) 'Shared Space: Reconciling People, Places and Traffic', Built Environment 34/2: 161-81.

──────────────── (2008b) 'Towards Shared Space', Urban Design International 13/2: 130-8.

Hamilton-Baillie, B. and P. Jones (2005) 'Improving Traffic Behaviour and Safety through Urban Design', Proceedings of ICE Civil Engineering 158: 39-47.

Hanssen, B. (1998) 'Christo's Wrapped Reichstag: Globalized Art in a National Context', The Germanic Review 73/4: 350-67.

Hardt, M. (2010) 'The Common in Communism', Rethinking Marxism 22/3: 346-56.

Hardt, M. and A. Negri (2005) Multitude: War and Democracy in the Age of Empire, London: Hamish Hamilton.

─────────────── (2009) Commonwealth, Cambridge, MA: Harvard University Press.

Harvey, D. (1996) Justice, Nature and the Geography of Difference, Oxford: Blackwell.

───────(2012) Rebel Cities: From the Right to the City to the Urban Revolution, London: Verso.

Harvey, D., M. Hardt and A. Negri (2009) 'Commonwealth: An Exchange', Artforum 48/3: 210-21.

Hayden, D. (1982) The Grand Domestic Revolution, Cambridge, MA: MIT Press.

Hénaff, M. and T. B. Strong (2001) Public Space and Democracy, Minneapolis: University of Minnesota Press.

Hetherington, K. (1997) The Badlands of Modernity: Heterotopia and Social Ordering, London: Routledge.

Hirschon, R. (1998) Heirs of the Greek Catastrophe: The Social Life of Asia Minor Refugees in Piraeus, New York: Bergahn Books.

Hite, K. (2012) *Politics and the Art of Commemoration: Memorials to Struggle in Latin America and Spain*, New York: Routledge.

Holloway, J. (2002) *Change the World Without Taking Power*, London: Pluto Press.

———— (2010) *Crack Capitalism*, London: Pluto Press.

Holston, J. (2008) *Insurgent Citizenship: Disjunctions of Democracy and Modernity in Brazil*, Princeton University Press.

Hosagrahar, J. (1992) 'City as Durbar: Theater and Power in Imperial Delhi', in N. Alsayyad (ed.), Forms of Dominance, Aldershot: Avebury Ashgate.

Hou, J. (ed.) (2010) Insurgent Public Space, London: Routledge.

Howard, E. (1902) *Garden Cities of To-Morrow*. At www.archive.org/details/garden citie-softoOOhowa (accessed 19 October 2014).

Hughes, N. (2011) '"Young People Took to the Streets and All of a Sudden All of the Political Parties Got Old." The 15M Movement in Spain', Social Movement Studies 10/4: 407-13.

Huyssen, A. (2003) *Urban Past:. Urban Palimpsests and the Politics of Memory*, Stanford University Press.

Jeffrey, A., C. McFarlane, and A. Vasudevan (2012) 'Rethinking Enclosure: Space, Subjectivity and the Commons', Antipode 44/4: 1,247-67.

Jensen, O. B. (2013) *Staging Mobilities*, Aalborg University Press.

Jimenez, C. (2008) 'From the Lettered City to the Sellers' City: Vendor Politics and Public Space in Urban Mexico, 1880-1926', in G. Prakash and K. M. Kruse (eds.), The Spaces of the Modern City: Imaginaries, Politics, and Everyday Life, Princeton University Press, 214-46.

Joyce, P. (2002) 'Maps, Blood and the City' in P. Joyce (ed.), The Social in Question: New Bearings in History and the Social Sciences, London: Routledge.

———— (2003) *The Rule of Freedom: Liberalism and the Modern City*, London: Verso.

Kaejane, G. (2011) 'Seven Key Words on the Madrid-Sol Experience, 15M'. At http://fromtheplazas.wordpress.com/translations/seven-key-words/ (accessed 14 October 214).

Kamel, N. (2012) 'Tahrir Square: The Production of Insurgent Space and Eighteen Days of Utopia', Progressive Planning 191: 36-9.

Khan-Magomedov, S. O. (1978) *Pioneers of Soviet Architecture: The Search for New Solutions in the 1920s and 1930s*, London: Thames and Hudson.

Koepnick, L. (2002) 'Aura Reconsidered: Benjamin and Contemporary Visual Culture', in G. Richter (ed.), *Benjamin's Ghosts: Interventions in Contemporary Literary and Cultural Theory*, Stanford University Press.

Koolhaas, R. (1994) *Delirious New York: A Retroactive Manifesto for Manhattan*, New York: Monacelli Press.

Kopp, A. (1970) *Town and Revolution. Soviet Architecture and City Planning 1917-1935*, New York: George Braziller.

Kracauer, S. (1995) *The Mass Ornament*, Cambridge, MA: Harvard University Press.

Larmore, C. (1996) *The Romantic Legacy*, New York: Columbia University Press.

Latour, B. and P. Weibel (eds.) (2002) *Iconoclash: Beyond the Image Wars in Science, Religion, and Art*, Cambridge, MA: MIT Press.

Lazar, S. (2010) *El Alto, Rebel City: Self and Citizenship in Andean Bolivia*, Durham, NC: Duke University Press.

Le Corbusier (1970) *Towards a New Architecture*, London: Architectural Press.

———— (1987) *The City of To-morrow and Its Planning*, New York: Dover Publications.

Lefebvre, H. (1991) *The Production of Space*, Oxford: Blackwell.

———— (1996) *Writings on Cities*, Oxford: Blackwell.

———— (2004) *Rhythmanalysis: Space, Time and Everyday Life*, London: Continuum.

Lemke, T. (2011) *Biopolitics: An Advanced Introduction*, New York University Press.

Levin, T. (1995) 'Introduction', in S. Kracauer, The Mass Ornament, Cambridge, MA: Harvard University Press.

Linebaugh, P. (2008) *The Magna Carta Manifesto*, Berkeley: University of California Press.

Linebaugh, P. and M. Radiker (2000) *The Many-headed Hydra: Sailors, Slaves, Commoners, and the Hidden History of the Revolutionary Atlantic*, Boston, MA: Beacon Press.

Loukaitou-Sideris, A. and R. Ehrenfeucht (2009) *Sidewalks: Conflict and Negotiation Over Public Space*, Cambridge, MA: MIT Press.

Löwy, M. and R. Sayre (2001) *Romanticism against the Tide of Modernity*, Durham, NC: Duke University Press.

Marcuse, P. (1995) 'Not Chaos, but Walls: Postmodernism and the Partitioned City', in S. Watson and K. Gibson (eds.), Postmodern Cities and Spaces, Oxford: Blackwell.

Marcuse, P. and R. Van Kempen (eds.) (2002) *Of States and Cities: The Partitioning of Urban Space*, Oxford University Press.

Massey, D. (2005) *For Space*, London: Sage.

Mauss, M. (1967) *The Gift: Forms and Functions of Exchange in Archaic Societies*, New York: W. W. Norton.

Memos, C. (2010) 'Neoliberalism, Identification Process and the Dialectics of Crisis', International Journal of Urban and Regional Research 34/1: 210-16.

Mentinis, M. (2009) 'Peace, Legality, Democracy', Radical Philosophy 154: 67-8.

Methorst, R., J. Gerlach, D. Boenke and J. Leven (2007) 'Shared Space: Safe or Dangerous? A Contribution to Objectification of a Popular Design Philosophy', WALK 21 Conference. At www.walk21.com/papers/Methorst%20 Shared%20Space.pdf (accessed 25 September 2014).

Midnight Notes Collective (1990) 'The New Enclosures', Midnight Notes 10.

Miller Lane, B. (1985) *Architecture and Politics in Germany 1918-1945*, Cambridge, MA: Harvard University Press.

Miraftab, F. (2004) 'Invented and Invited Spaces of Participation: Neoliberal Citizenship and Feminists' Expanded Notion of Politics', Wagadu: Journal of Transnational Women's and Gender Studies 1 (June). At www.rrojasdatabank.info/neolibstate/

miraftab.pdf (accessed 20 October 2014).

Miraftab, F. and S. Wills (2005) *'Insurgency and Spaces of Active Citizenship. The Story of Western Cape Anti-eviction Campaign in South Africa'*, Journal of Planning Education and Research 25/2: 200-17.

Mittermaier, A. (2014) *'Bread Freedom, Social Justice: The Egyptian Uprising and a Sufi Khidma'*, Cultural Anthropology29/1: 54-79.

Moody, S. and S. Melia (2013) *'Shared Space: Research, Policy and Problems'*, Proceedings of the Institution of Civil Engineers - Transportat http:// eprints.uwe.ac.uk/17937/8/tran1200047h.pdf (accessed 25 September 2014).

Morgenthau, H. (1930) An International Drama, London: Jarrolds.

Motta, S. (2009) *'New Ways of Making and Living Politics: The Movimiento de Trabajadores Desocupados de Solano and the "Movement of Movements"'*, Bulletin of Latin American Research28/1: 83-101.

Mumford, E. (2000) *The CIAM Discourse on Urbanism*, 1928-1960, Cambridge, MA: MIT Press.

Müştereklerimiz (2013) *'Today We Are All Someone New'*. At www.opendemocracy.net/m%C3%BC%C5%9Ftereklerimiz/today-we-are-all-someone-new (accessed 10 June 2014).

Nandrea, L. (1999) *'"Graffiti Taught Me Everything I Know about Space": Urban Fronts and Borders'*, Antipode31/1: 110-16.

Negri, A. (2009) *'On Rem Koolhaas'*, Radical Philosophy 154: 48-50.

Notes From Nowhere (2003) *We Are Everywhere: The Irresistible Rise of Global Anti-capitalism*, London: Verso.

Öcalan, A. (2011) *Democratic Confederalism*, London: Transmedia.

Ostrom, E. (1990) *Governing the Commons: The Evolution of Institutions for Collective Action*, Cambridge University Press.

Ostrom, E., R. Gardner and J. Walker (1994) *Rules, Games and Common-Pool Resources*, Ann Arbor: University of Michigan Press

Papavasileiou, E. (2003) *'A Personal Account and an Appeal'*, Avgi (Greek newspaper), 2 November.

Peterson, N. (1993) *'Demand Sharing: Reciprocity and the Pressure for Generosity among Foragers'*, American Anthropologist 95/4: 860-74.

Pickvance, C. G. (1995) *'Where Have Urban Movements Gone?'* in C. Hadjimichalis and D. Sadler (eds.), Europe at the Margins: New Mosaics of Inequality, London: John Wiley and Sons.

———————— (2003) *'From Urban Social Movements to Urban Movements: A Review and Introduction to a Symposium on Urban Movements'*, International Journal of Urban and Regional Research 27/1: 102-9.

Postvirtual (2013) *'Historical Atlas of Gezi Park'*. At http://postvirtual.wordpress.com/2013/06/27/historical-atlas-of-gezi-park/ (accessed 14 October 2014).

Prada Alcoreza, R. (2013) *'Buen Vivir as a Model for State and Economy'*, in Rosa

Luxemburg Stiftung/Transnational Institute (eds.), Beyond Development: Alternative
Visions from Latin America, Quito: Fundación Rosa Luxemburg.

Rancière, J. (1995) *On the Shores of Politics*, London: Verso.

————— (2006) *The Politics of Aesthetics*, London: Continuum.

————— (2009a) 'A Few Remarks on the Method of J. Rancière', Parallax15/3: 114-23.

————— (2009b) *The Emancipated Spectator*, London: Verso.

————— (2010) *Dissensus: On Politics and Aesthetics*, London: Continuum.

Richter, G. (2007) *Thought-Images*. Frankfurt School Writers' Reflections from Damaged
Life, Stanford University Press.

Robinson, J. (2006) *Ordinary Cities: Between Modernity and Development*, London:
Routledge.

Roggero, G. (2010) 'Five Theses on the Common', Rethinking Marxism22/3: 357-73.

Rojava (2014) *Charter of the Social Contract*. At http://peaceinkurdistancampaign.com/
resources/rojava/charter-of-the-social-contract/ (accessed 7 March 2015).

Schacter, R. (2008) 'An Ethnography of Iconoclash: An Investigation into the Production,
Consumption and Destruction of Street-art in London', Journal of Material
Culture13/35: 35-61.

Schmitt, C. (2005) *Political Theology: Four Chapters on the Concept of Sovereignty*,
University of Chicago Press.

Smucker, J. M. (2014) 'Can Prefigurative Politics Replace Political Strategy?' Berkeley
Journal of Sociology58: 74-82.

Sennett, R. (1993) *The Conscience of the Eye*, London: Faber and Faber.

————— (1994) *Flesh and Stone: The Body and the City in Western Civilization*, London:
Faber and Faber.

————— (1995) 'Theory', Harvard University Graduate School of Design News (GSD)
Summer issue: 54-6.

————— (2009) *The Craftsman*, New York: Penguin Books.

Simmel, G. (1997) 'Bridge and Door', in N. Leach (ed.), Rethinking Architecture, London:
Routledge.

Simone, A. (2008) 'The Last Shall Be the First: African Urbanities and the Larger Urban
World', in A. Huyssen (ed.), Other Cities, Other Worlds: Urban Imaginaries in a
Globalizing Age, Durham, NC: Duke University Press.

Sitrin, M. (ed.) (2006) *Horizontalism: Voices of Popular Power in Argentina*, Oakland: AK
Press.

————— (2012) 'Pulling the Emergency Brake', Tidal: Occupy Theory, Occupy Strategy 2:
6-8.

Smith, N. (1996) *New Urban Frontier: Gentrification and the Revanchist City*, London:
Routledge.

Smith, N. and P. Williams (eds.) (1986) *Gentrification of the City, Boston*, MA: Allen and
Unwin.

Soja, Ed. W. (2000) *Postmetropolis: Critical Studies of Cities and Regions*, Malden MA:

Blackwell.

Solà-Morales Rubió, Ignasi de (1995) 'Terrain Vague', in C. Davidson (ed.), Anyplace, Cambridge, MA: MIT Press.

Solnit, R. (2009) *A Paradise Built in Hell: The Extraordinary Communities That Arise in Disaster*, New York: Penguin.

Sorkin, M. (ed.) (1992) *Variations on a Theme Park*, New York: Hill and Wang.

Sotiris, P. (2009) 'Rebellion of Greek Youth', Radical Philosophy154: 65-6.

Souza, M. L. de (2006) 'Together with the State, despite the State, against the State: Social Movements as "Critical Urban Planning" Agents', City10/3: 327-42.

Stavrides, S. (2002a) *From the City-Screen to the City-Stage (in Greek)*, Athens: Ellinika Grammata.

—————— (2002b) 'Inhabitation and Otherness: Refugees and Immigrants in the City', in T. Koubis, T. Moutsopoulos and R. Scoffier (eds.), Athens 2002 Absolute Realism, Eighth International Exhibition of Architecture, Venice Biennale, Athens: Hellenic Ministry of Culture - Association of Greek Architects.

—————— (2009) 'Espacialidades de Emancipacion y "la Ciudad de Umbrales"', in J. Holloway, F. Matamoros and S. Tischler (eds.), Pensar a Contrapelo: Movimientos Sociales y Reflexion Critica, Buenos Aires: Herramienta.

—————— (2010a) 'The December 2008 Youth Uprising in Athens: Spatial Justice in an Emergent "City Of Thresholds"', Spatial Justice 2. At www.jssj.org/article/ la-revolte-de-la-jeunesseathenienne-de-decembre2008-la-justice-spatiale-dansune-ville-des-car refoursemergente/ (accessed 23 October 2014).

—————— (2010b) *Towards the City of Thresholds*, Trento: Professionaldreamers.

—————— (2012) 'Squares in Movement', South Atlantic Quarterly 111/3 (Summer): 585-96.

—————— (2013) 'Contested Urban Rhythms: From the Industrial City to the Post Industrial Urban Archipelago', in R. J. Smith and K. Hetherington (eds.), Urban Rhythms: Mobilities, Space and Interaction in the Contemporary City, London: Wiley-Blackwell.

—————— (2014a) 'Open Space Appropriations and the Potentialities of a "City of Thresholds"', in M. Mariani and P. Barron (eds.), Terrain Vague: Interstices at the Edge of Pale, New York: Routledge.

—————— (2014b) 'What Does a Settlement's Layout Show about the Society that Inhabits it? On the Importance of Thinking-Through-Images', in S. Souvatzi and A. Hadji (eds.), *Space and Time in Mediterranean Prehistory*, New York: Routledge.

Surin, K. (2001) 'The Sovereign Individual and Michael Taussig's Politics of Defacement', Nepantla2/1: 205-20.

Svoronos, N. (1972) *Histoire de la Grèce Moderne*, Paris: Presses Universitaires de France.

Swyngedouw, E. (2009) 'Civil Society, Governmentality and the Contradictions of Governance-beyond-the-State: The Janus-face of Social Innovation', in D. MacCallum, F. Moulaert, J. Hillier and S. Vicari Haddock (eds.), Social Innovation and Territorial Development, Surrey: Ashgate.

———————— (2011) 'The Zero-Ground of Politics: Musings on the Post-Political City', in T. Kaminer, M. Rombles-Duran and H. Sohn (eds.), Urban Asymmetries. Studies and Projects on Neoliberal Urbanization, Rotterdam: 010 Publishers.

Systemic Alternatives (2011) Vivir Bien: Notes for the Debate. At https://systemicalternatives.files.wordpress.com/2014/07/buen-vivir-english-30-jul-2014 .pdf (accessed 7 March 2015).

Tafuri, M (1990) The Sphere and the Labyrinth: Avant-gardes and Architecture from Piranesi to the 1970s, Cambridge, MA: MIT Press.

TATORT Kurdistan (2012) Demokratische Autonomie in Nordkurdistan, Hamburg : Mesopotamien Verlag (also at http://demokratischeautonomie.blogsport.eu/ files/2012 /10/da-webversion.pdf accessed 7 March 2015).

Taussig, M. (1999) Defacement: Public Secrecy and the Labor of the Negative, Stanford University Press.

Thomas, M. J. (1978) 'City Planning in Soviet Russia (1917-1932)', Geoforum9: 269-77.

Tilly, C. and L. Wood (2012) Social Movements 1768-2012, London: Paradigm.

Tsougrani, B. (2000) 'When Memory Shoots Oblivion', Ri-zospastis(Greek newspaper), 11 June.

Turner, V. (1974) Dramas, Fields and Metaphors, Ithaca, NY: Cornell University Press.

———————— (1977) The Ritual Process, Ithaca, NY: Cornell University Press.

———————— (1982) From Ritual to Theatre: The Human Seriousness of Play, New York: PAJ.

Tzanavara, H. (2000) 'They Tear Down History', Kyriakatiki (Greek newspaper), 25 March.

Urban, F. (2012) Tower and Slab: Histories of Global Mass Housing, New York: Routledge.

Urry, J. (2000) Sociology beyond Societies: Mobilities for the Twenty-first Century, London: Routledge.

———————— (2004) 'The "System" of Automobility', Theory, Culture and Society21/4-5: 25-39.

———————— (2007) Mobilities, Cambridge: Polity Press.

USINA (2006) 'Self-administered Vertical Habitation for 14Densely Populated Urban Conditions - Copromo, União da Juta e Paulo Freire Projects. Brazil', in BSHF Report, December 2006. At http://courses.arch.ntua.gr/fsr/134924/ BSHF_Final_ Usina_Brasil.pdf (accessed 25 September 2014).

Vahl, H. G and J. Giskes (1990) Traffic Calming through Integrated Urban Planning, Paris: Amarcande.

Van Gennep, A. (1960) The Rites of Passage, London: Routledge and Kegan Paul.

Virno, P. (1996) 'Virtuosity and Revolution: The Political Theory of Exodus', in P. Virno and M. Hardt (eds.), Radical Thought in Italy: A Potential Politics, Minneapolis: University of Minnesota Press.

———————— (2004) A Grammar of the Multitude, Los Angeles: Semiotext(e).

Vlachos G., G. Yannitsaris and E. Hadjicostas, (1978) 'Housing the Asia Minor Refugees in Athens and Piraeus between 1920 and 1940', Architecture in Greece 12: 117-24.

Vrychea A. (2003) 'A Spurious Remodelling', Avgi (Greek newspaper), 15 June.

Walsh, K. (2010) *'Development as Buen Vivir: Institutional Arrangements and (De)colonial Entanglements'*, Development 53/1: 15-21.

Wa-Mungai, M. (2009) *'Innovating "Alternative" Identities'*, in K. Njogu and J. Middleton (eds.), Media and Identity in Africa, Edinburgh University Press.

——————— (2010) *'Hidden $ Centz: Rolling the Wheels of Nairobi Matatu'*, in H. Charton-Bigot and D. Rodriguez-Torres (eds.), Nairobi Today: The Paradox of a Fragmented City, Dar es Salam: Mkuki na Nyota.

Weigel, S. (1996) *Body- and Image-Space. Re-reading Walter Benjamin*, London: Routledge.

Zednicek, W. (2009) *Architektur des Roten Wien*, Vienna: Verlag Walter Zednicek.

Zibechi, R. (2007) *Autonomías y emancipaciones: América Latina en movimiento, Lima: Programa Democracia y Transformación Global and Fondo Editorial de la Facultad de Ciencias Sociales*, Unidad de Post Grado, UNMSM.

——————— (2010) *Dispersing Power: Social Movements as Anti-State Forces*, Oakland: AK Press.

——————— (2012) *Territories of Resistance: A Cartography of Latin American Social Movements*, Oakland: AK Press.

Zukin, S. (1995) The Cultures of Cities, Cambridge: Blackwell Publishers.

찾아보기